COLLECTION DE TEXTES
POUR SERVIR A L'ÉTUDE ET A L'ENSEIGNEMENT DE L'HISTOIRE

DOCUMENTS RELATIFS A L'ADMINISTRATION FINANCIÈRE EN FRANCE DE CHARLES VII A FRANÇOIS Ier (1443-1523)

PAR

G. JACQUETON
Archiviste-Paléographe
Conservateur-adjoint à la Bibliothèque-Musée d'Alger.

PARIS
ALPHONSE PICARD, ÉDITEUR
Libraire des Archives nationales et de la Société de l'École des Chartes
82, Rue Bonaparte, 82

1891

LIBRAIRIE ALPHONSE PICARD, ÉDITEUR

82, Rue Bonaparte, 82

COLLECTION DE TEXTES

POUR SERVIR A

L'ÉTUDE ET A L'ENSEIGNEMENT DE L'HISTOIRE

La *Collection de textes pour servir à l'étude et à l'enseignement de l'histoire,* fondée en janvier 1886 par l'initiative d'un certain nombre de membres de l'Institut, de l'Université, de l'Ecole des Chartes et de l'Ecole des Hautes-Etudes, et placée sous le patronage de la Société historique, est publiée par les soins d'un comité composé de MM. Giry, Jalliffier, Langlois, Lavisse, Lemonnier, Luchaire, Prou, Thévenin et Thomas.

Elle se compose d'éditions de sources historiques importantes, annales, chroniques, biographies, documents divers, ainsi que de recueils de textes propres à éclairer l'histoire d'une époque déterminée ou d'une grande institution.

Sans exclure aucune période ni aucun pays, l'histoire de France doit cependant y occuper la place principale. Chaque document ou recueil forme un volume publié séparément dont le prix, pour les souscripteurs à la collection, est établi à raison de 0 fr. 25 c. la feuille d'impression, sans que le prix des publications d'une année puisse dépasser la somme de 10 francs. La collection s'adressant entre autres personnes aux étudiants, il a paru que le montant de la souscription ne devait pas être plus élevé. Chaque volume est du reste vendu séparément.

Nous avons publié les ouvrages suivants :

Exercice 1886

Raoul Glaber. *Les cinq livres de ses histoires* (900-1044), publiés par M. Maurice Prou........ 3 50
Pour les souscripteurs à la collection........ 2 50

Grégoire de Tours. *Histoire des Francs,* livres I-VI; texte du manuscrit de Corbie, (Bibl. nat., ms. lat. 17655) avec un fac-similé, publié par M. H. Omont, de la Bibliothèque Nationale....... 7 »
Pour les souscripteurs à la collection........ 5 »

Exercice 1887

Textes relatifs aux institutions privées et publiques aux époques mérovingienne et carolingienne, publiés par M. M. Thévenin... 6 50
Pour les souscripteurs à la collection........ 4 »

Vie de Louis le Gros par Suger, suivie de la *Vie du roi Louis VII,* publiées d'après les manuscrits par M. Aug. Molinier....... 5 50
Pour les souscripteurs à la collection........ 4 »

EXERCICE 1888

Textes relatifs à l'histoire du Parlement depuis les origines jusqu'en 1314, publiés par M. CH.-V. LANGLOIS................ 6 50
Pour les souscripteurs à la collection.................. 4 50

Lettres de GERBERT (983-997), publ. avec une introduction et des notes par M. Julien HAVET.................................. 8 »
Pour les souscripteurs à la collection.................. 5 50

EXERCICE 1889

Les grands traités de la guerre de Cent ans, publiés par M. E. COSNEAU.. 4 50
Pour les souscripteurs à la collection.................. 3 25

Ordonnance Cabochienne (mai 1413), publ. avec une introduction et des notes par M. A. COVILLE........................... 5 »
Pour les souscripteurs à la collection.................. 3 50

PIERRE DUBOIS, *De recuperatione terre sancte*, traité de politique générale du commencement du XIVe siècle, publ. par M. Ch.-V. LANGLOIS, chargé de cours à la Faculté des lettres de Paris............ 4 »
Pour les souscripteurs à la collection.................. 2 75

EXERCICE 1890

GALBERT DE BRUGES, *Histoire du meurtre de Charles le Bon, comte de Flandre* (1127-1128), *suivie de Poésies latines contemporaines*, publiée avec une introduction et des notes par M. Henri PIRENNE, professeur à l'Université de Gand.......................... 6 »
Pour les souscripteurs à la collection.................. 4 25

Documents relatifs à l'histoire financière en France de Charles VII à François Ier, publiés par M. G. JACQUETON, conservateur-adjoint à la bibliothèque-musée d'Alger.................................. 8 50
Pour les souscripteurs à la collection.................. 5 75

La seconde partie de l'*Histoire des Francs* de GRÉGOIRE DE TOURS, comprenant les livres VI à X, accompagnés de l'index alphabétique de l'ouvrage, est sous presse et paraîtra certainement dans les premiers mois de l'année 1892.

Les publications suivantes sont en préparation :

Textes relatifs aux institutions privées et publiques aux époques mérovingienne et carolingienne, publiés par M. M. THÉVENIN. 2e partie. *Institutions publiques*. (*Sous presse*.)

Textes relatifs aux rapports du clergé avec la royauté de 1682 à 1789, publiés par M. MENTION, professeur au Lycée Henri IV. (*Sous presse*.)

Les Chartes des libertés anglaises (1180-1301), publ. par M. Ch. BÉMONT, maître de conférences à l'Ecole des Hautes-Etudes. (*Sous presse*.)

Recueil de documents sur l'histoire et la géographie de l'Afrique chrétienne, publ. par M. l'abbé DUCHESNE, membre de l'Institut.

Vie de Louis le Pieux par l'ASTRONOME, publ. par M. A. MOLINIER, conservateur à la Bibliothèque Sainte-Geneviève.

Annales de Flodoard, publiées par M. COUDERC, ancien élève de l'Ecole des Chartes et de l'Ecole des Hautes-Etudes.

Textes relatifs aux institutions publiques et privées à l'époque des Capétiens directs, publiés par M. A. LUCHAIRE.

GUIBERT DE NOGENT, *Histoire de sa vie*, publiée par M. LEFRANC, ancien élève de l'Ecole des Chartes et de l'Ecole des Hautes-Etudes.

Textes relatifs à l'administration des provinces royales du XIe *au*

XIIIe *siècle* (Prévôtés, Bailliages et Sénéchaussées, Enquêteurs), publiés par des étudiants de la Faculté des lettres de Paris, sous la direction de M. Ch.-V. LANGLOIS.

Textes relatifs aux rapports de la royauté avec les villes en France depuis le XIVe *jusqu'au* XVIIIe *siècle*, publiés par M. A. GIRY.

Textes relatifs à l'histoire de l'industrie et du commerce de la France au moyen âge, publiés par M. Gustave FAGNIEZ.

Textes relatifs à l'histoire des institutions de la France depuis 1515 *jusqu'en* 1789, publiés par M. J. ROY, professeur à l'École des Chartes.

Les grands traités du règne de Louis XIV, publiés par M. VAST, professeur au Lycée Condorcet.

Textes relatifs à l'histoire des colonies françaises (XVIIe et XVIIIe siècles), publiés par M. Ch. GRANDJEAN, secrétaire-rédacteur au Sénat.

Cette liste donne une idée assez exacte du caractère de la collection : Grégoire de Tours, Gerbert, Raoul Glaber, Suger, Galbert de Bruges, ont inauguré les textes originaux dont nous nous proposons de donner des éditions nouvelles ; les recueils de textes, comprenant des diplômes, des chartes, des formules, des actes législatifs ou judiciaires, groupés de manière à éclairer l'histoire d'une époque ou d'une institution, mettront à la portée de tous une catégorie de documents depuis longtemps en faveur auprès des historiens, mais restée jusqu'ici assez difficilement accessible en dehors des bibliothèques aux étudiants et aux travailleurs.

Dans le choix des documents et des recueils que nous nous proposons de publier, nous nous préoccupons avant tout de créer des instruments de travail utiles et commodes, analogues à ceux qui existent depuis longtemps pour l'étude de l'antiquité. Nous ne recherchons ni les textes inédits ni les curiosités vaines, notre choix s'est porté et se portera de préférence sur les documents qui nous paraissent les plus utiles, les plus propres à fournir la matière d'explications dans les chaires d'enseignement supérieur, ou la base d'études nouvelles pour les étudiants.

La faveur avec laquelle nos éditions ont été accueillies nous a prouvé que notre tentative répondait à un véritable besoin. En province surtout, où les travailleurs sont moins favorisés qu'à Paris, nous avons recueilli des adhésions et des encouragements précieux. Beaucoup de nos souscripteurs sont entrés en relation avec nous pour nous presser de publier tels ou tels documents ou pour nous conseiller certaines améliorations. Nous avons ainsi décidé, à la demande de plusieurs d'entre eux, que dorénavant nos éditions de chroniques seront accompagnées de courts sommaires en français, qui faciliteront la lecture du texte et y rendront les recherches plus aisées.

Nous ne saurions, en revanche, comme on nous l'a demandé de divers côtés, augmenter le nombre de nos publications, ni en développer beaucoup les notes grammaticales et historiques. Nous sommes liés, en effet, par les conventions acceptées par nos souscripteurs, et, d'autre part, nous proposant de créer des instruments d'études, nous ne devons pas, en multipliant les notes, prévenir tout effort pour l'intelligence des textes. Nous voulons avant tout donner des éditions correctes et maintenir à l'ensemble de l'œuvre l'unité de la méthode et un caractère rigoureusement scientifique. En parlant d'unité dans la méthode, nous ne voulons pas dire — et les volumes publiés jusqu'ici le montrent assez — que nous entendons imposer à nos collaborateurs un cadre et des procédés uniformes. Il nous a paru que chacune de nos publications, selon les textes qu'elle contient, devait au contraire avoir son individualité propre et que l'unité résulterait de l'application à tous nos recueils des méthodes scientifiques les meilleures et les mieux appropriées. Un index alphabétique de noms propres, nécessaire aux éditions des chroniques, nous paraît avantageusement remplacé par des tables de matières, méthodiques ou alphabétiques, dans des recueils de textes, comme ceux qu'ont publiés MM. Thévenin, Langlois et Cosneau. Les notes explicatives qui peuvent être très rares dans des textes relativement faciles comme ceux de Raoul Glaber et de Suger, ou souvent commentés et traduits comme celui de Grégoire de Tours, nous ont paru, au contraire, indispensables pour les lettres si souvent énigmatiques de Gerbert. Les biographies de Grégoire de Tours, de Raoul Glaber, de Suger, sont assez connues pour qu'il ait paru suffisant d'en rappeler seulement les faits principaux ; celle de Gerbert, au contraire, demandait à être écrite avec détail, car elle a pour objet de justifier les dates attribuées à chacune de ses lettres.

Notre intention est de ne publier que des éditions critiques, dont les textes doivent reposer sur le classement des manuscrits ; nous avons cru cependant pouvoir déroger exceptionnellement à cette règle pour l'*Histoire des Francs* de Grégoire de Tours : la valeur, l'autorité et l'intérêt philologique des deux manuscrits employés nous ont paru une justification suffisante.

Nous n'avons plus besoin d'insister aujourd'hui sur l'utilité de cette Collection. Nos volumes ont servi à des explications et à des exercices dans les Facultés et dans les Ecoles ; plusieurs d'entre eux ont été déjà choisis pour les épreuves du concours de l'agrégation d'histoire. Réunis, ils formeront une bibliothèque qui convient non seulement aux professeurs, aux étudiants des Facultés, aux élèves de l'Ecole normale, de l'Ecole des Chartes et de l'Ecole des Hautes-Etudes, mais aussi à tous ceux qui sont curieux d'étudier l'histoire à ses sources mêmes.

A. GIRY, professeur à l'Ecole des Chartes;
H. JALLIFFIER, professeur au lycée Condorcet;
Ch.-V. LANGLOIS, chargé de cours à la Faculté des lettres de Paris;
E. LAVISSE, directeur d'études pour l'histoire à la Faculté des lettres de Paris;
H. LEMONNIER, chargé du cours d'histoire moderne à la Faculté des lettres de Paris;
A. LUCHAIRE, professeur à la Faculté des lettres de Paris;
M. PROU, bibliothécaire à la Bibliothèque Nationale;
M. THÉVENIN, directeur d'études adjoint à l'Ecole des Hautes-Etudes.
A. THOMAS, chargé de cours à la Faculté des lettres de Paris.

Adresser les souscriptions à M. Alphonse Picard, éditeur, rue Bonaparte, n° 82, à Paris.

Chartres. — Imprimerie DURAND.

DOCUMENTS

RELATIFS A

L'ADMINISTRATION FINANCIÈRE

EN FRANCE

DE CHARLES VII A FRANÇOIS Ier

(1443-1523)

CHARTRES. — IMPRIMERIE DURAND, RUE FULBERT.

COLLECTION DE TEXTES

POUR SERVIR A L'ÉTUDE ET A L'ENSEIGNEMENT DE L'HISTOIRE

DOCUMENTS

RELATIFS A

L'ADMINISTRATION FINANCIÈRE

EN FRANCE

DE CHARLES VII A FRANÇOIS Ier

(1443-1523)

PAR

G. JACQUETON

Archiviste-Paléographe

Conservateur-adjoint à la Bibliothèque-Musée d'Alger.

PARIS

ALPHONSE PICARD, ÉDITEUR

Libraire des Archives nationales et de la Société de l'Ecole des Chartes

82, Rue Bonaparte, 82

1891

INTRODUCTION

I.

L'organisation financière de la France pendant la période à laquelle se rapportent les textes réunis dans le présent recueil, c'est-à-dire de 1443 à 1523, a été jusqu'à présent assez peu et assez mal étudiée. Aussi bien ne sera-t-il pas inutile d'en esquisser les traits essentiels.

Au premier coup d'œil jeté sur les institutions de ces trois quarts de siècle, une impression se dégage nettement : on est en présence d'une période de notre histoire administrative parfaitement définie et d'une remarquable unité. Des grandes ordonnances de réorganisation rendues par Charles VII de 1444 à 1460 jusqu'aux réformes décrétées par François Ier à partir de 1523, aucune modification essentielle ne se produit dans l'administration financière. Parmi les sources du revenu royal, les unes s'accroissent et d'autres s'amoindrissent, mais elles ne changent pas de nature ; et, quant aux officiers chargés de gérer la fortune publique, tous ont encore en 1522 les noms et les attributions qu'ils avaient en 1450.

Pendant tout ce temps, il faut distinguer en deux classes les ressources financières de la royauté, la première comprenant celles qui étaient dites *ordinaires* et la seconde celles qui étaient dites *extraordinaires*.

Les ressources ordinaires étaient celles qu'on tirait du domaine, c'est-à-dire des fonds de terre sur lesquels le souverain possédait un droit quelconque, que ce fût un droit de propriété pleine et entière ou qu'il s'agît d'une simple suzeraineté. On trouvera au cours du recueil, surtout dans le *Vestige des Finances* (n° XIX), des renseignements suffisants sur le domaine. Nous n'en dirons donc rien de plus.

Les ressources extraordinaires étaient ainsi appelées parce qu'elles avaient été regardées dans l'origine comme des expédients temporaires destinés à subvenir à des dépenses exceptionnelles et sans permanence ; c'étaient des contributions levées en vue de faire face aux frais d'une entreprise déterminée, d'une guerre le plus souvent, et qui cessaient d'être exigibles lorsque cette entreprise prenait fin, c'est-à-dire à la paix. Au surplus, à l'époque où nous sommes, les ressources extraordinaires n'avaient gardé de leur caractère originel que le nom ; c'étaient en fait de véritables impôts perçus régulièrement en temps de paix aussi bien qu'en temps de guerre.

Les revenus de ce genre peuvent se ranger sous trois chefs, la *gabelle*, les *aides* et la *taille*.

La gabelle, ou taxe sur le sel, est fort ancienne et Charles VII ne fit qu'en régulariser la perception.

Les aides, nom générique sous lequel on désignait l'ensemble des droits perçus sur la vente des denrées, existaient également bien longtemps avant lui.

De la taille, en revanche, on rapporte généralement l'origine au règne de ce prince, et c'est justice : non pas qu'on n'eût levé auparavant, et à bien des reprises, sous le nom de fouage, la taille, c'est-à-dire l'impôt direct, de répartition, assis sur la propriété foncière ; mais ce n'avait jamais été que d'une façon temporaire. Dans les dernières années de Charles VII, au contraire, et jusqu'à la chute de l'ancienne monarchie, la taille fut levée sans exception tous les ans. Peu importe après cela que la taille ait été accordée par les états généraux d'Orléans en 1439 ou qu'elle ait été simplement demandée aux états particuliers des diverses provinces[1]. Quoi qu'il en soit de son origine, il est certain que dès la fin du règne de Charles VII, le roi s'était arrogé le droit incontesté d'en déterminer chaque année le montant par simples lettres patentes délibérées en Conseil ; il pouvait même par de nouvelles lettres en élever le chiffre au cours de l'année : c'étaient les *crues de taille.*

On distinguait deux sortes de taille : la taille réelle ou prédiale et la taille personnelle. — La première, qui ne se levait qu'en Languedoc et dans une partie de la Guyenne, était assise sur les fonds roturiers et due par leurs propriétaires quels qu'ils fussent, nobles ou non nobles ; d'où il résultait que le roturier détenteur de biens nobles en était exempt, tandis que le gentilhomme propriétaire de biens roturiers y était assujetti. — La seconde, qui avait cours dans toutes les autres provinces, était exigée de tous les roturiers et d'eux seuls, proportionnellement à la valeur de leurs biens et sans égard à leur qualité ; dans ce système, les fonds nobles possédés par des roturiers entraient en compte pour la répartition de l'impôt, au lieu que les fonds roturiers possédés par des nobles échappaient à toute taxation.

Comme la taille, la gabelle n'était pas partout assise et levée de la même façon. Voici quels étaient les principaux modes de taxer le sel usités alors :

1° Régime qu'on pourrait appeler de droit commun, auquel étaient soumises les deux généralités de Normandie et d'Outre-Seine tout entières, la recette géné-

1. Voir surtout à ce propos le livre de M. Thomas sur les *États provinciaux de la France centrale sous Charles VII.*

2. Cf. Ord. du 30 janvier 1447 (*Ord.*, XIII, 493), 16 octobre 1464 (*ibid.*, XVI, 268), mars 1484 (*ibid.*, XIX, 310), et 9 octobre 1501 (*ibid.*, XXI, 291).

rale de Picardie et les provinces septentrionales et orientales de la généralité de Languedoil, au total la moitié à peu près du royaume. On percevait sur chaque muid de sel un droit fixe à la vente de la matière imposée qui se faisait exclusivement dans des entrepôts ou greniers royaux par le ministère d'officiers à ce préposés.

2° Régime du Languedoc et des pays adjacents[1]. Il comportait aussi un droit fixe par muid, qui était perçu, non à la vente, mais au passage du sel dans des entrepôts royaux, véritables postes de douane, appelés également greniers, disposés tout le long de la côte de la Méditerranée à proximité des lieux de production.

3° Régime des provinces de l'ouest (Poitou, Saintonge, etc.). On y devait payer sur le prix de chaque vente de sel un droit égal au quart ou au cinquième du prix de vente[2]. Par leur nature et leur mode de perception, le *quart* et le *quint de sel* se rattachaient plutôt à la catégorie d'impôts auxquels on donnait ordinairement la dénomination d'aides.

Les aides comprenaient essentiellement deux taxes, l'une d'un huitième ou d'un quart sur le prix de vente des vins et autres boissons, et l'autre d'un vingtième (12 den. t. pour livre) sur le prix de vente de certains objets de consommation (bétail à pied fourché, draps, poissons, bois). — On peut y rattacher les *traites, impositions foraines*[3] et *tirages* auxquels étaient soumises

1. Cf. Ord. du 20 avril 1363 (*Ord.*, III, 618), 17 octobre 1493 (*ibid.*, XXI, 9 *note*), 6 janvier 1498 (*ibid.*, XXI, 9), 8 novembre 1498 (*ibid.*, *vol. cit.*, s31), 7 avril 1499 (*ibid.*, *vol. cit.*, 208), 19 décembre 1499 (*ibid.*, *vol. cit.*, 240), 23 mai 1500 (*ibid.*, *vol. cit.*, 253), 17 janvier 1501 (*ibid.*, *vol. cit.*, 266) et l'arrêt de la Cour des aides de Paris du 11 octobre 1503, imp. dans Fontanon, II, 780-793.

2. Cf. surtout là-dessus les instructions du 1er décembre 1383 (*Ord.*, VII, 733), les lettres du 31 mars 1451 (*ibid.*, XIV, 192) et les instructions de la même année (*ibid.*, *vol. cit.*, 199).

3. Cf. sur l'imposition foraine les Ord. du 13 juillet 1376 (*ibid.*, VI, 206), du 28 mai 1392 (*ibid.*, VII, 463), du 8 janvier 1399 (*ibid.*, VIII, 312-314) et du 18 décembre 1488 (*ibid.*, XX, 105). — En particulier sur la traite d'Anjou et trépas de Loire, cf. les lettres du 6 avril 1519 et du 2 novembre 1534 dans Fontanon, II, 535 et 538.

les marchandises importées dans le royaume ou qui en étaient exportées. — Enfin, l'*équivalent* ne doit pas être oublié, car il représentait les compositions consenties par Charles VII et Louis XI pour le rachat dans quelques provinces d'un ou de plusieurs droits d'aides. Il convient de distinguer l'équivalent de Languedoc, dont la perception appartenait exclusivement à la province, de l'équivalent des autres généralités; dans ces dernières, c'était, pour chaque élection où il était levé, une somme fixe qu'on répartissait et qu'on recouvrait avec la taille.

A ces deux sources distinctes de revenus correspondaient deux administrations également distinctes.

La première, celle du domaine ou revenus ordinaires, qu'on appelait encore le *Trésor,* avait à sa tête les *trésoriers de France.* — Ces officiers jouissaient des pouvoirs les plus étendus : administrateurs suprêmes des biens domaniaux, c'était à eux qu'il appartenait de faire tous les actes propres à en assurer la conservation et la bonne gestion; ils pouvaient à leur gré affermer les terres et les droits qui en dépendaient, ou les faire exploiter directement par des fonctionnaires royaux, sur lesquels ils avaient le droit de surveillance le plus complet. Ils prévoyaient les recettes et ordonnançaient les dépenses. Tous les actes royaux relatifs au domaine leur étaient adressés et leur *attache d'entérinement* seule leur donnait une valeur exécutoire. — Ils étaient au nombre de quatre, et le royaume avait été divisé en quatre grandes circonscriptions ou *charges* sur chacune desquelles un d'entre eux exerçait plus spécialement sa surveillance et son autorité. En effet, bien que tous les actes royaux à eux adressés le fussent indistinctement « aux trésoriers de France », et bien que toutes les attaches jointes à ces actes portassent également en tête la suscription « les trésoriers de France », néanmoins, chacune des quatre circonscriptions domaniales était placée sous la direction d'un des trésoriers qui souscrivait seul les attaches relatives aux affaires de sa charge et passées au nom du collège entier des trésoriers.—Ces quatre charges étaient celles de Languedoil, de Languedoc, de Normandie et des pays situés sur et outre la Seine et l'Yonne. Elles ne comprenaient pas, on le voit, tout le territoire du royaume. Les provinces qui échappaient à ce département étaient soumises à un régime différent dont nous parlerons plus tard.

Les trésoriers de France n'étaient pas des officiers comptables ; ils veillaient à la rentrée des revenus domaniaux, mais ils ne l'effectuaient pas ; ils ne faisaient aucune recette et ne payaient aucune dépense. — Le soin d'encaisser les deniers domaniaux et de les distribuer était dévolu à des officiers d'un autre ordre, soumis à leur surveillance, aux *receveurs ordinaires* et au *changeur du Trésor.*

Les premiers étaient distribués dans les quatre charges domaniales et y recueillaient tous les deniers échéants au domaine dans les limites de leurs recettes respectives. L'administration domaniale remontant par ses origines jusqu'à l'époque où le royaume avait été divisé en bailliages et sénéchaussées, ces limites étaient en général les mêmes que celles des prévôtés, des vicomtés et des baylies.

Les fonds recueillis dans les recettes ordinaires étaient centralisés à Paris par le changeur du Trésor, qui était le receveur général des revenus domaniaux. Mais il ne faudrait pas croire que la totalité des sommes provenant de ces revenus fût apportée effectivement à Paris et versée réellement dans la caisse du changeur du Trésor. Tout d'abord, du revenu brut des recettes ordinaires il convient de déduire certaines charges permanentes assises sur elles que devait acquitter avant tout le receveur, telles que les fiefs et aumônes, les rentes à héritages, les dons à vie, etc. C'était seulement du revenu net, après déduction du montant de ces charges souvent fort lourdes, ou, pour parler le langage du temps, des « deniers revenans bons », qu'un receveur ordinaire avait à tenir compte au changeur. Encore n'était-ce qu'exceptionnellement qu'il envoyait ces excédents à Paris. Il était passé en usage, en effet, au lieu de faire honneur comptant et en numéraire aux assignations tirées sur le Trésor, de délivrer aux porteurs de ces assignations des quittances, dites *décharges,* au nom des receveurs ordinaires, contre la remise desquelles ces derniers effectuaient les payements. De la sorte, on évitait les dépenses qu'aurait entraînées le transport des espèces des recettes ordinaires à Paris, et on laissait les frais des recouvrements à la charge de ceux-là mêmes auxquels ils profitaient.

A côté du changeur du Trésor étaient les *clercs* ou *contrôleurs du Trésor*, qui devaient tenir des recettes et des dépenses du Trésor un registre appelé *journal* destiné à la vérification des comptes du changeur. En outre, la signature de l'un d'entre eux figurait toujours avec celle de l'un des trésoriers et celle du changeur au bas des décharges levées par ce dernier sur les receveurs ordinaires.

Les *généraux des finances* avaient à l'égard des revenus extraordinaires des attributions analogues à celles des trésoriers à l'égard des ordinaires. — Ils en étaient les administrateurs et les ordonnateurs et remplissaient en même temps les fonctions d'inspecteurs généraux des officiers chargés de les recouvrer et de les distribuer. — De même que les trésoriers entérinaient les actes relatifs aux revenus ordinaires, de même les généraux joignaient leur attache d'entérinement aux mandements relatifs aux revenus extraordinaires qui leur étaient tous adressés. — Ils étaient aussi au nombre de quatre et chacun d'eux avait sous sa direction une *généralité ;* les généralités portaient les mêmes noms et avaient les mêmes limites que les charges des trésoriers de France. — La forme des actes concernant spécialement chaque généralité était la même que celle des actes concernant spécialement chaque charge domaniale. Les lettres royales étaient adressées « aux généraux des finances » et les attaches en portant entérinement étaient au nom des « généraux des finances », mais ces dernières pièces portaient la signature du seul général intéressé.

Enfin, pas plus que les trésoriers, les généraux n'ont la qualité ni la responsabilité d'officiers comptables.

L'administration de perception des revenus extraordinaires, beaucoup plus considérables que les ordinaires, était aussi plus compliquée. Chaque classe de ces revenus avait ses receveurs spéciaux.

Pour la taille et pour les aides, les généralités étaient divisées en *élections*. L'élection équivalait le plus souvent à un diocèse. Elle tirait son nom des *élus*, officiers qui étaient chargés, généralement au nombre de deux par circonscription et avec l'assistance d'un *greffier* et d'un *procureur royal*[1], de la gestion des aides et des tailles et du règlement en premier ressort des affaires contentieuses nées à l'occasion de la répartition ou de la levée de ces impôts. Il y avait dans chaque élection un *receveur de la taille* et un *receveur des aides*. Distincts en droit, les deux offices étaient en fait confiés dans la plupart des cas au même personnage. Dans certaines élections très importantes seulement il y avait deux receveurs. Ajoutons que le receveur de la taille encaissait aussi l'équivalent. — Enfin, faisons observer qu'il n'y avait pas partout des élections et des élus. Les états de Languedoc répartissaient et levaient eux-mêmes l'impôt sans l'intervention d'aucun officier royal[2]. Dans les pays de la Garonne, au lieu d'élus permanents, des commissaires désignés tous les ans par lettres patentes procédaient dans chaque circonscrip-

1. L'Ord. du 24 janvier 1523 créa des offices de contrôleur dans chaque élection. Cf. Fontanon, II, 889.

2. En mai 1519, des lettres royales instituèrent des élus et des receveurs en Languedoc ; sur les réclamations des états et moyennant une composition en argent payée par la province, elles furent presque aussitôt rapportées. Cf. *Hist. du Languedoc*, (V, 114-115) XI, 203-205, et ms. fr. 5503, fol. 84 r°.

tion de recette à l'assiette de la taille, le plus souvent d'accord avec les états particuliers de la province.

Les gabelles exigeaient une grande variété d'officiers.

Dans les pays de droit fixe à la vente, le territoire était partagé en ressorts de *greniers* qui ne correspondaient d'aucune façon aux élections et dont l'officier de recette portait le nom de *grenetier*. Il était assisté d'un *contrôleur*. Le grenetier avait également des attributions contentieuses : il connaissait en premier ressort des différends et des délits relatifs aux gabelles.

En Languedoc, nous trouvons aussi des grenetiers et des contrôleurs, mais qui dépendaient d'un officier particulier à cette généralité, chargé de les surveiller et auquel on interjetait appel de leurs décisions : le *visiteur général des gabelles*.

Dans les pays de quart et de quint, la levée des droits sur le sel était affermée par les soins de commissaires nommés à cet effet.

Il en était de même des divers droits de douane exigés aux frontières des généralités.

Au-dessus des receveurs et des grenetiers se trouvaient des fonctionnaires correspondant au changeur du Trésor, les *receveurs généraux des finances ;* mais, tandis qu'il n'y avait qu'un changeur du Trésor, il y avait autant de receveurs généraux que de généralités, qui résidaient dans les villes capitales de ces dernières, soit Paris pour l'Outre-Seine, Rouen pour la Normandie, Tours pour la Languedoil et Montpellier pour le Languedoc. — Les receveurs généraux avaient dans chaque généralité des attributions semblables à celles du changeur du Trésor pour l'ensemble des revenus domaniaux. Sur eux étaient tirés les mandements portant assignation de paiement adressés par le roi aux généraux : ils les acquittaient, sauf exception, non pas comptant et en numéraire, mais en décharges délivrées sur les receveurs ou les grenetiers de la généralité.

De même qu'il y avait auprès du changeur des clercs du Trésor, de même il y avait auprès de chaque receveur général un *contrôleur général,* qui enregistrait sur un *contrerole* les entrées et les sorties de fonds de la recette générale, et qui contresignait les décharges levées par le receveur général sur les receveurs et les grenetiers.

Les provinces réunies au royaume postérieurement à Charles VII et celles qui ne voyaient dans le roi que leur comte ou leur duc particulier jouissaient d'un régime différent : c'étaient la Picardie, la Bourgogne, le Dauphiné de Viennois, le comté de Provence, le duché de Bretagne et celui de Milan. Chacune d'elles possédait une administration différente dans le détail de laquelle nous n'entrerons pas. Qu'il nous suffise de dire que ces organisations présentaient toutes un trait commun, qui était que les ressources ordinaires et extraordinaires étaient gérées et perçues par une administration unique. Au sommet était un officier qui portait le plus souvent le nom de général et qui exerçait la surintendance à la fois sur les revenus domaniaux et sur ceux qui provenaient des impôts. Quant au fonctionnaire chargé de centraliser, sous son contrôle, tous les deniers recueillis dans la province, il était qualifié tantôt de trésorier et tantôt de receveur général[1].

Entre les diverses administrations financières du royaume, celle des revenus ordinaires, celle des revenus extraordinaires, celle enfin des provinces non rattachées au corps du royaume, il existait un lien, l'*état général des finances*. « Le roy et Messrs de ses finances », dit un traité contemporain, « font chascun an ung estat général de toutes les finances tant ordinaires que extraordinaires », ayant en recette les revenus

1. On sait que, lorsque Louis XII parvint au trône, il ne voulut pas réunir au domaine de la couronne les biens qui lui appartenaient comme duc d'Orléans. Il les en laissa distincts et garda pour les exploiter toute une administration spéciale ayant à sa tête un général, dit général de Blois.

domaniaux aussi bien que ceux des aides, tailles et gabelles, et en dépense toutes les charges prévues pour l'année entière, aussi bien les parties comptables que les pensions des princes et seigneurs et les sommes à délivrer comptant au roi. — Pour comprendre ces mots « Messrs des finances », il faut savoir que les trésoriers et les généraux étaient tenus de résider auprès du roi durant tout le temps qu'ils n'employaient pas à « chevaucher » leurs charges. Ils étaient donc en permanence à la cour et se voyaient appelés en toute occasion à se prononcer sur les affaires de finances, et, en particulier, à élaborer l'état général, ce que nous appellerions aujourd'hui le budget. C'était comme une sorte de ministère collectif, ou plutôt comme un véritable Conseil des finances fonctionnant très régulièrement à côté et indépendamment du Conseil privé, auquel trésoriers et généraux avaient d'ailleurs entrée lorsqu'une question financière y était mise en discussion. A l'égard de cette assemblée suprême, qui était alors le rouage essentiel de la machine gouvernementale, « Messrs des finances » avaient, si l'on veut, en certaines circonstances, le rôle de commissaires chargés d'étudier les affaires et d'élaborer des rapports. Mais ce n'était pas à cela que se bornaient leurs attributions. Leur double collège était plus qu'une simple commission d'études ; il avait un pouvoir propre de décision et, en bien des cas, agissait sans en référer au Conseil privé. L'existence de 1450 à 1523 d'une assemblée autonome investie du pouvoir de prendre au sujet des affaires financières courantes des résolutions fermes nous paraît indéniable. Nous donnons ci-dessous (n° X) une lettre qui est un véritable procès-verbal d'une délibération des « gens des finances ».

L'état général une fois établi, les trésoriers et les généraux opéraient d'un commun accord la répartition des ressources et des charges ainsi prévues entre leurs charges respectives. Puis, chacun d'eux avait soin de dresser un état spécial des revenus de sa charge ainsi que des dépenses auxquelles ces revenus devaient être affectés. Il y avait ainsi quatre états pour l'ensemble des finances ordinaires et quatre autres pour celui des extraordinaires, sans compter ceux qu'avaient également à produire les généraux des provinces où ces deux genres de ressources étaient confondus. Un double des premiers était remis au changeur du Trésor, et, de même, chacun des receveurs généraux recevait de son général un exemplaire de l'état afférent à sa recette.

Ces états, où se trouvaient escomptées les dépenses aussi bien que les recettes, nous amènent à examiner quel était le mécanisme de ces dépenses.

Au point de vue de la comptabilité financière, les dépenses étaient de deux sortes : les unes étaient prévues à l'état général, tandis que les autres ne l'étaient pas.

Les premières étaient acquittées en vertu de leur inscription même à l'état général par le changeur et les receveurs généraux. Pour elles, il n'était rigoureusement besoin d'aucune autre pièce ordonnant qu'elles fussent acquittées, et le fait qu'elles figuraient à l'état constituait au bénéfice du comptable payeur une justification suffisante ; pour voir la somme versée par lui à ce titre allouée à sa décharge lors de la reddition de ses comptes, il n'avait qu'à présenter la quittance de la partie prenante.

Autres étaient les formalités pour les dépenses qui n'avaient pas été prévues lors de la confection de l'état général. En ce cas, le paiement ne pouvait en être fait par l'officier sur la caisse duquel on les assignait, que sur la preuve d'un ordre spécial du roi. Cet ordre lui-même n'était valable que s'il était donné en forme, c'est-à-dire par des lettres patentes adressées, suivant le cas, aux trésoriers ou aux généraux, et leur commandant de faire payer telle somme à tel personnage par tel officier. Bien plus, il était nécessaire que ces lettres présentassent un caractère qui les distinguait des lettres patentes ordinaires; elles devaient être contresignées, non par un secrétaire du roi quelconque, mais par un des secrétaires auquel avait été accordé, par provisions expresses, le droit exclusif de signer les actes relatifs aux finances[1]. Expédiées de la sorte, les lettres et mandements royaux portaient dans la langue administrative du temps le nom d'*acquits*. — Ajoutons enfin qu'à tout acquit devait être jointe une attache d'entérinement des trésoriers ou des généraux souscrite par le trésorier ou le général de la charge.

Quant aux paiements eux-mêmes, nous avons déjà dit comment ils s'effectuaient. Le changeur et les receveurs généraux ne les faisaient comptant que lorsque l'état général ou les lettres patentes d'assignation le marquaient expressément. Lorsqu'il n'en était pas ainsi, c'est-à-dire dans le plus grand nombre de cas, ils ne délivraient à la partie prenante en échange de sa quittance qu'une décharge sur un des receveurs particuliers de leur charge.

Si nous examinons maintenant quels étaient les fonctionnaires chargés d'acquitter les dépenses des divers services publics, nous constatons d'abord que les officiers mêmes préposés à la perception des revenus royaux avaient en même temps mission de pourvoir directement à beaucoup de dépenses. — Ainsi, les receveurs ordinaires, outre tous les frais d'entretien et de gestion des biens royaux de leur circonscription, avaient encore, avons-nous dit, à payer aux ayants-droit les fiefs et aumômes, les rentes à héritages et dons à vie accordés par le roi, les gages d'officiers ordinaires, ceux des officiers des forêts, etc. — De même, les receveurs des aides et de la taille et les grenetiers avaient à retenir, sur le montant de leurs encaissements, leurs propres gages et ceux des officiers de finances de leur ressort. — Quant au changeur et aux

1. On trouvera le modèle d'une commission pour signer en finances dans le ms. fr. 5500, fol. 4 r°.

receveurs généraux, ils devaient souvent distribuer directement la plus grande partie de leurs recettes. En effet, sans compter leurs propres gages, ceux du général de la charge ou des trésoriers et ceux du contrôleur général, ils acquittaient, chacun pour leur part, plusieurs chefs de dépenses qui figuraient dans leurs comptes sous les titres suivants: *parties en acquit du roi, deniers payés par ordonnance, gardes de places, pensions et entretènements.* — Un d'entre eux, le receveur général de la généralité de Languedoil, qu'on appelait la *grande charge,* parce que les autres en avaient été démembrées, avait en outre à pourvoir entièrement aux dépenses suivantes: *dons, voyaiges et ambassades, postes et chevaucheurs d'écurie, chantres de la chapelle du roi, chevauchées des maîtres des requêtes de l'hôtel, menus plaisirs du roi, menues affaires de la Chambre.* Le tout, joint aux parties qu'on assignait sur sa recette à divers officiers comptables, s'élevait en général à un total supérieur au produit de sa charge et il était nécessaire de lui assigner à son tour des sommes à lever sur le changeur et les autres receveurs généraux.

Des officiers comptables spéciaux avaient la charge des dépenses que n'acquittaient pas eux-mêmes le changeur et les receveurs généraux. Celles-ci peuvent se ranger sous trois chefs.

1° Dépenses de la maison du roi, de celle de la reine et de celle des enfants royaux, auxquelles il convient de joindre celles qu'entraînaient la solde et l'entretien des divers corps de troupes qui formaient la garde du roi. Les principaux officiers préposés à ces dépenses étaient: le *maître de la chambre aux deniers,* le *commis au paiement des officiers domestiques,* l'*argentier,* les *commis à la vénerie et fauconnerie, aux offrandes et aumônes, à l'écurie, à la prévôté de l'hôtel,* le *trésorier de la maison de la reine, de celle des enfants,* enfin les *commis au paiement des deux compagnies des cent gentilshommes, des archers français et écossais, des suisses.*

2° Gages des cours souveraines, c'est-à-dire des Parlements, du Grand Conseil, des Chambres des Comptes, des Cours des aides, chacune d'elles ayant son payeur particulier.

3° Dépenses militaires. Il y a lieu ici de distinguer entre les dépenses permanentes faites en temps de paix comme en temps de guerre et les dépenses accidentelles occasionnées par une guerre à soutenir. — Des premières, la plus grosse était la solde et l'entretien des compagnies des gens d'armes des ordonnances, dont le soin appartenait aux deux *trésoriers ordinaires des guerres*. Venaient ensuite: les frais d'entretien de l'artillerie payés par le *trésorier ordinaire de l'artillerie;* les gages des hommes d'armes à la morte paye entretenus comme garnisons permanentes dans les places frontières qu'acquittaient des payeurs en nombre variable; les pensions payées aux cantons suisses (depuis Louis XI seulement) par l'intermédiaire d'un *trésorier des ligues*. — La distribution des fonds dépensés au cours d'une guerre pour la solde des gens de pied levés à cette occasion, pour le ravitaillement des troupes et pour l'approvisionnement de l'artillerie appartenait (depuis Louis XI) à deux fonctionnaires nommés à cet effet et dont les titres indiquent assez les fonctions, au *commis aux frais extraordinaires des guerres* et au *commis aux frais extraordinaires de l'artillerie*.

On s'étonnera peut-être de ne trouver dans cet exposé aucune mention d'une institution que presque tous les historiens qui se sont occupés de cette période se sont accordés à y rapporter, celle de la *surintendance des finances*, dont P. Briçonnet, puis J. de Beaune, seigneur de Semblançay, auraient été les titulaires. La vérité est qu'il est impossible de trouver la moindre trace d'un semblable office; à vrai dire, les quatre trésoriers et les quatre généraux portaient les uns et les autres le titre de surintendants des finances[1],

1. C'est le titre qui est donné aux généraux dans l'Ordonnance qui les établit en décembre 1355 (*Ord.*, III, 22, art. 2). La même expres-

mais au sens purement étymologique du mot, et il n'y eut jamais d'autres surintendants qu'eux. Pas plus J. de Beaune que P. Briçonnet n'eurent en droit d'autorité sur eux et ne furent, ainsi qu'on le prétend, les chefs suprêmes et uniques de l'administration des finances. La surintendance des finances, telle que nous la font concevoir les surintendants du XVIIe siècle, n'exista, on peut l'affirmer hardiment, à aucun moment des soixante-quinze années qu'embrasse le présent recueil.

Voici un autre fait sur lequel nous attirons l'attention, c'est que l'organisation que nous venons de faire connaître, le gouvernement des finances laissé à peu près sans contrôle au double collège des trésoriers et des généraux et la division du royaume en quatre circonscriptions indépendantes d'inspection et de recette, ne fut jamais décrétée en termes exprès par un acte royal spécialement rendu dans ce but. Elle s'établit peu à peu, et, à l'époque où furent promulguées les premières ordonnances qui ont pris place dans ce recueil, elle n'existait pas encore. Elle ne tarda pas d'ailleurs à se constituer et nous la voyons fonctionner avec tous ses organes au cours des dernières années du règne de Charles VII. Il est question dans un *Mémoire sur les trésoriers généraux,* composé au dernier siècle par le président du bureau des finances de Paris[1], de lettres patentes de 1450 qui auraient institué un quatrième trésorier et créé les quatre charges domaniales. Il nous

sion se retrouve dans beaucoup d'autres documents qu'il serait fastidieux d'énumérer. Citons seulement une pièce de l'extrême fin de la période étudiée ici, des lettres patentes de 1522 où il est dit que les généraux avaient été établis « pour le gouvernement et surintendement de tous les deniers provenans des aydes, tailles et gabelles » (Ar. Nat. P 2304, fol. 711).

1. Ce travail est inédit et se trouve à la Bib. Nat. dans le ms. fr. 14065. Le passage auquel nous faisons allusion est à la p. 26. Il est aussi parlé de cette division du royaume en quatre départements, mais d'une façon assez confuse, dans un très médiocre *Mémoire sur les privilèges et fonctions des trésoriers généraux de France,* imprimé à Orléans en 1745, sans nom d'auteur.

a été impossible de retrouver ces lettres, mais il est certain que ce fut effectivement vers 1450 que l'organisation financière dut prendre sa forme définitive. C'est l'époque de l'occupation de la Normandie qui fut pourvue d'un receveur général comme l'avaient été quelques années auparavant les pays aussi reconquis des bassins de la Seine et de l'Yonne. Avec le receveur qu'avait toujours eu le Languedoc et celui des provinces que n'avaient jamais possédées les Anglais, cela faisait quatre receveurs généraux et quatre recettes générales. Nous savons aussi que vers cette même date, on nomma non seulement un quatrième trésorier, mais encore un quatrième général, ainsi qu'on le verra sur la liste publiée à la fin du volume (App. III). Dès lors, les recettes générales et les officiers mis à leur tête semblent avoir joui d'une complète autonomie. La prééminence très réelle qu'avait eue jusqu'alors le receveur général de Languedoil sur les autres receveurs généraux cessa d'être exercée; ses subordonnés devinrent ses collègues et ses égaux[1]. De son ancien pouvoir, il ne resta au titulaire de Languedoil que l'honneur de voir sa recette qualifiée « la grant charge », le droit de faire figurer pour mémoire sur ses comptes toutes les recettes du royaume et la charge de pourvoir seul au règlement de certaines catégories de dépenses.

Il nous reste à parler des compagnies judiciaires désignées sous le nom de *Cours des aides* et de *Chambres des Comptes*.

Nous avons vu que la connaissance des affaires contentieuses nées en matière de finances extraordinaires

1. L'idée d'un receveur général unique ne se perdit cependant pas. Nous voyons, en 1522, le receveur d'Outre-Seine, J. Ruzé, émettre en sa qualité de receveur de Paris la prétention d'être le successeur de l'ancien receveur général unique et réclamer de ce chef certains privilèges (Ar. Nat. P 2304, fol. 711-712).

appartenait d'une part aux élus et de l'autre aux grenetiers. Les appels interjetés des jugements de ces fonctionnaires étaient portés devant les Cours des aides alors au nombre de trois.

La plus ancienne et la plus importante était celle de Paris, dont le ressort s'étendait sur les deux généralités d'Outre-Seine et de Languedoil et sur la recette générale de Picardie. Pendant la période qui nous intéresse (jusqu'en 1518 seulement), sa composition semble n'avoir pas varié. Elle comptait un président, quatre généraux de la justice, trois conseillers, un procureur général, un avocat du roi, un receveur et payeur des gages et deux huissiers[1].

La seconde était celle de Montpellier créée une première fois en 1437, supprimée peu après et rétablie définitivement en 1467. Son ressort avait les mêmes limites que celui du Parlement de Toulouse (Languedoc, Quercy, Rouergue, etc.); elle y avait, sauf les restrictions qu'y apportaient les pouvoirs de juridiction du visiteur général des gabelles, la même compétence que la Cour de Paris dans le sien[2].

Une troisième Cour des aides avait été établie à Rouen en 1483 ; elle jugeait en dernier ressort et souveraineté les appels de la généralité de Normandie[3].

Pour les affaires contentieuses d'intérêt domanial, les juridictions ordinaires (prévôts, vicomtes, baillis, sénéchaux) étaient compétentes en première instance.

1. Cf. les lettres de confirmation des officiers de la Cour en 1483 (*Ord.*, XIX, 129) et en 1498 (ms. fr. 18487, fol. 81 v°) et le tableau de leurs gages dans le ms. fr. 4525, fol. 25 r°. — Pendant la période qui nous occupe, l'*Auditoire* des aides, qui avait été jusqu'alors à côté des locaux de la Chambre des Comptes, fut transféré, en vertu des lettres du 31 août 1477 (*Ord.*, XVIII, 281), entre la Sainte Chapelle et la grande salle du Palais.

2. Cf. Philippi, *Recueil sur la cour des aides de Montpellier*. Montpellier, 1560, f°.

3. Cf. lettres du 15 septembre 1483 (*Ord.*, XIX, 132) et du 3 décembre 1493 dans ms. fr. 18487, fol. 74 r°.

En appel, on allait suivant les cas devant la Chambre des Comptes ou les Parlements; vers la fin du XVᵉ siècle, une nouvelle juridiction, la *Chambre du Trésor*, se vit attribuer une partie au moins de ces appels.

Le soin d'examiner les comptes des officiers comptables et de les déclarer valablement déchargés était dévolu aux Chambres des Comptes. Il n'y avait à l'époque dont nous nous occupons qu'une seule Chambre des Comptes pour le corps du royaume, celle de Paris, mais chacun des pays réputés étrangers avait la sienne, à Dijon, Grenoble, Aix et Nantes[1].

La composition de la Chambre de Paris varia beaucoup de 1450 à 1523. Les lettres de 1511 que nous publions ci-dessous (nº XV) furent une tentative pour la fixer; nous y renvoyons.

Des quatre Chambres provinciales, deux seulement, celles d'Aix et de Nantes, étaient complètement indépendantes de Paris; les deux autres devaient reconnaître la prééminence de cette dernière[2].

On sait que les Chambres des Comptes n'avaient pas seulement des attributions de contrôle. C'étaient encore des juridictions de répression investies du droit de prononcer à l'encontre des officiers de finances en faute des condamnations à des peines pécuniaires et afflictives.

1. Depuis Louis XII, il y en eut également une à Blois pour les domaines d'Orléans.

2. Voici un passage d'un traité contemporain qui montre l'étendue de la juridiction de la Chambre des Comptes de Paris. « Il y a Chambre des Comptes en Bourgongne où les receveurs du domaine et grenetiers vont compter en ladicte Chambre et le receveur général en la Chambre des Comptes à Paris. — Au Daulphiné y a Chambre des Comptes et les chastellains, qui sont receveurs particulliers du domaine, comptent en ladite Chambre et le trésorier général compte à Paris. — En Provence, y a Chambre des Comptes; les receveurs du domaine, clavayres et grenetiers comptent en ladite Chambre et le trésorier général semblablement. » Bib. Nat. ms. fr. 4525, f. 97 rº.

II.

Il ne pouvait être question de réunir ici tous les textes propres à éclairer le fonctionnement de l'administration financière. Il y aurait fallu plusieurs volumes. On ne trouvera plus loin que les documents essentiels. Nous ne nous sommes préoccupés que de l'administration financière du corps du royaume, au sens le plus étroit de l'expression; nous avons systématiquement négligé, non seulement les institutions fiscales des pays réputés étrangers, mais encore celles des provinces comprises dans les quatre généralités qui présentaient quelques singularités (Languedoc, Normandie, recettes de Guyenne, pays de quart de sel, etc.). C'est le régime strictement de droit commun, le régime des pays d'élections et de greniers à vente forcée, que nous avons la prétention de faire connaître et rien de plus.

Notre recueil comprend deux catégories de textes: des ordonnances royales accompagnées de quelques pièces annexes, et des traités ou fragments de traités composés au XVIe siècle dans un but didactique.

Les ordonnances sont au nombre de treize, dont une seule assez courte est inédite (n° II). Il y en a neuf du règne de Charles VII, trois de celui de Louis XII et une de celui de François Ier. Quatre ont trait au gouvernement des finances en général, une aux pouvoirs des trésoriers et à l'administration du domaine, cinq aux pouvoirs des élus, receveurs, grenetiers et à la perception des aides, tailles et gabelles, une aux pouvoirs de la Cour des aides, deux enfin aux pouvoirs et à l'organisation de la Chambre des Comptes.

Personne n'ignore que les impressions de la grande collection des *Ordonnances du Louvre* ont été trop souvent faites sur des copies fautives. Aussi, nous avons eu soin, autant qu'il nous a été possible, d'établir le texte des actes donnés ci-dessous à l'aide, sinon des originaux, qui tous sont perdus, au moins d'expéditions anciennes. Pour une seule ordonnance, celle du 12 août 1445 sur les trésoriers (n° V), il ne nous a pas été donné de trouver des copies de ce genre ; le texte des ordonnances n'en est d'ailleurs pas mauvais et nous n'avons eu à y faire que quelques corrections qui s'imposaient.

Un manuscrit fort soigné du xve siècle, conservé à la Bibliothèque Nationale sous le n° 23929 du fonds français, nous a permis de collationner cinq des ordonnances de Charles VII, les n^os I à III, VI et VIII[1]. — Un ms. du xvie siècle, le fr. 5284, contient une assez bonne copie de la seconde ordonnance sur la Chambre des Comptes, celle de décembre 1511 (n° XV). — Enfin, toutes nos autres ordonnances, qui se rapportent aux finances extraordinaires (n°s IV, VII, IX, XII, XIII, XVI), nous ont été fournies par des registres également conservés à la Bibl. Nat. et provenant de la Cour des aides, sur lesquels quelques éclaircissements ne seront pas superflus. Les mss. fr. 5292, 5293 et 5297 sont tous les trois l'œuvre du greffier des aides, un certain Michel Brinon[2], et ont été exécutés dans les premières années du règne de François Ier. Le 5297 contient la copie collationnée sur l'original déposé à la cour de l'ordonnance de 1517 sur les aides et gabelles (n° XVI); dans le 5293 est une copie semblable de celle de 1508 sur le même sujet (n° XIII), à la suite de laquelle on trouve une codification méthodique faite par Brinon des dispositions relatives aux gabelles édictées dans les ordonnances antérieures. C'est un travail du même genre, mais beaucoup plus ample, dû encore à Brinon, qui

1. Il y a de ces mêmes Ordonnances des copies postérieures dans les mss. fr. 4312, 5283 et 5290. Une bonne copie de l'Ord. de 1454 sur la Chambre des Comptes se trouve en outre dans le ms. fr. 5289.

2. Ce personnage appartenait sans doute à la famille parisienne bien connue des Brinon qui fournit au xvie siècle plusieurs hommes de valeur, entre autres le président de Rouen, Jean Brinon, qui négocia les traités d'Angleterre de 1525, le président de Bordeaux, René Brinon, etc.

remplit le 5292: ce ms. renferme en effet le dépouillement complet sous plusieurs chapitres de toutes les ordonnances sur les aides, tailles et gabelles de 1360 à 1517. On comprend l'utilité d'un semblable receuil. Pour l'exécuter, Brinon avait eu à sa disposition, d'abord les deux actes de 1508 et de 1517 relevés par lui dans les archives de la Cour, puis un registre de ces mêmes archives contenant d'excellentes copies, disposées chronologiquement, des lettres et instructions royales rendues au sujet des ressources extraordinaires de 1360 à 1500. Ce registre, dont s'étaient servis au dernier siècle les auteurs de la compilation des ordonnances, ou au moins un double contemporain, nous l'avons retrouvé à la Bibliothèque Nationale. Il y porte le n° 18487 du fonds français. Au bas du premier feuillet se lit en écriture du XVIe siècle la mention « Chambre 884 » ; une note inscrite en haut de la même page nous apprend que D. Petit le donna en 1710 à Saint-Germain-des-Prés[1]. C'est un ms. sur parchemin du début du XVIe siècle dans sa reliure primitive. Il comprend deux parties : 1° du fol. 1 au fol. 105, un recueil d'ordonnances, arrêts et pièces diverses sur la création et les droits de la Cour des aides de 1360 à 1500; 2° du fol. 106 au fol. 163, le recueil sur les aides, tailles et gabelles utilisé par Brinon; les actes qui y figurent sont donnés en entier et les lettres patentes y ont leurs préambules et leurs formules finales, mais les articles qui en constituent les dispositifs sont numérotés de suite de 1 à 337 et c'est à cette numérotation que se réfère Brinon dans son dépouillement du 5292. Chacune de ces deux parties du 18487 est précédée d'une table.

A côté des ordonnances, nous avons inséré quatre pièces annexes.

1. Une note de la p. 201 du tome IV des *Ord.* nous apprend que le registre utilisé par les rédacteurs de ce recueil comptait 350 pp., qu'il était alors déposé au greffe de la Cour des aides, qu'il provenait de la collection d'Abel de Sainte-Marthe et qu'il avait été exécuté au XVIe siècle pour l'élu de Paris Jacques Chevalier.

L'une (n° XIV) est à proprement parler une ordonnance inachevée. On la trouve d'ailleurs au tome XXI de la collection des *Ordonnances*. C'est le procès-verbal d'une délibération du Conseil relative aux cautions à exiger des officiers comptables et destinée à être mise en forme de lettres patentes et promulguée officiellement. Le ms. fr. 5501 en offrant un texte qui nous a paru meilleur que celui des *Ordonnances*, nous l'avons suivi de préférence.

Notre n° XVII a été emprunté à un article que M. de Boislisle a fait paraître sur *Semblançay et la surintendance des finances* dans l'Annuaire-Bulletin de la Société de l'Histoire de France. Ce document détermine exactement la qualité et l'étendue des pouvoirs confiés à J. de Beaune.

Notre n° X est inédit. C'est une lettre missive des « gens des finances » à Louis XI, copiée sur l'original du ms. fr. 20496 ; nous la donnons à titre d'exemple et pour démontrer la réalité de ce Conseil des finances dont nous avons parlé.

Nous nous permettons de signaler tout particulièrement la pièce imprimée sous le n° XI. Ce sont des *Instructions* adressées par le général P. Briçonnet aux agents financiers sous ses ordres[1], destinées à expliquer les ordonnances royales et à régler divers points sur lesquels ces actes étaient restés muets. Ces instructions présentent avec nos circulaires ministérielles d'aujourd'hui la plus grande analogie. Pour nous, elles ont une double utilité. D'abord, elles éclairent d'un jour singulier le rôle des généraux et nous donnent la mesure de leur importance administrative. En outre, les renseignements qu'elles fournissent sont des plus curieux : ils ont trait en effet aux

1. Le ms. qui les contient (fr. 5910), de très petit format, et d'une écriture du début du XVIe siècle, a précisément appartenu, ainsi que nous l'apprend une note répétée au début et à la fin de la pièce, à un de ces agents, à un certain Jean Prévost, sans doute alors élu ou receveur, que nous trouvons commis à l'extraordinaire des guerres en 1522-1523, compromis avec Semblançay, et se tirant d'affaire en se faisant son dénonciateur.

opérations nécessitées par l'assiette et la levée de la taille des paroisses et à la procédure d'exécution au cas de non-paiement des impôts, toutes choses sur lesquelles les ordonnances antérieures et mêmes celles de tout le siècle suivant ne nous apprennent pas beaucoup. En particulier, l'assiette et la levée de la taille dans les paroisses n'ont été, croyons-nous, l'objet d'aucun règlement public avant les lettres de mars 1600 (Isambert, *Anc. lois franç.*, XV, 226 et suiv.).

Passons aux textes de la seconde catégorie, qui sont groupés sous quatre numéros seulement. Deux sont des traités proprement dits et deux des formulaires.

Des traités, un, le plus court (n° XVIII), est inédit. Il est tiré du ms. fr. 647 et nous n'avons rien à en dire, sinon qu'il nous a paru assez intéressant pour être publié.

Le second, au contraire, plusieurs fois réimprimé, le *Vestige des Finances,* a toute une histoire. A notre connaissance, il n'a jamais été l'objet d'une publication isolée. Il figure à la suite d'un curieux ouvrage du XVIe siècle, le *Grant Stille et Prothocolle de la Chancellerie de France,* qui n'est autre chose, son titre l'indique, qu'un formulaire des principaux actes expédiés à la chancellerie royale. Encore n'y apparaît-il pas aux premières éditions. A la Bibliothèque Nationale, ni l'exemplaire de 1515 (Inv. F. Rés. 843), qui appartient à la seconde édition, ni l'exemplaire sans date (Inv. F. Rés. 911), mais certainement postérieur, ne contiennent le *Vestige.* Brunet (III, 539-540) indique du *Grant Stille* une édition de 1518 où on rencontrerait cet opuscule, mais il ne dit pas où il l'a vue et nous n'avons pu la retrouver. Le plus ancien des exemplaires du *Grant Stille* suivi du *Vestige* que nous ayons rencontré porte la date de 1527[1]. Dès lors, il est vrai, le *Vestige* semble le complément indispensable du *Grant Stille.* Dans toutes les éditions postérieures de

1. Bibl. Nat. Inv. F. Réserve 910.

ce formulaire consultées par nous figure le *Vestige*[1]. Circonstance à noter, ce petit traité, dont toutes les informations se rapportent à l'administration financière telle qu'elle était avant les réformes de 1523-1524, n'a pas cessé d'être réimprimé après ces réformes. Dans quel but les éditeurs du *Grant Stille* ont-ils reproduit avec tant de persistance des pages d'un intérêt purement rétrospectif? C'est assurément que les besoins de leurs acheteurs leur en faisaient une nécessité. Or, le *Grant Stille,* simple formulaire d'actes de chancellerie, devait recruter ses clients parmi les praticiens qui avaient à dresser ces actes, c'est-à-dire parmi les fonctionnaires de la Chancellerie ou parmi les candidats aux emplois de cette administration. Pour expliquer que des notions sans aucune application pratique, puisqu'elles constituaient l'exposé d'un état administratif disparu, aient constamment accompagné un recueil de ce genre, ne faut-il pas admettre qu'une certaine connaissance de l'ancien système financier était demandée à ceux qui voulaient être employés dans les bureaux de la Chancellerie? Le *Grant Stille* étant ce que nous appellerons aujourd'hui leur manuel d'examen, ç'aurait été pour satisfaire à cette exigence du programme que le *Vestige* y aurait été joint. De telles préoccupations historiques se faisant jour au XVIe siècle sont certainement à remarquer. D'autant qu'elles persistèrent durant de longues années. Jusqu'à la fin du siècle au moins, plus de soixante-quinze ans après le bouleversement de l'administration de Charles VII, le *Vestige* resta inscrit au programme. Une édition de 1599[2] du *Grant Stille*, devenu le *Thrésor du Nouveau Stille et Prothocolle de la Chancellerie de France* et entièrement refondu, contient encore cet opuscule. En revanche, on le chercherait vainement dans les

1. Cf. les exemplaires de la Réserve de la Bibl. Nat., édit. de 1535 (Inv. F. Rés. 1620), de 1540 (*ibid.*, 1621), de 1548 (*ibid.*, 1622), et une édition de 1532 conservée à la Bibl. de l'Ecole de Droit de Paris sous la cote 29385.

2. Arsenal Jur. 4159, 8°.

réimpressions subséquentes de cet ouvrage publiées sous le nom de Lescuyer à partir de 1620 environ[1]; il est remplacé alors par une *Instruction générale des Finances* en trois parties, où est décrit l'état administratif créé par les réformes de François Ier, d'Henri II et d'Henri III.

Pour en finir avec le *Vestige*, ajoutons qu'il est disposé par demandes et par réponses, ce qui en fait un livre d'étude fort commode et un parfait manuel d'examen.

Quant au texte, nous avons suivi celui de la première édition de 1527, en ayant soin de corriger les fautes d'impressions assez nombreuses, mais d'ailleurs très faciles à rétablir.

Nos deux formulaires sont inédits. — Du premier (n° XX), de beaucoup le plus intéressant, nous connaissons deux copies à peu près de la même époque (premier quart du XVIe siècle), ne présentant que des variantes peu nombreuses et assez médiocres toutes deux. L'une est dans le ms. fr. 4526, l'autre dans le ms. fr. 5118. Nous avons reproduit la plus grande partie de ce traité, en supprimant seulement, surtout à la fin, des passages et des formules sans grand intérêt ou qui faisaient double emploi avec d'autres données précédemment. On trouvera au surplus indiquées en leur lieu toutes ces suppressions.

L'autre formulaire (n° XXI), dont le titre promet beaucoup, mais dont le texte tient peu, est contenu dans le ms. fr. 647, à la suite du traité inédit que nous avons déjà signalé. Nous n'y avons guère eu à prendre que le modèle d'un compte de receveur général.

Tels sont les textes que nous avons cru devoir admettre dans notre recueil. Comme appendices, nous y avons joint trois tableaux, l'un des élections et des recettes des aides et des tailles au début du règne de François I, le second des greniers à sel à la même

1. Cf. par exemple le n° 30817 de la Bibl. de l'Ecole de Droit.

époque, le troisième enfin, ce dernier dressé en entier par notre confrère et ami M. A. Spont, qui connaît mieux que personne les documents financiers de cette époque, des hauts fonctionnaires des finances, trésoriers, changeurs, généraux, receveurs généraux et contrôleurs généraux de 1450 à 1523.

Là ne s'est pas borné d'ailleurs l'obligeance de M. Spont; nous lui devons nombre de renseignements utiles, et il n'est pas de partie de ce livre où il ne nous ait aidé; qu'il nous permette de lui en exprimer ici toute notre gratitude.

Un mot en terminant sur la bibliographie du sujet. Elle est bien peu riche. — On ne saurait conseiller en effet la lecture des deux ouvrages où les institutions financières du xve siècle auraient dû être étudiées au moins dans leurs origines celui de M. P. Clément sur *Jacques Cœur et Charles VII* (Paris, 1853, 2 vol., 8°) et celui de M. Dansin sur l'*Histoire du gouvernement de la France pendant le règne de Charles VII* (Paris, 1858, 8°). Ni l'un ni l'autre ne donneraient des réformes de Charles VII une idée exacte. — En revanche, il sera bon de consulter le livre de M. Thomas sur *les États provinciaux de la France centrale* (Paris, 1879, 2 vol., 8°) surtout aux pp. 70-72, 88-109, 124-137, 164-173 du tome I, et au point de vue spécial de l'administration financière en Bretagne, celui de M. Dupuy sur la *Réunion de la Bretagne à la France* (Paris, 1881, 2 vol., 8°) aux pp. 294-302 du tome I. De même, les pages consacrées aux finances par M. de Beaucourt à l'avant-dernier chapitre de chacun des volumes de son *Histoire de Charles VII* (Paris, 1881 et an. suiv., 5 vol., 8°) ne devront pas être oubliées. Enfin, le régime fiscal de la généralité de Languedoc est exposé avec soin et dans le détail par M. Spont dans la série d'articles dont il a commencé la publication dans les *Annales du Midi*: les premiers, sur la taille, ont déjà été imprimés dans les n^{os} de juillet et octobre 1890, et un troisième, sur l'équivalent, dans celui d'avril 1891; un quatrième, sur la gabelle, paraîtra incessamment. Voilà à peu près tous les travaux modernes dont on retirera quelque fruit. — Quant aux anciens, il en est trois que nous recommandons, l'un du dernier siècle, le *Traité des impositions* de Moreau de Beaumont (Paris, 1768, 4 vol., 4°) et deux du XVIe s., l'*Instruction sur le faict des Finances et Chambre des Comptes* de J. le Grand (Paris, 1583, 8°), et le *Guidon général des Finances avec les annotations de Vincent Gelée* (il faut se servir de l'édition donnée par S. Hardy, Paris, 1644, 8°). Ces ouvrages sont encore fort utiles: mais on doit avoir soin, les deux derniers surtout, de s'en servir avec précaution; l'état administratif qui y est décrit est celui du temps où ils ont été composés et on courrait risque de se tromper souvent en attribuant sans preuves sérieuses au siècle précédent les institutions et les usages dont ils parlent.

Le système d'annotation employé ci-dessous appelle une observation; les références données sans indication spéciale se rapportent toutes à des passages du recueil; le premier chiffre est celui de la pièce visée et le second celui de l'article.

PREMIÈRE PARTIE

ORDONNANCES ROYALES

I

Saumur, 25 *septembre* 1443. — *Ordonnance sur le gouvernement des finances.*

Bibl. Nat., ms. fr. 23929, fol. 3 v° et suiv. — Publ. Fontanon, II, 607; *Ord.* XIII, 372.

Charles, par la grâce de Dieu roy de France, à tous ceulx qui ces présentes lectres verront, salut. Comme il soit besoing et grande nécessité de pourveoir au fait et gouvernement de noz finances et en icelles mectre ordre et bonne provision, lesquelles, par deffaulte de ce, sont tellement amendries et diminuées que grans inconvéniens s'en sont ensuiz et ensuivent chacun jour, et, par ce, n'avons peu pourveoir au fait de noz guerres ne peu fournir au paiement de noz gens d'armes et de traict, par quoy ilz ont vescu et vivent sur noz pays à la totale destruction de nous et de nostre peuple et plus seroit se par nous n'y estoit pourveu, nous, désirans de tout nostre cueur à ce pourveoir et donner bon ordre et provision au fait de nosdictes finances et par ce obvier aux grans abuz qui ou temps passé se sont faiz et font chacun jour en icelles, tant par noz receveurs comme autres, lesquelz n'ont tenu compte de toutes les ordonnances qui ou temps passé ont esté sur ce faictes, avons pour ces causes et autres à ce nous mouvans et par l'advis et délibéracion des gens de nostre Grant Conseil voulu et ordonné, voulons et ordonnons par ces présentes les pointz et articles dont cy après est faicte mencion estre tenuz, gardez et observez de point en point :

1. Premièrement, pour ce que tout nostre dommaine, tant pour le fait et occasion des guerres qui par cy devant ont eu et encores ont cours en nostre royaume comme pour ce que les gens qui ont eu le gouvernement de noz finances n'ont pas peu entendre ne vacquer à l'entretènement d'icelui nostre domaine si diligemment et songneusement que besoin en eust esté obstant les autres grans charges et occupacions qu'ilz avoient pour la conduicte et administracion de noz autres finances, par quoy il est venu en ruyne et comme en non valoir, et, à ceste occasion, ne se sont paiez par noz receveurs ordinaires et encores ne se paient comme nulz fiefz et aumosnes et gaiges d'officiers et aussi ne se sont faictes aucunes ou que très peu réparacions en noz chasteaulx, manoirs et édiffices, nous avons ordonné et ordonnons que doresennavant tout nostredit demaine de nostredit royaume se recevra en la Chambre de nostre Trésor à Paris par le changeur d'icelui Trésor par descharge de noz trésoriers illec contrerolée par le clerc dudit Trésor, ainsi et par la forme et manière que de toute ancienneté estoit acoustumé de faire, et, par ce, en avons osté et ostons du tout la congnoissance à ceulx qui ont et doresennavant auront le gouvernement de nosdictes autres finances extraordinaires[1].

2. Item, et pour ce que, par faulte de visitacion faire oudit demaine, plusieurs des receveurs d'icelui et autres noz officiers ont laissé et laissent chacun jour cheoir et tourner comme en totale ruyne plusieurs nosdits chasteaulx, manoirs, granches, estangs, chaucées, pontz et autres héritaiges à nous appartenans et autres sur lesquelz

1. Cf. III, 1.

avons droit de prendre aucunes revenues et devoirs, sans y avoir mis ou fait mectre aucunes réparacions ou réfections, par quoy ilz sont venuz à non valoir, mesmement aussi par deffault ou négligence de ce que aucuns de nosdits receveurs n'ont prins ne levé les ventes, hommaiges, féaultez et autres devoirs à nous deuz à cause de nostre demaine, ne, en deffault de ce, prins ne mis en nostre main les seigneuries, terres, fiefz et héritaiges de ce chargiez et redevables, nous avons ordonné et ordonnons que doresennavant les gens de noz Comptes et trésoriers à Paris se informeront de et sur les choses dessusdictes et les deppendances et y donneront et y feront donner bonne et si convenable provision qu'ilz verront estre à faire au bien et prouffit de nous et de nostredit demaine, à l'avancement et acroissement d'icelui.

3. Item, et pour tousjours préférer, comme faire se doit, les choses divines à toutes autres, avons voulu et ordonné, voulons et ordonnons que doresennavant les receveurs de noz demaines paient premièrement et avant toutes autres charges quelzconques les fiefz et aumosnes [1] dont leurs receptes sont chargées et redevables, après facent les réparacions qui par nécessité convient faire, et après paient les gaiges des anciens officiers ordinaires et non autres, non obstant quelzconques dons, assignacions, lettres, commandemens de bouche et autres raisons qui se pourroient alléguer au contraire, feust de par nous ou noz receveurs généraulx, à et sur peine de restituer ce que payé auroient autrement que dessus est dit et d'emande arbitraire, sauf toutesvoyes qu'il leur apparust de nostre vouloir au contraire par estat ou roole signé de nostre main avec man-

1. Cet ordre de payer les fiefs et aumônes avant toutes autres choses se trouve réitéré dans nombre de lettres royaux. On le rencontrera plusieurs fois dans la suite de ce recueil, bien que nous n'ayons pas jugé à propos d'y faire entrer les lettres rendues spécialement à cet effet, par exemple celles du 2 juin 1452 (*Ord.*, XIV, 225), du 30 janvier 1456 (*Ibid.*, XIV, 370), du 2 avril 1460, etc., etc.

dement séellé du séel de nostre Chancellerie faisant expresse mencion du cas et que pour les affaires du royaume le eussions ainsi voulu estre fait ; et, pour ce que aucunes desdictes receptes ne valent gaires à présent et moins de trop que ce dont elles sont chargées en fiefz, aumosnes et gaiges d'officiers ordinaires, nous voulons que nosdits receveurs, ou cas dessusdit, paient lesdits fiefz, aumosnes et gaiges d'officiers et aussi paient et facent paier les réparacions dessusdictes *pro rata* selon la valeur de chacune d'icelles receptes par les estatz qui baillez et faiz leur seront par nosdits gens des Comptes et par noz trésoriers ou autres à ce commis de par nous en et sur les peines dessusdictes[1].

4. Item, et pour ce que en plusieurs noz pays avons fait aucunes aliénacions, dons et transpors de nostre demaine, les ungs à perpétuité, les autres à vie et à temps, soubz condicion de paier fiefz, aumosnes et autres charges ordinaires et anciennes dont estoient chargées lesdictes terres, et, supposé que en noz lectres desdits dons et transpors n'en fust par aventure faicte expresse mencion si se devoit il ainsi entendre et tele est nostre entencion, et, ce non obstant, lesdits fiefz, aumosnes et autres charges ordinaires ne se sont paiez par ceulx à qui avons fait lesdits dons, aliénacions et transpors, par quoy noz receptes ordinaires, dont lesdits héritaiges estoient et sont départiz et démembrez, sont demourées chargées de plus qu'elles ne pevent supporter, avons ordonné et ordonnons que doresennavant les propriétaires et détenteurs d'iceulx héritaiges, terres et seigneuries soient contrains par nosdits gens des Comptes et trésoriers à Paris à paier ce dont il apperra lesdictes terres et seigneuries ainsi aliennées estre chargées et redevables ; et, pour ce qu'il peut estre que au temps desdictes aliénacions, lesdictes receptes ordinaires estoient

1. Cf. III, 2.

en général chargées de fiefz, aumosnes, et autres charges anciennes et paiez aussi sur tout le revenue lors estant en icelles receptes, par quoy lesdictes receptes, qui de présent sont de petite valeur, sont demourées chargées de toutes icelles sommes et charges, en ce cas, voulons et ordonnons que nosdits gens des Comptes et trésoriers puissent contraindre les propriétaires et détenteurs d'icelles terres et seigneuries à paier leur part et porcion desdictes charges, fiefz et aumosnes eu regart à la valeur d'icelles noz receptes et desdictes terres transportées [1].

5. Item, avons ordonné et ordonnons que toutes noz autres finances quelzcònques, fors seulement celles qui touchent le fait de nostredit demaine, soient doresennavant reçeues par la main de nostre receveur général et par lui distribuées selon l'ordre dont cy après est faicte mencion.

6. Item, ne sera nostredit receveur général doresennavant receu en nostre Chambre des Comptes à compter par simples mandemens, mais voulons qu'il y soit receu par estatz ou rooles signez de nostre main et du signet de l'un de noz secrétaires par nous ordonnez signer ou fait de noz finances, avecques mandement séellé du séel de nostre Chancellerie ataché soubz nostre contre-séel ausdits rooles et estatz et expédié par les généraulx ou autres ayans le gouvernement de nosdictes finances ; toutesvoyes, nous ne entendons pas par ces ordonnances que nostredit receveur général ne puisse paier par l'ordonnance de nosdits généraulx ou de soy mesmes, quant besoing en seroit, menuz voyaiges et chevauchées et autres menues parties touchant noz affaires, mesmement jusques à la somme de vingt livres tournois et au-dessoubz pour chacune foys que le cas y escherra, en prenant seulement quictance des parties, pourveu qu'il sera tenu nous monstrer par chacun mois ou

1. Cf. III, 1 et V, 16.

ausdits commis au gouvernement de noz finances toutes les parties que pour ladicte cause il aura ainsy payées[1].

7. Item, sera tenu ledit receveur général de faire en ses comptes ung chappitre à part de toute la recepte et despense que faicte aura des deniers qui ordonnez et assignez seront pour le fait de la Chambre, lesquelz deniers nous entendons suppléer à toutes les nécessitez qui pourroient survenir ; et d'iceulx deniers comptera nostredit receveur général par estatz ou rooles signez de nostre main, avec mandement séellé de nostre Chancellerie par la manière dessusdicte.

8. Item, voulons que doresennavant nostredit receveur général, sur peine de privacion de son office, soit tenu nous monstrer au vray la valeur de toute sa recepte toutes et quantes foiz que par nous requis en sera ; et quant vendra à rendre ses comptes en nostredicte Chambre, s'il estoit trouvé par iceulx nous avoir aucune chose recélé par les estatz qu'il nous auroit monstrez, il sera tenu restituer ce que recélé en auroit, avecques pareille somme, sinon toutesvoyes que par nostre commandement et ordonnance et de notre sceu il eust ainsi fait, ouquel cas nostredit receveur général sera tenu sur ce monstrer certifficacion signée de nostre main ; et aussi sera tenu icelui receveur général doresennavant compter ung an après chacune année de sadicte recepte finie et passée.

9. Item, voulons aussi que doresennavant tous noz receveurs, tant généraulx que particuliers, et tous noz autres officiers ayans charges de receptes soient tenuz de monstrer et envoyer au commencement et en la fin de chacune année leurs estatz desdictes receptes signez de leurs mains, c'est assavoir, ceulx du demaine à nosdits tréso-

1. Cf. III, 9.

riers, et les autres à ceulx qui auront le gouvernement de nosdictes finances et à nostredit receveur général, c'est assavoir, au commencement de ladicte année le plus près de la vérité que faire le pourront, et en la fin d'icelle à la juste valeur ; et, se, en rendant par lesdits receveurs leurs comptes en nostredicte Chambre des Comptes, ilz estoient trouvez avoir fait le contraire et avoir aucune chose recélé par leursdits estatz, nous voulons et ordonnons qu'ilz soient contrains restituer à nostredit receveur général toutes lesdictes restes, aveeques autant qu'elles monteroient, et punis d'amende arbitraire, desquelles amendes et restes nostredit receveur général sera tenu de faire recepte ; et en tant que touche le fait et valeur des aides, nous voulons que les esleuz[1] en certiffient soubz leurs seings manuelz noz généraulx ou autres qui auront le gouvernement de noz finances trois foiz l'an, c'est assavoir, au commencement de l'année après le bail des fermes, aussi après le tierçoiement, et, pour la tierce fois, après les doublemens, afin de tout faire enregistrer devers nous, et, se lesdits esleuz y font faulte, qu'ilz soient privez de leurs offices.

10. ITEM, que tous nosdits receveurs particuliers, tant de demaine que autres quelzconques, réservé seulement ceulx de nostre demaine en tant que touche fiefz et aumosnes, gaiges d'officiers ordinaires et réparacions, ne soient receuz à compter en nostredicte Chambre par aucuns mandemens à eux adreçans, mais seulement par descharges, comme faire se doit, c'est assavoir, ceulx du demaine par descharge de nostredit Trésor expédiée comme il appartient et comme faire se souloit le temps passé, et les autres par descharge de nostredit receveur général contrerolée de son contreroleur et par lesdits gens qui auront le gouvernement de nosdictes finances, expédiée comme il

1. Le manuscrit porte *receveurs*. Il faut corriger *esleuz*, comme nous l'avons fait.

est de coustume et avec ce signée de leurs seings manuelz ou d'aucun d'eulx en l'absence des autres ; et autrement ne voulons ne entendons icelles descharges estre recevables par lesdits receveurs ne valables en la reddicion de leurs comptes ; et voulons que doresennavant tous nosdits receveurs soient tenuz compter en nostredicte Chambre, c'est assavoir, ceulx de nostredit demaine de deux ans en deux ans au plus tart, et les autres ainsi que dit est que comptera nostredit receveur général, et que à ce faire soient contrains par lesdits gens de noz Comptes par suspencion et privacion de leurs offices et autrement comme ilz verront estre à faire.

11. Item, voulons et ordonnons que les maistres des chambres aux deniers de nous et de nostre compaigne, de nostre filz le daulphin, et de noz autres enfans soient doresennavant tenuz de compter ainsi qu'ilz ont acoustumé au regard de ce qui touche le faict des despenses ordinaires et qui mectre se doit ès escroes desdictes despenses tant seulement ; et, au regard des gaiges, pensions, voyaiges, pertes de finances et autres parties extraordinaires dont ilz vouldront compter et faire despense sur les receptes par eulx faictes à cause de leurs offices et autrement, nous voulons et entendons qu'ilz soient tenuz de compter par estatz ou rooles signez de nostre main et de l'un de noz secrétaires ordonnez signer ou fait de noz finances, avec mandement séellé du séel de nostre Chancellerie de ce faisant mencion, comme dit est et non autrement.

12. Item, et pareillement, nostre argentier comptera ainsi qu'il a acoustumé ; et, se, sur la somme qu'il aura receue de nostre receveur général, il faisoit aucune despense dont luy convient avoir mandement, voulons et ordonnons que, en lieu d'iceulx mandemens, il soit tenu compter doresennavant par estatz ou rooles signez de nostre main avecques pareil mandement séellé du séel de nostre

Chancellerie comme dessus, et autrement ne sera receu compter en nostredicte Chambre.

13. Item, nostre grant escuier, ou celui qui pour lui sera tenu de compter ou fait dudit office, comptera ainsi et pareillement que nostredit argentier.

14. Item, pareillement, nostre trésorier des guerres sera tenu de compter ainsi qu'il a acoustumé, et ne pourra convertir l'argent de sa recepte fors ainsi que par nous lui sera ordonné par estatz ou rooles signez de nostre main avec mandement séellé de nostre Chancellerie et signé de l'un de noz secrétaires commis ou fait de noz finances, et non autrement.

15. Item, et semblablement, le maistre de nostre artillerie comptera doresennavant ainsi qu'il est acoustumé, et, là où besoing lui seroit d'avoir mandemens particuliers pour compter en nostredicte Chambre, il aura en lieu de ce estatz ou rooles signez de nostre main avec mandement séellé de nostre Chancellerie ataché à iceulx, par lesquelz il comptera en icelle Chambre.

16. Item, la garde de noz coffres ne sera tenu compter doresennavant de la somme de trois mil six cens francs que par chacun an luy avons ordonné prendre pour faire noz plaisirs et voulentez, mais en baillerons nostre acquict à nostredit receveur général et, s'il avenoit qu'il receust de nostredit receveur général aucune autre somme pour le fait de nosdits coffres ou autrement, il sera tenu d'en bailler son acquict à icelui receveur et d'en compter en nostredicte Chambre en la manière dessusdicte.

17. Item, voulons et ordonnons que doresennavant les maistres des chambres aux deniers, noz argentier, grant escuier, trésorier des guerres et le maistre de nostre

artillerie soient tenuz de nous monstrer chacun mois, ou au commis à ce de par nous, leurs estatz et despences, afin d'en avoir congnoissance.

18. ITEM, et s'il avenoit que doresennavant feissions aucuns rabaiz, modéracions ou dons d'aucunes sommes d'aides, fermes, tailles ou autres impostz aux habitans ou autres personnes d'aucunes villes ou lieux, à temps ou terme, par vertu d'aucuns mandemens de nous donnez, nous voulons qu'ilz soient adreçans aux gens qui auront l'administracion de nosdictes finances pour les vérifier et faire tenir quictes et paisibles des sommes contenues esdits mandemens ; et, se iceulx dons excédent le terme de dix ans, ou qu'ilz soient à vie ou à tousjours, nous, en ce cas, voulons que les mandemens d'iceulx dons se adreccent ausdits gens des Comptes et que par eulx soient expédiez avant qu'ilz sortissent effect [1].

19. ITEM, voulons que doresennavant nulz de noz vassaulx ou autres noz subgiez reçoivent en leurs terres, de fait ou autrement, aucunes sommes de deniers à nous appartenans sans la descharge de nostredit Trésor ou dudit receveur général, selon ce que à chacun d'eulx appartiendra par vertu de noz mandemens et soubz umbre et espérance d'aucuns en recouvrer de nous ; nous voulons, que, supposé ores qu'ilz eussent lesdits mandemens de nous, et non lesdictes descharges, iceulx mandemens soient de nulle valeur, et que les dessusdits soient contrains de restituer ce que reçeu en auroient par les gens de nosdits Comptes et trésoriers ou autres qu'il appartiendra, et, se sans mandemens et de leur auctorité l'avoient fait, qu'ilz en soient puniz selon l'exigence du cas.

20. ITEM, ne voulons point, mais par exprès deffen-

1. Cf. III, 17 à 19.

dons à nosdits receveur général et trésorier des guerres que doresennavant ilz ne reçoivent aucunes quictances en blanc, mais, pour les fraudes qui se y pourroient commectre, les facent emplir et escrire au long avant que les prendre et recevoir et y mectre les sommes qu'ilz paieront et les causes pour quoy.

21. Item, deffendons à tous les receveurs de nostre royaume, tant des demaines, aides, tailles, grenetiers que autres, que doresennavant ilz ne reçoivent ou prengnent de quelque personne que ce soit aucunes quictances de plus grans sommes que celles qui par eulx seront payées, soit par avancement de paiement ou autrement pour quelque cause que ce soit ; et aussi ne soient si hardiz, sur peine de confiscacion de leurs offices et biens, de faire aucuns paiemens touchans le fait de leurs receptes autrement que en bonne monnoye sans la tresbucher ny faire aucun abuz, ne sans la bailler pour greigneur pris que reçeu l'auront ; et, s'il est trouvé qu'ilz aient fait ou facent le contraire, qu'ilz en soient puniz comme au cas appartient.

22. Item, voulons et ordonnons que nostredit receveur général et tous les autres receveurs de nostredit royaume ne soient doresennavant receuz à compter par les gens de nosdits Comptes par vertu des mandemens dont l'en a acoustumé user en icelui, du jour de ceste présente ordonnance que voulons commencer et avoir lieu, c'est assavoir, en nostre pays de Languedoc dès le premier jour de ce présent mois de septembre, et en nostre païs de Languedoil le premier jour d'octobre prouchain venant, mais soient tenuz compter ainsi que pardessus est dit. Toutesvoyes, nous ne entendons pas que en cestedicte ordonnance soit comprins l'aide de deux cens quarante mil francs derrenièrement mis sus de par nous en nostre pays de Languedoil, ne aussi celle que maintenant avons envoyé demander en nostre païs de Languedoc qui pourra aucunement avoir

cours ou temps de cesdictes ordonnances, pour ce que d'iceulx deux aides les descharges en sont desja levées et les mandemens commandez selon la forme que l'en a acoustumé de user, pour ce que autrement seroit vexacion et travail pour nosdits receveurs veu la forme de cestedicte ordonnance.

23. Item, voulons que nostredit receveur général face doresennavant présenter ausdits gens des Comptes au commencement de chacune année commençant en octobre prochainement venant, ou plus tost après que bonnement faire le pourra, le povoir ou *vidimus* par nous donné aux secrétaires de signer ou fait de noz finances, afin que ceulx de nostredicte Chambre par chacun an en soient advertiz ; et, se pendant aucunes desdictes années convenoit avoir plus largement secrétaires au fait desdictes finances que ceulx qui ordonnez auront esté, le receveur général sera tenu de pareillement bailler ou faire porter et bailler à nosdits gens des Comptes le *vidimus* de leurdit povoir.

24. Item, et, afin que toutes et quantesfoiz que bon nous semblera puissions veoir clérement au vray l'estat et despence de nosdictes finances sans ce qu'il soit besoing à nostredit receveur général de rapporter à chacune foiz par devers nous sesdits rooles et acquictz, voulons et ordonnons que doresennavant soit fait par nosdits gens des finances ung registre ou papier ouquel ilz seront tenuz enregistrer tout ce que par nous aura ainsi esté commandé et par eulx expédié touchant le fait de nosdictes finances, lequel registre ou papier demourra tousjours par devers nous.

Si donnons en mandement par ces présentes à nos amez et féaulx les gens de noz Comptes et trésoriers, les généraulx ou autres par nous commis et à commectre au gouvernement de noz finances, à nostre receveur général présent et advenir, et à tous noz autres officiers et à chacun d'eulx comme il appartiendra, que ceste nostre présente ordonnance ilz gardent, entretiengnent et acomplissent et facent tenir, garder, entretenir et acomplir de point en point selon la forme et teneur, sans icelle enfraindre ne souffrir estre enfrainte en aucune manière, sur les peines devantdictes, et les enregistrent ou facent enregistrer en nosdictes Chambre et Trésor à Paris à mémoire perpétuel, car ainsi le voulons estre fait ; et, pour ce que de ces présentes l'en aura à besongner en divers lieux, voulons que au *vidimus* d'icelles fait soubz séel royal foy soit adjoustée comme à ce présent original. En tesmoing de ce, nous avons fait mectre nostre séel à cesdictes présentes.

Donné à Saumur, le xxvme jour de septembre, l'an de grâce mil quatre cens quarante trois, et de nostre règne le xxime.

Ainsi signé : Par le roy en son Grant Conseil, Chaligault.

II

Saumur, 25 *novembre* 1443. — *Déclaration sur l'article* 10 *de la précédente ordonnance.*

Bibl. Nat., ms. fr. 23929, fol. 18 et suiv.

Charles, par la grâce de Dieu roy de France, à tous ceulx qui ces présentes lectres verront, salut. Il est venu à nostre congnoissance que, pour ce que par certaines noz ordonnances derrenièrement faictes sur le fait et gouvernement de noz finances et envoyées en nostre Chambre des Comptes à Paris avons voulu et appoincté que doresennavant icelles noz finances ne seront baillées ne distribuées par noz receveurs et autres officiers particuliers qui en ont la charge tant en Languedoil comme en Languedoc à quelque personne ne pour quelconque cause que ce soit fors par descharges deuement expédiées, c'est assavoir les finances touchant nostre demaine par descharges de nostre Trésor, et toutes autres finances extraordinaires par descharges de maistre Jehan de Xaincoins ou d'autre nostre receveur général, aucuns de nosdits receveurs particuliers estans soubz la recepte de maistre Estienne de Bonney, receveur général en noz païs de France et d'entre les rivières d'Ionne et Seine, et ceulx aussi de nostre païs de Languedoc et duché de Guienne estans soubz les mectes de la recepte générale d'iceulx païs, à laquelle est de présent commis et ordonné de par nous maistre Estienne Petit, nostre secrétaire, font difficulté de paier et bailler les deniers de leurs receptes par les descharges ou quictances d'iceulx de Bonney et Petit, comme faire souloient, et, pour doubte de transgresser nosdictes ordonnances, veullent avoir sur ce descharges de nostredit receveur général, à laquelle cause et par ce que depuis nosdictes ordonnances ainsi faictes plusieurs descharges ont esté levées par nostredit receveur général, c'est assavoir, les aucunes sur lesdits de Bonney et Petit, et les autres sur les receveurs particuliers, qui est chose confuse et sans ordre, iceulx receveurs particuliers ne se y scevent comment gouverner, et demeurent souvent les assignez sur eulx sans appoinctement, ainsi que par les gens de nostre Conseil nous a esté remonstré, disans que pour eschever ladicte confusion est besoing de sur ce déclairer nostre entention ; pour ce est-il que nous, ces choses considérées et afin mesmement que plus au cler et au juste puissions quant bon nous semblera veoir et savoir par une seule main ou par deux l'estat d'icelles noz finances des dessusdits pays, avons, par l'advis et déliberacion de nostredit Conseil et pour le bien de la besongne, déclairé et par ces présentes déclairons nostre entencion avoir esté et estre que au regart de nosdictes finances d'iceulx pays nostredit receveur général aura à lever toutes ses descharges expédiées et contrerolées comme il appartient et selon qu'il est dit et contenu en nosdictes ordonnances, sur lesdits de Bonney et Petit, c'est assavoir sur chacun d'eulx comme receveurs généraulx d'iceulx pays ainsi que à faire sera, sans plus les lever sur lesdits officiers particuliers, et, par vertu d'icelles descharges et non autrement, iceulx de Bonney et Petit pourront faire et lever leurs descharges ou quictances en la manière acoustumée sur lesdits officiers particuliers estans ès mectes de leursdictes receptes générales, ausquelz elles sont valables et recevables en leurs comptes comme se levées estoient par nostredit receveur général, et ainsi le voulons et ordonnons non obstant quelque chose que contenue soit en nosdictes ordonnances ; toutesvoyes, nous n'entendons pas que, par ceste déclaracion, ordonnance ou interprétacion, lesdits de Bonney et Petit ne autres qui seroient en leurs lieux aient faculté, auctorité, ne povoir de lever à cause de leurs offices quelzconques descharges sur lesdits receveurs particuliers estans soubz eulx sinon tant seulement celles qui neccessairement fauldra lever pour fournir au paiement desdictes descharges ainsi levées sur eulx par nostredit receveur général signées de la main de celui ou ceulx qui a ou auront le gouvernement de nosdictes finances, et voulons que leursdictes descharges que ainsi leveront facent expresse mencion du contenu esdictes descharges de nostredit receveur général, c'est assavoir tant de la cause pour laquelle levées seront comme des sommes et pour qui, à ce que tout se conforme.

Si donnons en mandement par ces mesmes présentes à nos amez et féaulx gens de nosdits Comptes que ceste nostre présente ordonnance, voulenté et déclaracion gardent et entretiengnent, la facent enregistrer en nostredicte Chambre et icelle signiffient diligemment et comme à faire sera tant audit de Bonney et Petit que semblablement à tous lesdiz receveurs particuliers de leurs fins et mectes, à ce qu'ilz n'aient cause d'y prétendre ignorance, en leur deffendant, et nous mesmes par cesdictes présentes leur deffendons et à chacun d'eulx en droit soy, sur peine de privacion de leurs offices et de recouvrer sur eulx tout ce que autrement auroient fait et payé, qu'ilz ne le transgressent en quelque manière ne soubz quelque couleur que ce soit, saichans que de ceulx qui feront le contraire ferons faire tele pugnicion que ce sera exemple pour les autres. Et, pour ce que de cesdictes présentes l'on pourra avoir à besongner en divers lieux, nous voulons que aux *vidimus* qui faiz en seront soubz seaulx royaulx ou autres autentiques foy soit adjoustée comme à ce présent original. En tesmoing de ce, nous avons fait mectre à cesdictes présentes notre séel ordonné en l'absence du grant.

Donné à Saumur, le xxvme jour de novembre, l'an de grâce mil CCCC quarante et trois, et de nostre règne le XXIIme.

Ainsi signé : Par le roy en son Conseil, E. Chevalier.

III

Nancy, 10 *février* 1445. — *Ordonnance sur le gouvernement des finances.*

Bibl. Nat., ms. fr. 23929, fol. 22 et suiv. — Publ. Fontanon, II, 611 ; *Ord.* XIII, 414.

Charles, par la grâce de Dieu roy de France, à tous ceulx qui ces présentes lectres verront, salut. Comme par noz autres lectres patentes données à Saumur ou mois de septembre l'an mil CCCCXLIII et enregistrées par nostre commandement, tant en nostre Chambre des Comptes que en la Chambre de nostre Trésor à Paris, nous, par grande et meure délibéracion de Conseil, eussions fait certaines ordonnances touchant le fait de noz finances et revenues, tant ordinaires que extraordinaires, et voulu et ordonné icelles estre entretenues, gardées et observées selon leur forme et teneur, tant par noz gens des Comptes, trésoriers et changeur de nostredit Trésor que par noz généraulx conseillers et receveur général et autres noz officiers sur le fait et administracion de nosdictes finances, et, depuis naguères, en revoyant lesdictes ordonnances, nous ait semblé estre expédient pour le bien de nous et de nosdictes revenues et finances icelles ordonnances amplier, acroistre et interpréter sur aucuns pointz plus avant et particulièrement que fait n'avoit esté ; pour ce est-il que nous, eu sur tout bon advis avecques les gens de nostredit Conseil, avons de nouvel voulu, ordonné, conclud et appoincté pour le fait et conduicte de toutes nosdictes finances et de l'administracion d'icelles, en oultre et par-dessus nosdictes premières ordonnances, les pointz et articles qui s'ensuivent :

1. Et, premièrement pour ce que nostre demaine, à l'occasion des guerres et autrement, est moult diminué et nostre Trésor fort chargié, telement que la revenue d'icelui et de noz receptes et revenues ordinaires ne pevent de beaucoup fournir à paier les fiefz et aumosnes, gaiges d'officiers, euvres, réparacions et autres charges ordinaires qui y sont, et que ceulx, qui par don de nous tiennent plusieurs chastellenies et autres terres et possessions de nostredit demaine, sont, comme entendu avons, refusans et contredisans de contribuer ausdictes charges, nous voulons et ordonnons que les articles contenuz en nosdictes premières ordonnances faisans de ce et des deppendances expresse mencion soient par nosdiz gens des Comptes et trésoriers et par autres noz juges et officiers qu'il appartiendra mis à plain et entier effect et prompte exécucion de point en point selon leur forme et teneur, et à ce contraingnent rigoreusement et sans déport les détenteurs et possesseurs desdictes chastellenies, terres et seigneuries, ainsi et par la manière qu'il est contenu en nosdictes ordonnances, sans plus y différer ne aucun y espargner, soit en mectant réaument et de fait icelles terres et seigneuries en nostre main ou autrement y procédant comme ilz verront estre à faire et que le cas le requerra, telement que besoing ne soit d'y donner par nous autre provision [1].

1. Cf. I 4, et IV, 16.

2. Item, et afin que lesdiz fiefz et aumosnes dont nostre Trésor et autres noz réceptes particulières de nostredit demaine sont chargées se puissent mieulx paier, et en espécial celles deues aux églises et qui seront plus previlégiées, voulons et nous plaist que, après gaiges d'officiers, réparacions et autres choses neccessaires, iceulx fiefz et aumosnes soient, par l'ordonnance de nosdiz trésoriers, préalablement paiez, eu regart à la valeur et revenue desdictes receptes, tant du Trésor que autres, et soient préférez avant tous dons et quelzconques autres charges extraordinaires, et voulons que ad ce aient grant regart nosdiz trésoriers et y tiengnent la main à tout povoir à nostre acquict et descharge, comme de bouche le leur avons enjoinct et commandé[1].

3. Item, et afin que le fait de nostredit Trésor soit tenu plus estroict, et que doresennavant ayons plus clère congnoissance que n'avons eu par cy-devant de toute la despense, mesmement de l'extraordinaire, que fera ledit changeur d'icelui nostre Trésor, avons ordonné, voulons et nous plaist que de toute icelle despense extraordinaire, à commencer du premier jour de janvier derrenièrement passé, icelui changeur soit tenu compter en nostredicte Chambre des Comptes aux termes acoustumez par roole ou rooles ou par mandemens patens signez de nostre main, ainsi que doit faire nostre receveur général du fait et despense de noz autres finances extraordinaires, et que autrement riens ne lui en soit aloué en ses comptes, sinon toutesvoyes les menuz voyaiges et chevauchées qui par l'ordonnance de nosdiz trésoriers auroient esté faiz pour le fait de nous et de nostredit demaine, lesquelz voyaiges ledit changeur, et pareillement les autres receveurs particuliers de nostredit demaine, pourront paier par tauxacion d'iceulx trésoriers, quant le cas le requerra, jusques à la somme de vingt-cinq

1. Cf. I, 3.

livres tournois et au dessoubz pour chacune foiz que besoing en sera[1]; et, au regart de la despense ordinaire, comme desdiz gaiges d'officiers, fiefz, aumosnes, et réparacions neccessaires, ledit changeur en pourra compter selon l'usaige ancien, et en la manière acoustumée, sans ce qu'il soit tenu d'en compter par lesdiz rooles.

4. Item, et pour ce que, par importunité de requérans, nous avons aucunes foiz de légier donné et octroyé à diverses personnes, taut d'église que séculiers, noz lectres d'amortissement, manumissions, légitimacions, affranchissemens, nobilitacions, dispensacions, congez de tester, exempcions, previlèges, rachatz, reliefz, quins et requins deniers, amendes, gardes, régales, nouveaulx acquestz, espaves et aubenaiges, teles autres choses dont souloit venir grant finance à nostredit Trésor, de laquelle se paioient les fiefz et aumosnes, réparacions et autres charges ordinaires, et, parce que lesdiz octrois[2] se sont faiz et font le plus souvent franchement et quictement, n'en vient à présent riens au proufit de nous, nous voulons et ordonnons que à toutes teles lectres ne soit doresennavant obtempéré par les gens de noz Comptes et trésoriers ne par eulx expédiées, sinon moyennant finance et composicion raisonnable tele qu'ilz verront à faire eu regart à la qualité du cas et aussi des personnes; supposé ores que par lesdictes lectres, par inadvertance ou autrement, nous eussions donné ladicte finance ou icelle tauxée et modérée à meindre somme que de raison faire se devroit, ouquel cas les parties, après ladicte composicion faicte, se pourront tirer, se bon leur semble, devers nous pour obtenir tele grâce qu'il nous plaira leur faire sur le fait de ladicte composicion; et

1. Des lettres du 2 juin 1452 ordonnèrent que les taxations des trésoriers et aussi celles des généraux (v. ci-dessous, art. 9) ne seraient allouées sur aucun compte à moins qu'elles ne fussent souscrites de leurs seings manuels et non pas seulement de leurs signets (*Ord.* XIV, 225).

2. Le manuscrit porte *lesd. accions*.

quant, par roole ou mandement patent signé de nostre main, apperra à nosdiz trésoriers et changeur dudit Trésor de nostre vouloir sur ce et du don que fait en aurons ausdictes parties, adoncques et non autrement ilz y pourront obtempérer et en bailler à icelles parties tele expédition ou acquict qu'il appartiendra.

5. Item, et au regart des amendes de nostre Parlement de Paris, que souloit prendre sur leurs gaiges les gens de nostredit Parlement et que prennent à présent par nostre ordonnance les maistres des requestes de nostre hostel, nous voulons et ordonnons que doresennavant icelles amendes soient receues, comme d'ancienneté se souloit faire, par nostre receveur ordinaire de Paris, lequel les distribuera par descharge de nostredit Trésor ausdiz maistres des requestes pour le paiement de leurs gaiges jusques à ce que par nous en soit autrement ordonné.

6. Item, et pareillement voulons que les amendes de nostre Parlement de Thelouse soient receues par nostre receveur ordinaire dudit lieu pour les distribuer par descharge de nostredit Trésor selon ce que ordonné lui sera.

7. Item, et pour ce qu'il est venu à nostre congnoissance que par le petit gouvernement et insouffisance de plusieurs noz receveurs, esleuz et autres officiers sur le fait de noz finances, tant ordinaires que extraordinaires, icelles noz finances ne sont de tele et si grande valeur et revenue que estre deussent, nous voulons et ordonnons que nosdiz trésoriers, au regart desdiz officiers du demaine, et aussi noz généraulx, au regart des autres officiers de noz finances extraordinaires, se informent bien et diligemment de et sur ce que dit est, et que, tous lesdiz officiers qu'ilz trouveront et sauront non estre ydoines et souffisans pour l'excercice de leurs offices ne prouffitables pour nous, ilz suspendent

chacun en droit soy, c'est assavoir, lesdiz trésoriers ceulx dudit demaine, et lesdiz généraulx ceulx des autres finances extraordinaires, et leur deffendent l'excercice de leurs offices, en y commectant autres bonnes et souffisantes personnes, jusques à ce que par nous, oy leur rapport sur ce, en soit autrement ordonné, soit par désappoinctement total d'iceulx officiers ou autrement, comme il nous plaira et que verrons estre à faire.

8. ITEM, et en ensuivant l'ancienne coustume et observance, avons ordonné et voulons que, tant qu'il y aura à Paris aucuns de nosdiz trésoriers et généraulx résidens, nosdiz gens des Comptes ne doient procéder en quelque manière que ce soit à la closture des comptes de noz receveurs, grenetiers, et autres officiers chargez de recepte sans la présence d'iceulx trésoriers et généraulx ou des aucuns d'eulx, se tous n'y estoient, c'est assavoir, au regart des comptes touchant nostredit demaine sans la présence desdiz trésoriers, et touchant noz autres finances sans la présence desdiz généraulx ou de l'un d'eulx, afin de veoir et savoir par iceulx trésoriers et généraulx se lesdiz receveurs et autres officiers de finances se seront bien ou mal gouvernez et s'ilz auront bien tenu ou excédé l'ordonnance à eulx baillée par estat ou autrement touchant la despense et distribucion des deniers de leurs receptes[1].

9. ITEM, et en tant que touche nostredit receveur général, nous voulons et ordonnons que, comme il est contenu en nosdictes premières ordonnances et que fait a esté depuis lors jusques à présent, il face et continue la despense de sa recepte par rooles ou mandemens signez de nostre main, sans ce qu'il puisse ne doye aucune chose paier ne assigner autrement que par lesdiz mandemens ou rooles excepté seulement les gaiges ordinaires qu'il a acoustumé

1. Cf. VI, 1.

paier et menuz voyaiges et chevauchées jusques à vingt-cinq livres tournois[1] et au dessoubz pour chacune foiz que besoing en sera ; par moyen desquelz rooles ou mandemens ainsi par nous signez et expédiez icelui receveur général n'aura besoing de rendre sur ses comptes aucuns autres mandemens pour son acquict, pourveu seulement que iceulx rooles ou mandemens ainsi signez soient faiz par ordre et chappitres, et, là où le cas le requerra, si amplement spécifiez et déclairez que nosdiz gens des Comptes puissent entendre et avoir congnoissance souffisant des causes pour lesquelles auront esté meuz de faire paier les parties qui contenues seront esdiz rooles ; toutesvoyes, quant besoing seroit et que le cas le requerroit d'avoir avec lesdiz rooles autres mandemens d'aucunes parties, ainsi que de foiz à autre pourra advenir, comme en manière de pensions ou gaiges à vie, de dons qui paier se devroient à diverses foiz, de deniers aussi qui paier se devroient en nostre acquict, dont conviendroit apporter et monstrer enseignemens souffisans par vieilz mandemens, descharges, cédules de *debentur* ou autrement, nous voulons et entendons que, en ce cas, ledit receveur général soit tenu de prendre et rapporter sur ses comptes, avec lesdiz rooles, lesdiz mandemens et acquitz, s'il ne les avoit autresfoiz rapportez et renduz sur aucun de ses autres comptes précédens ; toutesvoyes, pour ce que aucunes foiz pourroit advenir que de teles debtes n'auroient les parties aucun enseignement, parce que manuelment et sans cédule ou autre enseignement ilz nous auroient fait aucun prest, en ce cas, n'entendons pas que ledit receveur soit tenu d'en rapporter autre enseignement que ledit roole et la quictance des parties, pourveu que l'article dudit roole parlant de cette matière en face expresse mencion[2].

1. Sur ces taxations des généraux, voy. ci-dessus p. 19, note 1.
2. Cf. I, 6, et III, 9.

10. Item, et pareillement voulons ceste ordonnance contenue en l'article précédent estre entretenue et gardée par le receveur général de Languedoc tant comme il fera sa despense par noz rooles ou mandemens signez et expédiez comme dessus est dit.

11. Item, et semblablement entendons estre fait au regart dudit changeur de nostre Trésor quant le cas le requerra.

12. Item, et au regart de la recepte générale dont maistre Estienne de Bonney a eu par aucun temps de par nous la charge à Paris et en autres diocèses et éleccions tant sur et entre les rivières de Dyonne[1] et de Seine, nous avons ordonné et voulons qu'il en use encor pour ceste présente année et jusques à ce que par nous en soit autrement ordonné, ainsi et par la manière qu'il a fait jusques icy, sauf et réservé que par vertu des descharges de nostredit receveur général maistre Jehan de Xaincoins, par lesquelles ledit de Bonney est tenu de compter en nostre Chambre des Comptes, ne autrement pour quelque cause ne en quelque manière que ce soit, il ne pourra ne devra lever aucunes ses descharges sur les receveurs particuliers estans soubz lui et ès mectes de sadicte recepte génerale si non que icelles descharges soient préalablement signées des seings manuelz de nosdiz généraulx ou de l'un d'eulx et aussi contrerolées de son contrerolcur, ainsi et pareillement que sont celles dudit Xaincoins ; et, se signées n'estoient comme dit est, ne voulons pas qu'elles soient valables ne receues par nosdiz gens des Comptes en la reddicion des comptes desdiz receveurs particuliers sur lesquelz elles auroient esté faictes et levées[2].

13. Item, voulons et ordonnons que tous noz rece-

1. *Corrigez* rivières d'Yonne et de Seine.
2. Cf. II.

veurs particuliers, mesmement de Languedoil, rendent compte en nostredicte Chambre des Comptes touchant nosdictes finances extraordinaires ; soient tenuz d'apporter, exiber et monstrer à la reddicion de leursdiz comptes les estatz qui par nous ou nosdiz généraulx leur auroient esté faiz et baillez chacun an, touchant la distribucion des deniers de leurs receptes, afin que toutes les parties qui contenues seront en leursdiz estatz signez de nous ou desdiz généraulx soient, préalablement et avant toutes autres charges quelzconques, mises et employées en leursdiz comptes, en rapportant avec iceulx estatz les descharges souffisans; toutesvoyes, se lesdiz receveurs particuliers apportoient sur leursdiz comptes enseignement souffisant, comme lectres closes ou cédules signées de nostre main ou desdiz généraulx, par vertu desquelles et des descharges à ce pertinens et requises ilz auroient paié aucunes sommes non escriptes ne comprinses en leursdiz estatz, et que icelles cédules ou lectres en feissent expresse mencion, nous, en ce cas, voulons et entendons que nosdiz gens des Comptes ne facent aucune difficulté de les passer et alouer en leursdiz comptes, supposé que en leursdiz estatz icelles sommes ne feussent, comme dit est, escriptes ne comprinses ; et n'entendons pourtant que, quant iceulx receveurs particuliers auront paié préalablement toutes les parties contenues en leursdiz estatz, que les autres parties que en oultre qu'ilz auroient payées par l'ordonnance de nous ou de nosdiz généraulx et par descharges souffisantes ne doient estre semblablement passées et alouées en leursdiz comptes, mais serons et sommes contens que, en ce cas, employées y soient, mesmement quant leur recepte le pourroit porter. Et entendons cette présente ordonnance estre pareillement gardée et entretenue au regard des receveurs et officiers de nostre demaine.

14. Item, ne voulons pas, mais par exprès deffendons à nosdiz gens des Comptes que, sans avoir exprès mande-

ment de nous par roole signé de nostre main, ilz doyent doresennavant recevoir ne employer sur les comptes de nosdiz receveurs ne d'aucuns d'eulx aucunes vielles descharges ou contre-lectres données avant le temps de leurs comptes, mais seulement y emploient, comme autrement faire ne se doit selon l'usaige ancien, les acquictz et descharges levées sur l'année et du temps dont se rendront iceulx comptes, afin que par moyen de teles vielles descharges et acquictz ne demourrons en debte envers iceulx receveurs.

15. Item, aussi deffendons à nosdiz gens des Comptes que doresennavant ne emploient ès comptes desdiz receveurs aucunes cédules de *debentur*[1], dont ilz se vouldroient aider pour eulx ou pour autres, sinon qu'ilz aient sur ce mandement patent de nous faisant de ce expresse mencion et expédié par noz gens des finances comme il appartient.

16. Item, avons ordonné et voulons que doresennavant ne soient faictes ne séellées aucunes commissions touchant fait de finances, soit par manière de réformacion, ou de donner povoir à aucuns commissaires de composer avecques aucuns qui auroient délinqué, ou touchans autres matières, comme sur le fait des francs-fiefz, admortissemens ou autres choses quelzconques dont pourroit venir aucune finance, sinon que icelles commissions et puissance aient esté par nous commandées et qu'elles soient veues et expédiées par les gens de noz finances, c'est assavoir, par nosdiz trésoriers, quant la chose touchera le fait de nostre demaine, et par nosdiz généraulx, quant ce sera pour autres finances extraordinaires, afin qu'ilz en aient congnoissance

1. Ce sont les pièces par lesquelles il était déclaré qu'il était dû telle somme pour les gages à tel officier des Comptes, du Parlement, etc. Elles commençaient par le mot *debentur*, d'où leur nom. On en trouvera de nombreux exemples dans la série des *Quittances* à la Bibliothèque Nationale.

et en facent registre devers eulx pour savoir quelle exécucion en aura esté faicte par lesdiz commissaires, et que aussi puissent et doivent commectre telles personnes solvables et souffisantes qu'ilz verront estre à faire pour recevoir les deniers qui venir pourront à cause desdictes commissions ; et deffendons à tous noz secrétaires, sur peine de privacion de leurs offices, que, au regart de ce présent article, ne aussi des autres qui pourroient toucher et regarder le fait de leurs offices, et des lectres qui commandées leur seront touchant fait de finances, ne facent riens au contraire de cesdictes ordonnances, sinon toutesvoyes qu'ilz eussent sur ce descharge de nous par lectres patentes signées de nostre main.

17. Item, et au regart des dons et rabaiz que faiz avons et que encores faire pourrons pour aucunes justes causes et considéracions à ceulx qui ont tenu, tiennent et tiendront aucunes fermes de nous, tant d'icelles de nostre demaine que de noz autres revenues et receptes extraordinaires, nous sommes contens que noz receveurs particuliers en puissent compter, comme il est acoustumé, par vertu de noz mandemens patens deuement expédiez, c'est assavoir, ceulx du demaine par nosdiz trésoriers, et les autres par nosdiz généraulx, sans ce que, à l'occasion de cette présente ordonnance, ne autrement, ilz soient tenuz ne abstrains d'en compter par descharges [1].

18. Item, et pareillement entendons estre fait au regart des dons par nous faiz et à faire aux communaultez des villes touchant la moitié, le tiers, le quart ou autre porcion des aides d'icelles villes pour emploier en leurs réparacions, pourveu que noz lectres faisans de ce mencion soient expédiées ainsi qu'il appartient par nosdiz généraulx et que telz dons ainsi par nous faiz ou à faire

1. Cf. I, 18.

ne excèdent point le terme de dix ans, et, se ilz le excédoient ou estoient à vie, voulons et entendons que icelles noz lectres ne soient valables, sinon qu'elles fussent expédiées par nosdiz gens des Comptes aussi bien que par nosdiz généraulx[1].

19. Item, et semblablement entendons et consentons que nosdiz receveurs particuliers à qui ce touchera puissent compter sans descharge par noz mandemens expédiez par nosdiz gens des finances, ainsi que de tout temps est acoustumé, des dons ou rabaiz que pourrions faire pour une foiz à aucunes villes ou villaiges ou aucunes particulières personnes des sommes à quoy ilz auroient esté assis et imposez et en quoy tenuz nous seroient à cause de leur porcion de noz tailles et subsides[2].

20. Item, et pour ce que grevable et sumptueuse chose seroit aux commissaires, esleuz, receveurs, clercs des esleuz, et autres qui auroient aucune charge de par nous pour imposer, mectre sus, lever et faire venir ens nosdictes tailles et subsides, de venir chacune foiz devers nous ou lesdiz gens de noz finances pour avoir descharges et eulx faire mectre en nostre roole des sommes que sur les fraiz desdictes tailles prendre devroient pour leur peine et salaire d'avoir vacqué en ce que dit est, nous voulons et ordonnons que, se par noz lectres patentes expédiées par nosdiz généraulx il appert à nosdiz gens des Comptes des tauxacions qui sur ce faictes leur aurons, ilz les alouent sans difficulté ès comptes des receveurs particuliers dont nosdictes lettres feront mencion, en rapportant par iceulx receveurs icelles noz lettres avecques quictance des parties tant seulement sans autre descharge ou acquict.

1. Cf. I, 18.
2. Cf. I, 18.

21. Item, entendons et voulons que ceste nostre présente ordonnance ou interprétacion doye commencer, au regart des finances de nostre demaine au premier jour de janvier derrenièrement passé, comme dessus est dit, et au regart de noz autres finances au premier jour d'octobre aussi derrenièrement passé. Et, touchant les gros voyaiges et chevauchées que prennent et prendront de nous nosdiz trésoriers, généraulx, changeur, receveur général et autres noz conseillers et officiers, nous voulons et entendons que doresennavant, à commencer comme dessus est dit, ilz n'en doyent ne puissent rien prendre, fors ce que nous leur ordonnerons par nosdiz rooles ou mandemens patens signez de nostre main; et, au regart de ce que prins et receu en ont nosdiz généraulx et receveur général au devant dudit premier jour d'octobre, par vertu de noz lectres patentes faisans mencion de leur retenue et des gaiges, chevauchées et droiz de leurs offices, nous sommes contens que icelles lectres sortissent quant ad ce leur effect et tiengnent lieu audit receveur général en la reddicion de ses comptes, non obstant que de leursdictes chevauchées pour icelui temps ne soit faicte mencion ès rooles par nous signez.

Si donnons en mandement par ces présentes à nosdiz gens des Comptes et trésoriers, à nosdiz généraulx, receveur général, audit changeur de nostre Trésor, et à tous noz autres officiers présens et advenir, et à chascun d'eulx comme à lui appartiendra, que tout le contenu en cesdictes présentes ilz gardent, entretiennent et acomplissent et par nosdiz receveurs particuliers et autres qu'il appartiendra facent tenir, garder, entretenir[1] et acomplir de point en point, tout selon la forme et manière que dessus est dit, et, au surplus, entretiennent aussi et facent entretenir noz

1. Le manuscrit porte *entériner*; il faut probablement corriger *entretenir*. Voyez plus haut la même formule, p. 13.

dessusdictes premières ordonnances, sans aler ne venir au contraire en aucune manière, sur les peines contenues en icelles, et cesdictes présentes facent pour mémoire perpétuel enregistrer en nostredicte Chambre des Comptes et en nostredit Trésor à Paris, et leurdit contenu facent assavoir à tous nosdiz officiers et autres à qui ce touchera par mémoire qu'ilz ne les doyent ignorer, car ainsi le voulons estre fait; et, pour ce que de cesdictes présentes l'on pourra avoir à besongner en divers lieux, voulons que au *vidimus* d'icelles fait soubz séel royal foy soit adjoustée comme à ce présent original, auquel, en tesmoing de ce, nous avons fait mectre notre séel.

Donné à Nancy en Lorraine, le dixiesme jour de février l'an de grâce mil CCCC quarante et quatre, et de nostre règne le XXIIIme.

Signé : Par le Roy en son Conseil, E. Chevalier.

IV

Sarcy, 19 *juin* 1445. — *Ordonnance sur la juridiction des Élus.*

Bibl. Nat., mss. fr. 5292, fol. 45 vo et suiv. et 18487, fol. 43 vo et suiv. — Publ. Corbin. *Rec. d'Edits*, 1151 ; Fontanon, II, 897 ; *Ord.* XIII, 428.

Charles, par la grâce de Dieu roy de France, à tous ceulx qui ces présentes lectres verront, salut. Comme, par les instructions et ordonnances royaulx faictes sur et pour le fait et gouvernement des aides, gabelles et tailles[1] par

1. Voici les pièces les plus importantes à consulter sur ces impôts: Instructions du 28 février 1436, *Ord.*, XIII, 211 : id. du 4 janvier 1393, *ibid.*, VII, 525 ; id. du 11 mars 1389, *ibid.*, VII, 246 ; id. du 6 juillet 1388, *ibid.*, VII, 765 ; id. de février 1384, *ibid.* VII, 52 ; id. du 21 janvier 1383, *ibid.*, VII, 748 ; Ord. du 21 novembre 1379, *ibid.*, VI, 443 ; Instr. d'avril 1374, *ibid.*, VI, 3 ; Instr. du 24 janvier 1372 sur les gabelles, *ibid.*, V, 577 ; et Instr. de décembre 1360 sur les aides et les gabelles, *ibid.*, III, 436 et 437.

noz prédécesseurs et nous ordonnées pour le faict de la guerre et deffense de noz royaume et subgectz, la cognoissance du fait desdits aides, gabelles, et tailles au regart de la justice et des choses qui requièrent et doyvent estre traictées et démenées par justice, tant entre nous et nostre procureur pour nous, noz officiers, fermiers, receveurs et collecteurs d'iceulx aides, gabelles et tailles, comme autres noz subgectz, en tous cas civilz et criminels appartiengne et soit commise exprésement et espécialement, c'est assavoir aux esleuz sur ledit fait à chacun d'eulx ordinairement en leurs élections, et, en cas d'appel et souveraineté, à noz amez et féaulx les généraulx conseilliers sur le fait de la justice desdits aides[1], tout ainsi et en la manière que des causes ordinaires non touchans les faiz devantdits la congnoissance en appartient aux prévostz, baillifz, séneschaulx et juges ordinaires de nostre royaume, et, en cas d'appel et souveraineté, à nostre Court de Parlement ; et soit la cognoissance du fait desdits aides, tailles et gabelles ostée et défendue à tous lesdits juges ordinaires, sans que eulx ne nostredicte Court de Parlement en puissent ou doivent cognoistre en aucune manière, par voyes ou manières obliques ou exquises, par gens qui se dient privillégiez ne autrement; aussi, quant aucunes causes touchans lesdits aides, tailles et gabelles et les deppendences, par malice ou simplesse d'appellans ou autrement, ont esté introduictes en nostredicte Court de Parlement, elle les a tantost renvoyées par devant nosdits généraulx conseilliers pour en cognoistre et décider par eulx; et, pareillement en soit défendue toute cognoissance et entreprinse à tous juges ecclésiasticques et conservateurs de privillèges d'estudes, quelz qu'ilz soient, royaulx ou apostolicques, et sur cer-

1. L'instruction et le règlement de ces affaires devaient être faits, aussi bien par les généraux que par les élus, « de plain, sans figure de procès » et sans intervention de praticiens si c'était possible. Cf. Instr. du 11 mars 1389 à l'art. 17, *Ord.*, VII, 248 ; lettres royales aux élus de Paris du 6 octobre 1405 dans ms. fr. 18487, fol. 27 r°, et Ord. du 18 février 1491, *Ord.*, XX, 282.

taines et grosses peines ; et ausdits aides, tailles et gabelles ordonnez comme dit est pour la tuicion et défense de nosdits royaume et subgectz, laquelle chose touche chacun d'iceulx subgectz autant à l'un comme à l'autre, avons ordonné et soient tenuz de contribuer tous iceulx subgectz, de quelque estat qu'ilz soient, tant marchans, mecquanicques, laboureurs, procureurs, praticiens, officiers, tabellions, notaires comme autres, exceptez tant seulement vrays escolliers estudiens et générallement fréquentans, demourans et résidans ès Universitez de Paris, Orléans, Angiers, Poitiers, et autres par nous approuvées pour acquérir degrez en science, nobles vivans noblement et suivans les armes ou qui par vieillesse ne les pevent plus suyvre, noz officiers ordinaires et commensaulx, pouvres et misérables personnes, lesquelz sont exempts desdictes tailles ; et ordonné aussi les dessusdits marchans, officiers, praticiens et autres qui se vouldront exempter de payer lesdits aides, tailles et gabelles, estre à ce contraincts par certaines voyes et manières contenues et déclairées esdictes ordonnances et instructions ; et mesmement lesdits officiers, tabellions et notaires par privacion de leurs offices et estatz et lesdits praticiens par privacion de leurs praticques en toutes cours et jurisdictions layes, et ceulx qui seront clercs et d'église par prinse, arrest et exploitacion de leur temporel ; néanmoins, nous avons esté informez que plusieurs autres que lesdits vrays escoliers esdictes Universitez, soubz umbre des privillèges d'icelles Universitez, ou autres, soubz umbre de lectres et par voyes et manières diverses par eulx exquises, se sont voulu et veulent de fait exempter desdits aides, tailles et gabelles et les ont contredict et refusé, contredient et refusent à payer, et, quant noz officiers, fermiers, receveurs et collecteurs les ont voulu et veulent à ce contraindre ou faire contraindre par justice et les en poursuir et mectre en cause et procès pardevant lesdits esleuz comme leurs juges ordinaires quant à ce, les dessusdits ainsi poursuyvis se sont efforcez et efforcent chacun jour de faire renvoyer lesdictes causes et procès pardevant lesdits conservateurs laiz et ecclésiasticques et font admonnester nosdits officiers et collecteurs de eulx en déporter sur peine de excommuniement, et, autres foiz, les ont fait et font citer et adjourner devant lesdits conservateurs et illec les ont tenuz en grans involucions de procès, et, pour obvier à teulx vexacions et travaulx, nosdits officiers, fermiers, receveurs et collecteurs ont esté et sont contrainets d'eulx cesser et déporter, lesquelles choses, qui de jour en jour et de plus en plus sont commises, ont esté et sont faictes en grant diminucion de nosdits aides, tailles et gabelles, en nostre très grant dommaige et de la chose publicque, à la grant charge, oppression et dommaige de noz autres subgectz contribuans à iceulx, et contre les instructions et ordonnances royaulx, et plus seroit si par nous n'estoit sur ce pourveu ; sçavoir faisons que nous, ces choses considérées, qui voulons équalité estre gardée entre noz subgectz ès charges et frais qu'ilz ont à supporter pour la tuicion et défense d'eulx et de nostredit royaume, sans ce que l'un porte ou soit contrainct à porter le feez et charge de l'autre soubz umbre de privillèges, cléricatures ne autrement, et voulons aussi lesdictes instructions et ordonnances royaulx estre gardées et exécutées selon leur forme et teneur, avons d'abondant voulu et ordonné, voulons et ordonnons par ces présentes :

Que lesdits esleuz, chacun ès mectes de leurs élections, cognoissent ordinairement de toutes causes et cas civilz et criminelz, si aucuns en surviennent, touchant lesdits aides, gabelles et tailles et autres subvencions qui ont esté, sont et ou temps advenir seront mis sus pour le fait de noz guerres, tuicion et défense de nosdits royaume et subgectz, leurs circunstances et deppendences, et nosdits généraulx conseilliers en cas de ressort et souveraineté, et en avons défendu et défendons toute cognoissance à tous autres juges quelz qu'ilz soient, ecclésiasticques et séculiers.

Et voulons que si aucuns desdits juges ecclésiasticques et séculiers en avoient prins et prenoient la congnoissance, commant ne par quelque manière que ce fust ou soit, qu'ilz soient contrainctz à eulx en cesser et déporter, par prinse arrest et exploictacion de leurs biens et temporel en nostre main, suspension de leurs offices, et autres voyes deues et raisonnables.

Et que, se des causes qui sont ou seront introduictes pardevant lesdits esleuz, aucuns sergens ou autres officiers se efforçoient d'en faire renvoy, par vertu de quelques lettres que ce fust ou soit, devant autres juges que nosdits généraulx conseilliers, qu'ilz soyent contrainctz à eulx en cesser par prinse et emprisonnement de leurs corps et privacion de leurs offices.

Et pareillement, se aucuns s'efforçoient d'admonnester nosdits officiers, fermiers, receveurs et collecteurs, par ou sur peine d'excommuniement ou autres censures ecclésiasticques, de eulx cesser et déporter de faire aucunes poursuites, ou, pour occasion desdits aides, tailles et gabelles, les citer pardevant lesdits conservateurs et juges ecclésiasticques, nous voulons qu'ilz soient contrainctz comme dessus à tout cesser, rappeller et mectre au néant, et semblablement lesdits conservateurs, leurs lieuxtenants ou vicegérens, et aussi ceulx à la requeste ou faveur desquelz lesdictes monicions ou citacions seront faictes.

Et, en oultre, voulons et ordonnons tous nosdits subgectz de quelque estat qu'ilz soient, exceptez les dessus nommez exemps desdictes tailles, contribuer ausdits aides, tailles, gabelles, et iceulx estre à ce contrainctz par toutes voyes deues, mesmement lesdits officiers, tabellions et notaires par privacion de leurs offices, et tous autres fays, fors ceulx à cause desquelz ilz se diront privillégiez et exemps desdits aides, tailles et gabelles ; lesdits praticiens par suspension de tous faiz et exercices de praticque en toutes cours et jurisdictions layes, et si, depuis ladicte suspension, ilz s'efforçoient de praticquer, nous voulons que pour ce ilz soient condamnez en amende arbitraire et que sur eulx elle soit levée à nostre prouffit, et que ce soit fait et procédé en telle manière que par aucuns de noz subjectz ne soient portez les fays et charges des autres, mais soit en tout équalité gardée et faicte au myeulx que faire se pourra ; lesdits marchans par privacion de tous faiz de marchandies et d'amende arbitraire à nostre prouffit.

Et, en oultre, voulons et ordonnons que, si aucuns de nosdits officiers, fermiers, receveurs ou collecteurs estoient pardevant lesdits conservateurs ou autres juges citez, admonnestez ou poursuyviz, que notre procureur preigne pour eulx et chacun d'eulx la garendie et à faire la poursuite de l'exécucion de ces présentes à noz despens.

Si donnons en mandement par ces présentes à nosdits généraulx conseilliers et esleuz que noz présentes lectres ilz publient ou facent publier et enregistrer en la Chambre desdits Aides à Paris et ès auditoires desdictes élections et chacun d'iceulx et ailleurs où il appartiendra, affin que aucun n'en puist ou doye prétendre cause d'ignorance, et les choses dessusdictes et chacune d'icelles mectent ou facent mectre à exécucion deue, sans excepcion, port, ou faveur de personne ; et, pour ce que ladicte publicacion sera nécessaire estre faicte en plusieurs lieux de nostre royaume, c'est assavoir en chacune élection, nous voulons que au double de ces présentes fait soubz le séel de nostre Chancellerie à Paris, ou au *vidimus* fait soubz le séel de nostre Chastellet de Paris, foy soit adjoustée partout comme à icelles présentes et non obstant quelzconques opposicions ou appellacions pour lesquelles nous ne voulons le payement de noz deniers estre retardé ou empesché ne lettres subreptices impétrées ou à impétrer à ce contraires. En tesmoing de ce, nous avons fait mectre nostre séel à ces présentes.

Donné à Sarcy, le dix-neufiesme jour de juing, l'an de

grâce mil quatre cens quarante cinq, et de nostre règne le XXIIIᵉ.

Ainsi signé : Par le Roy en son Conseil, Pinchon[1].

V

Châlons, 12 *août* 1445. — *Ordonnance sur les fonctions et pouvoirs des Trésoriers de France.*

Publ. Fournival, 104 ; Fontanon, II ; 49 ; *Ord.*, XIII, 444.

Une ordonnance rendue par Louis XII à la date du 20 octobre 1508 (*Ord.*, XXI, 375) reproduit à peu près sans y rien changer la plupart des articles ci-dessous ; nous indiquons les rapprochements en note. Auparavant, par lettres du 9 octobre 1489 (*Ord.*, XX, 200), Charles VIII les avait purement et simplement confirmés.

Charles, par la grâce de Dieu roy de France, à tous ceux qui ces présentes lectres verront, salut. Comme, par l'occasion des guerres et divisions qui par long temps ont esté en nostre royaume et par usurpations grandes faictes en diverses contrées d'iceluy, le vrai et ancien domaine de nostre couronne, qui, au temps passé, estoit de grand revenu et valeur, comme chacun peut sçavoir, semblablement les droits, proffits, esmolumens de la justice et autres dépendances de nostre domaine ayent esté et soient de présent cheus en grande diminucion, tant par ce qu'aucuns de nos vassaux et subjects, de leur auctorité, durant lesdictes guerres en ont usurpé et occupé partie et encore occupent de présent, comme par faute et négligence des officiers commis et députez à la conservation et soustènement du domaine et de la justice, et autrement en diverses manières ; et, pour donner ordre convenable au redictement et recouvrement

1. Fontanon et les auteurs des *Ord.* distribuent ces lettres en articles, le premier en huit et les seconds en six ; le texte ne contenant pas d'*item*, ces divisions sont purement artificielles et nous n'avons pas cru devoir les reproduire.

d'iceluy nostre domaine, le mectre en estat et valeur et y faire toutes choses requises et nécessaires pour nostre honneur et proffit, ayons naguières remis sus le fait de nostre Trésor et voulu iceluy estre gouverné et exercé par la forme et manière qui souloit estre au temps passé, pour lequel exercice et gouvernement faire et conduire comme il appartient ayons institué trésoriers de France noz amez et féaulx conseillers, Jean Bureau, Jean Bardoin et Jean le Picard, avec plain povoir de faire par eulx et chacun d'eulx tout ce qui dépend et peut dépendre dudit Trésor et de leur office, ainsi que leurs prédécesseurs ont acoustumé ; et, en outre, pour obvier à la malice des hommes, qui chacun jour multiplie et s'efforce d'enterpretter et débattre à leur intencion les puissances de nos officiers, et à leur faits moins raisonnables, avons d'abondant ordonné et ordonnons par cesdictes présentes que nosdits conseillers et trésoriers dessus nommez et chacun d'eux besongnent doresennavant en toutes et chacunes les choses cy-après déclarées et autres dépendances du fait de nostredit domaine, et de ce faire leur avons donné et donnons povoir par ces présentes en tant que mestier est :

1. Et premièrement, de veoir et visiter toutes noz lettres et mandemens patens touchant nostredit domaine, tant en matières d'offices, commissions, dons et assignacions, comme autres charges ordinaires et extraordinaires, et icelles esteindre en tout ou partie ou les vérifier et ordonner ainsi que ilz verront estre à faire par raison[1].

2. Item, de reprendre et remettre en noz mains, rejoindre et réunir au corps de nostredit domaine tous et chacuns les membres d'iceluy, soient villes, villages, citez, chasteaulx, forteresses, cens, rentes, maisons, vignes, prez,

1. Reproduit sous une forme différente dans l'art. 1 de l'Ord. de 1508.

bois, fours, moulins, estangs et autres choses que ilz trouveront avoir esté usurpées, alliénées, séparées, distraites ou transportées en autres mains, pour quelconques causes et occasion que ce soit, sinon pour juste cause et raisonnable, contraindre les détempteurs desdictes choses alliénées à les délaisser, eulx en départir et nous en souffrir jouir ou noz receveurs pour nous, et icelles choses alliénées faire enregistrer et escripre ès livres et papiers de nostredit domaine[1].

3. ITEM, de s'enquérir et soy informer sur la souffisance des caucions données par lesdits gens de recepte de nostredit domaine, et, si aucuns d'eulx ne les avoit baillées, ou qu'elles fussent expirées par mort ou autrement, ou les caucionneurs déminués de leurs biens par manière qu'ilz ne fussent solvables et resséans à caucionner iceulx gens de recepte souffisamment comme il appartient selon noz statutz et ordonnances, les contraindre, par suspension de leurs offices ou autrement comme ilz verront estre à faire, à les bailler de nouvel, et les envoyer en nostre Chambre des Comptes par la forme et manière et selon le stile acoustumé en nostredicte Chambre et ès comptes de noz receveurs ordinaires, ainsi qu'il souloit estre par le temps passé, pour le mettre et appliquer dès lors en avant à nostre prouffit[2].

4. ITEM, de mander et faire venir pardevers eulx, où et par tant de fois que bon leur semblera, tous noz receveurs, vicomtes[3], clavaires[4], fermiers et autres gens de recepte de nostredit domaine, sçavoir et enquérir au vray

1. Repr. avec une addition sans intérêt dans l'art. 2 de l'Ord. de 1508.
2. Repr. sans aucun changement dans l'art. 3 de l'Ord. de 1508.
3. Receveurs ordinaires de Normandie.
4. Receveurs ordinaires de Provence.

l'estat et valeur de leurs receptes et charges qui sont sur icelles pour en avoir claire connaissance[1].

5. ITEM, de faire et bailler ausdits gens de receptes de nostredit domaine les estatz et charges qu'ilz auront à payer sur leurs receptes, telz que verront estre à faire nosditz trésoriers, eu regart à la valeur desdictes receptes, et leur donner ordre et manière de payer doresennavant, avec deffenses de ne distribuer les deniers d'icelles à leur volonté et oultre ledit ordre sur peines telles que noz trésoriers adviseront, non obstant que sur le contenu en ce présent article eussions par un autre article contenu en noz ordonnances dernièrement faictes sur le fait de noz finances donné povoir et faculté aux gens de noz Comptes et nosdits conseillers ensemble, lequel article, au regart de faire et bailler lesdits estatz, pour certaines causes à ce nous mouvans, avons rescindé et restreint, rescindons et restreignons, voulans et ordonnans que nosdits trésoriers et chacun d'eulx les puissent faire et bailler[2].

6. ITEM, de contraindre lesdits gens de recepte, par suspension de leurs offices, arrest et détencion de leurs biens meubles et héritaiges en nostre main, si mestier est, à rendre leurs comptes en nostredicte Chambre aulx termes et en la manière sur ce ordonnée et acoustumée et selon lesdits estatz à eulx baillez par nosdits trésoriers et sans aucune croissance ou diminucion d'iceulx, et ce qui restera à nous deu pour la fin et closture desdits comptes ainsi renduz faire bailler et délivrer au changeur de nostredit Trésor et non ailleurs[3].

7. ITEM, de deffendre, si bon leur semble, ausdits gens de recepte sur peine de le recouvrer sur eulx de non payer

1. Repr. sans aucun changement dans l'art. 4 de l'Ord. de 1508.
2. Repr., sauf la fin à partir de *non obstant*, dans l'art. 5 de l'Ord. de 1508.
3. Repr. sans modification dans l'art. 7 de l'Ord. de 1508.

aux officiers absens aucune chose de leurs gages, s'ilz n'ont légitime excusacion ou noz lettres de congé vériffiées de nosdits trésoriers de non résider sur leurdits offices, et, si aucun payement leur avoit esté fait, qu'il soit recouvré sur leurs gages à venir s'ilz sont officiers, et, sinon, sur tous leurs biens, meubles et immeubles[1].

8. Item, d'appoincter les gages des officiers excerçans justice, tant sur l'émolument de leurs exploits ou sur partie d'iceulx comme autrement, ainsi que noz trésoriers verront estre à faire par raison, eu regart à la résidence et charge d'iceulx officiers et aussi à leur diligence et mérites et à la qualité de leurs offices.

9. Item, de cesser et faire cesser le payement des gages estans à la charge de nostre domaine de souldoyer gardes des places et autres officiers mis et adjoustez oultre le nombre ancien, aussi de ceulx que nosdits trésoriers connaistront estre à faire, à temps et ainsi qu'ilz adviseront, eu regart à leur charge et à la situation du païs et au cours du temps, selon la discrétion et advis de nosditz trésoriers.

10. Item, de mectre et donner ordre et régle ausdits gens de recepte jusques à quelle somme ilz pourront bailler et délivrer par les mandemens des seneschaux, baillifz et autres gens de justice, tant pour réparacions, exécucions de crimes, voyages et messagers que autres charges ordinaires ou extraordinaires, et de leur deffendre ne payer aucune chose oultre ledit ordre sur peine de le recouvrer sur eulx.

11. Item, de mander et aussi faire venir par devers eulx, quant et où bon leur semblera, les maistres particu-

1. Id. art. 8 de 1508.

liers de nos monnoyes et enquérir de la valeur et prouffit d'icelles, de leur bailler et faire leurs estatz et les contraindre comme les receveurs ordinaires à bailler caucions suffisans à la manière dessus touchée, à rendre aussi leurs comptes et bailler au changeur de nostre Trésor les deniers de leurs receptes, les charges ordinaires payées, ainsi que par les estatz de nosdits trésoriers leur sera ordonné, et aussi ceulx qui nous seront deubs par la fin et closture de leursdits comptes, tout ainsi que dit est dessus au regart desdits receveurs ordinaires[1].

12. Item, d'enquérir et faire enquérir contre ceulx qui auront transporté billon hors nostre royaulme aussi aucune marchandise sans payer noz droitz et acquitz, et, se aucuns en sont trouvez chargez, de les punir par justice et nous faire amende convenable ainsi que les cas le requerront.

13. Item, de taxer et faire payer par chacun desdits receveurs ordinaires voyages et messages nécessaires, salaires d'escriptures et autres choses touchans le fait dudit domaine, toutes et quantes fois que nosdits trésoriers verront estre nécessaire, mesmement jusques à la somme de vingt-cinq livres tournois pour chacune fois et au dessoubz par leurs lettres et taxations ou de l'ung d'eulx[2].

14. Item, de joindre toutes receptes extraordinaires touchans le fait de nostredit domaine aux ordinaires et de les faire recevoir par noz receveurs ordinaires pour obvier à multiplicacion d'officiers, et faire deffences à tous telz receveurs extraordinaires et autres qu'il appartiendra de non se entremettre doresennavant desdictes receptes, et sur icelles peines qu'ilz verront estre expédientes par raison,

1. Rédaction abrégée de cet art. dans l'art. 10 de 1508.
2. Rédaction différente de cet art. dans l'art. 11 de 1508.

lesquelles peines nous voulons estre levées sur les délinquans et à icelles nous payer estre contraintz comme noz propres debtes.

15. ITEM, de contraindre tous et chacun de ceulx qui se trouveront nous estre tenuz en foy et hommage ou autre redevance pour raison des héritages ou autres choses tenues et mouvans de nous à nous venir faire lesdits foy et hommages, reconnaissance de nom et autres redevances dessusdictes, aussi en bailler leur déclaracion et dénombrement, et, pour ce faire, leur assigner tel lieu et temps, leur imposer telles peines que ilz adviseront pour le bien et prouffit de nous et de nostre domaine, en les contraignant, si mestier est, par prinse, arrest et détempcion desdictes choses en nostre main, ainsi qu'ilz verront au cas appartenir et comme il est acoustumé de faire par deffault d'homme et de foy et hommage non faitz et devoirs non payez[1].

16. ITEM, de contraindre tous ceulx que on trouvera tenir aucune chose démembrée ou alliénée de nostredit domaine par prinse, arrest et détempcion de leurs biens meubles et immeubles à payer au *prorata* les fiefz et aulmosnes et autres charges et devoirs ordinaires qu'ilz trouveront estre deubz d'ancienneté sur la recepte de la sénéchaussée ou bailliage auquel sera située ladicte chose alliénée, et aussi à employer au *prorata* les arréraiges qui en sont deubz, ou en rendre et payer au *prorata* à nous ou à noz receveurs ce qui auroit esté payé par noz receveurs ou aucuns d'eulx par inadvertance, crainte ou ignorance ou autrement, fors par noz lettres et mandemens deuement expédiez par nosdits trésoriers[2].

1. Repr. dans l'art. 12 de 1508.
2. Id. art. 13 de 1508, sauf l'omission de la fin du présent art. à partir de *ou en rendre*...

17. Item, de bailler et affermer quant et par tel temps et à telles gens idoines et solvables que bon semblera ausdits trésoriers les héritaiges, maisons, estangs, moulins, et autres choses à nous appartenans estans ès mains de noz receveurs; et, lesquelles choses nosdits trésoriers connaistront nous estre plus prouffitables en nostre main que à ferme les remectre ès mains de nosdits receveurs, finy le temps des fermes jà baillées, et le faire par eulx recevoir, ainsi que nosdits trésoriers verront à faire pour le bien et prouffit de nostredit domaine[1].

18. Item, de mectre et bailler à nouvelle censive, rente perpétuelle ou muable les héritaiges et choses qui se treuveront estre trop chargées ou en non valoir, aussi les lieux et places vagues et inutiles estans ès deppendances de nostredit domaine au plus offrant et solvable, affin de les repeupler, réédifier, réparer et mectre en estat, appelez à ce les officiers des lieux et gardées les solempnitez acoustumées, et, sur ce, bailler telles lectres que nosdits trésoriers verront estre nécessaires, lesquelles voulons estre bonnes et valables[2].

19. Item, de réformer et faire réformer par telles gens souffisans que bon leur semblera le fait de nosdictes censives, rentes et autres devoirs en bleds, deniers et autres choses quelzconques dudit domaine et iceulx faire bailler de nouvel par déclaracion, aussi les rédiger et mectre en ordre avec les tenans et aboutissans, en faisant pour ce faire dresser livres nouveaulx, l'ordre ancien gardé pour la collacion qui se doit faire sur les anciens, lesquelz voulons estre baillez à noz receveurs pour la conservacion et conduite de nostredit domaine[3].

1. Repr. dans l'art. 16 de 1508.
2. Id. art. 14.
3. Id. art. 15, sauf des variantes insignifiantes.

20. Item, de casser et rompre, si bon leur semble, l'ordre ou coustume que ilz trouveront en aucunes parties de nostre royaulme de tenir receveurs particuliers soubs les receveurs généraulx des sénéchaussées, baillies, prévostez ou élections et autres offices sur le fait de nostredit domaine qu'ilz trouveront estre superflus et non nécessaires et lesdictes receptes particulières remectre et réunir avec les receptes généralles, en contraignant lesdits receveurs à faire et reprendre lesdites receptes en leurs mains, pour esviter superfluité de gages, ou autrement pour nostre prouffit, et, si mestier est, accroistre les gages, voyages et chevauchées desdits receveurs généraulx, que fournissent aussi ausdictes cassations et réunion de telle somme que nosdits trésoriers verront estre à faire ; et, aussi, là où nosdits trésoriers verront les receveurs généraulx trop chargez et que bonnement et à nostre prouffit ne puissent porter la charge de leurs receptes, qui par deffault d'aller sur les lieux se pourroient dépérir ou diminuer à nostre très grant dommaige, de commectre et instituer soubz eulx ou les aucuns d'eulx receveurs particuliers, ung ou plusieurs, pour recevoir les menues censives ou autres parties estans ou dépendans de nostredit domaine et à iceulx receveurs particuliers limiter, régler et bailler telle charge que nosdits trésoriers adviseront, de laquelle charge et des deniers de leurs receptes ilz soient tenuz respondre ausdits receveurs généraulx et non à autres, et, en diminuant la charge desdits receveurs généraulx, de diminuer pareillement leurs gages de telle somme que raisonnablement ilz verront estre à faire, et ausdits receveurs particuliers taxer et ordonner tels gages qu'ils verront estre à faire pour mieux supporter la charge à eulx ainsi baillée.

21. Item, d'enquérir et soy informer sur le fait des cédules, quictances et commissions que ont acoustumé bailler nosdits receveurs et autres gens de recepte de nostredit domaine, aussi sur ce que par noz instructions et ordon-

nances royaulx ilz en pevent raisonnablement prendre et demander, et, si par leur informacion ilz treuvent qu'il en ait esté excessivement prins et exigé, de pugnir les exacteurs et nous en faire faire telle amande comme les cas le requerront[1].

22. Item, d'enquérir aussi et soy informer de et sur les amendes, exploicts de justice et composicions, dont le prouffit d'iceulx auroit esté retenu et recélé par aucuns de noz seneschaulx, baillifz, juges ou leurs lieutenans, advocatz, procureurs ou autres noz officiers de justice, et des autres abbuz commis en leurs offices, et de renvoyer lesdictes informacions qui sur ce auroient esté faictes pardevant nous ou les gens de nostre Grant Conseil pour y estre procédé par eulx ainsi qu'il appartiendra par raison ; et aussi eulx informer des abbuz faitz et commis par noz autres officiers du domaine en leurs offices, et de ceulx qu'ilz trouveront en ce avoir délinqué faire telle pugnicion comme ilz verront estre à faire par raison et justice.

23. Item, de veoir et visiter toutes et chacunes noz places, chasteaulx, forteresses estans de nostredit domaine, et, où ilz verront nécessité de réparacions, ordonner icelles estre faictes et soustenues telles qu'ilz adviseront pour le bien de nous et de nosdictes places, faisant expédier et délivrer les deniers pour ce nécessaires par noz receveurs ordinaires des lieux esquelz seront situées lesdictes places[2]; d'inventorier et faire rédiger par escrits tous et chacuns les mesnages, ustencilles, artelleries et autres biens estans et à nous appartenans esdictes places et en chacune d'icelles, et iceulx inventaires envoyer en nostre Trésor ou en nostre Chambre des Comptes, ainsi qu'ilz adviseront[3].

1. Repr. dans l'art. 17 de 1508.
2. Repr. jusque-là dans l'art. 19 de 1508.
3. Id. art. 21.

24. ITEM, de mectre en nostre main et faire recevoir par lesdits receveurs le prouffit et esmolument des seaulx aux causes et contractz de noz cours et jurisdictions, de les mectre et faire mectre hors des mains des séneschaulx, baillifz, juges ou de leurs lieuxtenans, ou autres ès mains de qui ilz seroient, et de les bailler à ferme si bon leur semble ainsi qu'il est acoustumé, et de donner ordre au regart du taux du séel des lettres séellées ausdits seaulx, si fait n'est et selon noz instruccions, en procédant par amendes selon le cas contre ceulx qui par nosdits trésoriers seront trouvez avoir fait ou qui feront le contraire[1].

25. ITEM, de contraindre touz greffiers et notaires à monstrer leurs papiers, registres, protocolles esquels sont enregistrez les causes de nostredit procureur et autres dont peult venir exploits et amendes, et aussi des contractz usuraires et de faire punir les usuriers comme au cas appartiendra[2].

26. ITEM, de contraindre lesdits notaires par serment de dire et notifier à nosdits trésoriers tout ce qu'ilz sçauront estre prouffitable ou préjudiciable à nous ou à noz seigneuries comme faire le doivent et déclarer les contractz faitz en nos fiefz et seigneuries pour en avoir et recevoir noz ventes et droitz seigneuriaulx[3].

27. ITEM, de signifier ès bailliages, séneschaussées, vigueries et jugeries, prévostez, baillies et autres cours et jurisdictions séculières de nostre royaume, et enjoindre à noz officiers et autres qu'il appartiendra, sur telles peines que nosdits trésoriers verront estre à faire, qu'ilz tiennent ordinairement leurs cours et assises aux jours et termes anciens et acoustumés ou autres jours et termes selon que la

1. Id. art. 22.
2. Id. art. 23.
3. Id. art. 24.

situacion des lieux et la disposicion du temps le requerront, et aussi qu'ilz visitent leurs jurisdictions chacun en droit soy comme il est acoustumé d'ancienneté.

28. ITEM, de donner souffrance et respit aux gens d'église jusques à dix ans et au-dessoubz de tenir leurs acquisitions faictes depuis soixante ans en çà, non amorties, en payant finance pour une foiz, et sur icelle composer avec eulx comme nosdits trésoriers adviseront, ou les contraindre à en vuider leurs mains dedans an et jour, selon les instructions royales.

29. ITEM, de contraindre toutes communaultez à mectre hors de leurs mains toutes terres et possessions tenues en fiefz nobles ou non nobles qu'ilz tiendront en commun, sinon qu'ilz ayent sur ce licence de nous ou de noz prédécesseurs par lettres deuement expédiées, ou de leur laisser à temps jusques à dix ans et au dessoubz en nous payant finance pour une foiz, et ainsi que nosdits trésoriers adviseront pour nostre prouffit.

30. ITEM, de contraindre aussi toutes gens non nobles ou non vivans noblement estans et demeurans en nostre royaume et non ayans souffisante provision de nous à vuider et mectre hors de leurs mains tous fiefz nobles qu'ilz auront eu par succession, acquest ou autrement, ou de les leur faire souffrir et en laisser jouir en nous payant finance comme dessus pour une foiz, selon la discrétion de nosdits trésoriers.

31. ITEM, de composer aussi sur le fait des nobilitacions, légitimacions, affranchissemens et de tous reliefz, rachatz, quints-deniers, francs-fiefz, espaves, aubenages, confiscacions, contratz et faitz usuraires, fiefz taillables, de main-morte, de fuitte ou de voullenté ; et, si aucun desditz fiefz qui soient de nostre fief ou arrière fief ayent esté ou

estoient affranchis et mis hors de servitude, sera de les contraindre à les payer telle et semblable somme qu'ilz ont pour ce payée à leurdit seigneur ou les maintenir envers nous en leur servitude et applicquer à nostre domaine, et lesdictes composicions faire, modérer et diminuer comme ilz verront à faire selon les cas, eu regart à la qualité des choses, estat et condition des gens et situacion des lieux ou se feront lesdictes composicions.

32. Item, de faire crier et publier ès fins et termes de nostre royaume que tous marchans, de quelque marchandise que ce soit, faisant mener et conduire hors d'icelluy denrées et marchandise payent au lieu qui sera ordonné par nosdits trésoriers les droitz et devoirs que avons acoustumé prendre et avoir sur icelles denrées et marchandises qui se méneront doresenavant en icelluy nostre royaume ès villes et places qui n'ont contribué ne contribuent et se veulent exempter de noz aides, en faisant sçavoir par lesdictes publicacions que les denrées qui seront passées oultre le lieu et terme qui sera limité par nosdits trésoriers sans avoir acquitté lesdits droitz, icelles marchandises sont dès maintenant comme pour lors déclarées confisquées et appartenir à nous, et comme telles les faire vendre et les deniers faire recevoir par noz receveurs plus prouchains desdits lieux; et, s'il advenoit que lesdictes marchandises fussent furtivement passées et sans avoir payé nostre droit, comme dit est, tellement qu'on ne les peust appréhender, que les marchans soient contrainctz par prinse et exploitacion de leurs autres biens et de leurs corps nous rendre et restituer la valeur d'icelles marchandises ainsi passées à l'estimacion que nostre procureur voudra maintenir[1].

33. Item, de faire payer par qui il appartiendra à ceulx qui dénonceront billon et autres marchandises qui

1. Repr. dans l'art. 25 de 1508.

seroient passées et portées ou que l'on vouldroit passer célément hors de nostre royaume et au desceu de noz officiers, tel droit que lesdits dénonçans ont acoustumé d'avoir d'ancienneté[1].

34. Item, d'acquérir pour nous et en nostre main toutes telles rentes, revenus, terres, maisons, manoirs, prez, moulins, chasteaux, forteresses et estangs et autres possessions qu'ilz congnoistront nous estre nécessaires et prouffitables, et pour icelles faire bailler et délivrer par noz receveurs dudit domaine les sommes de deniers que nosdits trésoriers auront pour ce appoinctées et accordées, et icelles mettre et applicquer à nostre domaine en tel ordre que la chose le requerra et nosdits trésoriers adviseront[2].

35. Item, de retenir aussi pour nous et en noz mains toutes telles rentes, revenus, maisons, manoirs et autres choses dessusdictes qui se pourroient vendre en nos fiefz pour le prix que auront esté faites les vendicions, et les deniers pour ce faire nécessaires faire payer et délivrer par nosdits receveurs comme dessus, et lesdictes choses ainsi retenues applicquer semblablement à nostre domaine comme dit est des acquetz.

36. Item, de commectre pour l'expédicion de leurs vériffìcacions et autres expédicions de leurs lectres touchans nostredit domaine et le redressement d'icelluy ung ou plusieurs de noz secrétaires, et, si, ès lieux où nosdits trésoriers besongneront, n'estoient résidans aucuns de noz secrétaires, de commectre aucuns de noz notaires ou tabellions publics qui se trouveront souffisans et idoines à ce faire, auxquelz ainsi commis donnons par ces présentes

1. Repr. art. 26 de 1508.
2. Id. art. 27.

plaine puissance de faire et signer par l'ordonnance desdits trésoriers et de chacun d'eulx toutes et chacunes lesdictes vériffìcacions, lectres et expédicions qui leur seront par eulx commandées et ordonnées.

37. Item, d'aller et eulx transporter et ung chacun d'eulx en et par toutes les parties de nostre royaume, tant en Languedoil comme en Languedoc, où ilz congnoistront leur présence estre nécessaire pour le redressement, réunion et conduite de nostre domaine, et, en leur absence de l'ung d'eulx de nostredit Trésor, de commectre en leurs lieux en nostredit Trésor, tant pour le fait de leur justice et jurisdiction que pour le fait de nostredit domaine, ung ou deux lieutenans à ce souffisans, qui en leur absence ou de l'ung d'eulx puissent et saichent besongner en ce qui surviendra à icelluy nostre Trésor appartenant à leursdits offices.

38. Item, de faire et expédier, ordonner et commander par chacun de nosdits trésoriers, quelque part qu'ilz se tiennent en nostredit royaume absens les autres, toutes lectres et expédicions nécessaires touchant le fait de leursdits offices et leurs deppendances, sous et au nom et tiltre de trésoriers de France sans eulx nommer èsdictes lettres, ainsi qu'il a esté acoustumé le temps passé[1].

39. Item, de deffendre à tous commissaires, réformateurs et autres, de quelque estat ou condicion qu'ilz soient, ausquelz par adventure pourrions avoir donné charge et commission sur le fait de nostredit domaine, qu'ilz ne s'entremectent de chose qui touche ou appartienne au fait de nostredit domaine s'ilz n'ont sur ce lectres de nous expédiées de nosdits trésoriers, sur telles peines qu'ilz verront à faire[2].

1. Repr. dans l'art. 28 de 1508.
2. Id. art. 29.

40. Item, de faire et mander recevoir par noz receveurs ordinaires ou par ceulx que nosdits trésoriers commectront au fait de noz receptes les deniers qui istront des exploicts et composicions que feront nosdits trésoriers, et iceulx deniers faire applicquer à nostre prouffit et nous en tenir et rendre compte ainsi qu'il appartient.

41. Item, de bailler toutes et quantes fois que bon semblera à nosdits trésoriers telles lectres et acquitz souffisans à nosdits receveurs qui leur seront nécessaires pour les choses dessusdictes et leurs deppendances en ce qui leur touche, lesquelles voulons et déclarons estre vallables à la descharge desdits receveurs, et à leur obéyr et aussi à leurs lectres et mandemens contraindre iceulx receveurs et tous autres noz justiciers, officiers, vassaux et subjectz par toutes peines civilles et criminelles que nosdits trésoriers verront estre à faire par raison et justice selon leur advis et discrécion[1].

42. Item, de congnoistre et procéder ordinairement par nosdits trésoriers et chacun d'eulx par voye de justice et jurisdiction ordinaire de et sur toutes les choses dessusdictes et chacunes d'icelles, leurs circonstances et deppendances en nostredit Trésor et hors d'icelluy si besoing est contre toutes personnes que il appartiendra, d'appoincter et de proroguer, décider et déterminer, l'ordre de droict gardé ou non et sans figure de jugement si bon leur semble, de sentencier et prononcer leurs jugements et sentences interlocutoires et deffinitives sur ce, d'exécuter ou mander exécuter par noz justiciers et officiers que il aptiendra leurdits appoinctemens, sentences, ordonnances et jugemens par toutes voyes et manières deues et raisonnables qu'ilz verront à faire, et icelles suspendre et délayer à tel temps et ainsi qu'ilz verront au cas et selon l'estat des personnes appartenir, et générallement de faire, besongner, exécuter, dire, mander, commander et ordonner, composer,

1. Id. art. 30, sauf l'omission de la fin du présent art.

diminuer, restreindre en et par toutes et chacunes les choses dessusdictes et toutes autres choses touchans le fait de nostredit domaine et deppendances d'icelluy, de quelque nature ou condition qu'elles soient, tout ce que nosdits trésoriers et chacun d'eulx congnoistront estre pour le bien et prouffit de nous, redressement, réunion et bonne conduicte de nostredit domaine et que leurs prédecesseurs trésoriers de France ont acoustumé de faire pour le temps passé, sur lesquelles choses et chacunes d'icelles avons donné et octroyé, donnons et octroyons de nouvel en tant que besoing est par cesdictes présentes à nosdits conseillers et trésoriers dessus nommez et à chacun d'eulx plain pouvoir, authorité et mandement spécial, voulans et ordonnans que tout ce que par eulx et chacun d'eulx sera fait, besongné et ordonné sur les choses dessusdictes et chacunes d'icelles, leurs circonstances et déppendances soit et demeure ferme et stable à tousjours, en baillant par nosdits trésoriers sur ce qu'ilz feront, besongneront et ordonneront leurs lectres patentes soubz leurs seaux ou signetz, signées des seings manuels de ceulx de noz notaires et secrétaires ou autres dessusdits qui à ce seront par eulx commis, ès quelles lectres, si bon leur semble, soient incorporées ces présentes ou les clauses dont deppendront les matières sur l'expédicion desquelles lesdictes lectres seront faictes et octroyées; et sur ce qui aura esté ainsi besongné, fait et ordonné par nosdits trésoriers et chacun d'eulx comme dit est baillerons nos lectres confirmatoires toutes fois que requis en serons; et, pour ce que de ces présentes, que nous voulons estre enregistrées en nostre Chambre des Comptes et en nostre Trésor, on aura à faire en plusieurs et divers lieux, voulons que au *vidimus* d'icelles ou desdictes clauses particulières dont il sera mestier fait soubz séel royal et authenticque plaine foy soit adjoustée partout où il appartiendra en jugement et dehors comme à l'original[1].

1. Rédaction abrégée du présent art. dans les art. 32 et 33 de 1508.

Si donnons en mandement par ces mesmes présentes à tous noz justiciers, officiers, vassaux et subjects de quelque estat, province et condicion qu'ilz soient que à iceulx noz trésoriers et chacun d'eulx et à leurs commis et députez ilz obéissent ès choses touchans et regardans les choses dessusdictes et leurs deppendances et autrement au fait de leur office et leur prestent et donnent conseil, confort, ayde et prisons, si mestier est et requis en sont. En tesmoing de ce, nous avons fait mectre nostre séel à ces présentes.

Donné à Chaalons, le douziesme jour d'août, l'an de grâce mil quatre cens quarante cinq, et de nostre règne le XXIIIme.

Ainsi signé : par le roy en son Conseil, F. Delaloère[1].

VI

Bourges, 26 *novembre* 1447. — *Déclaration sur quelques articles des ordonnances publiées ci-dessus sous les n^{os} I et III.*

Bibl. Nat., ms. fr. 23929, fol. 38 et suiv. — Publ. Fontanon, II, 614; *Ord.*, XIII, 516.

Charles, par la grâce de Dieu roy de France, à tous ceulx qui ces présentes lectres verront, salut.

1. Comme, ès ordonnances derrenièrement faictes ès villes de Saumur et de Nancy sur le fait de noz finances, y ait aucuns articles bien généraulx et non assez déclairez, par quoy soit de neccessité les plus amplement déclairer et exprimer, et mesmement ou VIIIme article desdictes ordonnances de Nancy, où il fait mencion que les gens de noz

1. Les seuls articles de l'Ord. de 1508, qui ne soient pas empruntés aux lettres ci-dessus, sont ceux qui portent les n°s 6, 18, 20 et 31 ; nous y renvoyons.

Comptes ne doivent procéder à la closture d'aucuns comptes, tant de demaine que des aides, sans la présence des trésoriers et généraulx ou des aucuns d'eulx, se ilz sont à Paris, toutesvoyes, nous n'entendons pas que, non obstant ce que dit est, s'il advenoit que lesdiz trésoriers et généraulx fussent hors de Paris, par nostre ordonnance ou autrement, par aucun temps comme deux ou trois mois, lesdiz gens des Comptes doyent procéder à la closture d'aucuns comptes et en espécial de receptes générales et autres grosses receptes, mais seront tenuz lesdiz gens de noz Comptes de actendre le retour desdiz trésoriers et généraulx ou des aucuns d'eulx jusques audit temps et terme de trois mois [1].

2. ITEM, et combien que plusieurs comptes, tant des receptes générales que particulières, soient examinez, les ungs au bureau et les autres ès chambres d'embas, jusques à faire l'estat final d'iceulx, toutesvoyes la closture d'aucuns desdiz comptes se fait aucunes foiz par le clerc sans les rapporter au bureau, nous voulons et ordonnons que doresennavant tous les estatz de tous lesdiz comptes soient faiz audit bureau publicquement et ilec cloz et affinez devant tous les seigneurs assistens, et que le compte qui demourera en la Chambre soit signé audit bureau par le clerc qui l'aura tenu et examiné, comme il fait celui de l'officier comptable, et qu'il mecte les présens qui auront esté à ladicte closture et signature.

3. ITEM, et pour ce que avons entendu que, contre l'usaige ancien, lesdiz gens de noz Comptes ont aucunes foiz receu à compte aucuns de noz receveurs et autres officiers chargiez de recepte et procédé à l'audicion d'iceulx comptes, mesmement d'aucuns des principaulx officiers, comme receveurs généraulx, tant de Languedoil comme de Languedoc, sans avoir eu ne receu préalablement leur contrerole, qui semble chose estrange, nous voulons que do-

1. Cf. III, 8.

resennavant ilz aient, comme avoir doivent, ledit contrerole, pour mieulx vériffier la recepte desdiz officiers avant que procéder à l'expédicion d'iceulx comptes, et ou cas que, par la faulte des contrerolcurs et non desdiz receveurs, ne apparoit desdiz contreroles, en ce cas lesdiz gens des Comptes y pourverront comme ilz verront ou cas appartenir.

4. Item, et comme il est touché en l'un des articles des ordonnances faictes à Nancy, soient lesdiz gens des Comptes bien advertiz de prendre garde quant les receveurs généraulx compteront par rooles signez de nostre main, tant des finances ordinaires que des extraordinaires, que les articles d'iceulx rooles soient souffisamment déclairez là où le cas le requerra, telement que n'y puissions avoir aucun dommaige, et que, avec lesdiz rooles, lesdiz receveurs fornissent de tel autre acquict ou enseignement comme faire se devra[1].

5. Item, voulons et ordonnons que doresennavant celui qui est et sera ou temps advenir correcteur de nosdiz Comptes face les correccions desdiz comptes bien et diligemment ès chambres d'embas, où les comptes sont portez depuis qu'ilz sont oyz et affinez, sans plus soy occuper au bureau ne ailleurs, si non qu'il y soit mandé ou qu'il y eust à faire à cause de sondit office et non autrement.

6. Item, et que ledit correcteur et pareillement les clercs de nosdiz Comptes tiengnent secret, comme faire doivent, toutes les restes et sommes quelzconques qu'ilz trouveront nous estre deues par lesdiz comptes, par argent indeuement prins ou autrement, et seront tenuz d'en advertir lesdiz gens des Comptes et aussi des finances, pour les faire venir ens à nostre prouffit.

1. Cf. III, 9.

7. ITEM, et au regart des descharges qui doresennavant à commencer du premier jour de janvier prouchainement venant se leveront au Trésor, nous voulons et ordonnons que icelles descharges soient signées de la main des trésoriers ou de l'un d'eulx pareillement que celles du receveur général sont signées des généraulx, et que autrement elles ne soient valables ne receues en compte.

8. ITEM, et pour ce que sommes souventesfoiz requis de donner plusieurs noz droiz royaulx touchant le fait de nostre demaine, quant aucuns eschéent, comme rachaptz, reliefz, quintz deniers, ventes et honneurs, amendes, forfaictures, aubenaiges, manumissions, légitimacions, nobilitacions et affranchissemens, qui toutesvoyes se devroient employer ès charges ordinaires de nostre Trésor et de noz autres receptes ordinaires, c'est assavoir au paiement des fiefz et aumosnes, gaiges d'officiers, repparacions de noz places et hostelz et autres teles charges, nous, pour y donner ordre et provision convenables, ordonnons, voulons et entendons que, quelque don que en facions doresennavant, soit de tout ou de partie, n'y soit obéy ne obtempéré par lesdiz gens des Comptes et trésoriers, si non au regart de la moitié à tout le plus, qui sera enrotulée comme noz autres finances, et que l'autre moitié soit convertie à nostre proufit, tant ès charges dessusdictes que en noz autres affaires.

9. ITEM, en tant que touche les dons que pourrions faire doresennavant des confiscacions qui souvent nous adviennent par gens tenans nostre party contraire ou autrement, nous n'entendons pas ne ne voulons que telz dons doyent sortir effect au regart des héritaiges et biens immeubles qui seroient situez et assis en païs paisible et de nostre obéissance, mais voulons que iceulx héritaiges soient applicquez à nostre demayne, si non toutesvoyes qu'il apparust de nostre voulenté au contraire et par mandement patent signé

de nostre main, et, au regart des biens meubles qui à cause desdictes confiscacions pourroient advenir, quelque don que en fassions, les trésoriers n'en pourront ne devront vériffier pour la partie à qui en aurions fait don que la moitié au plus, et l'autre moitié se recevra par noz receveurs ordinaires des lieux, pour en faire recepte à nostre prouffit[1]; toutesfoiz, quant il escherroit aucunes autres teles confiscacions qui seroient assises en païs désobéissant ou en marche de frontière, et il advenoit que les donnissions ou autrement en disposicions à nostre plaisir, en ce cas lesdiz trésoriers les pourront sans difficulté vériffier.

10. Item, et combien que les receveurs généraulx, tant du demaine que des autres finances extraordinaires, ne doyent recevoir aucun argent desdictes finances des receveurs particuliers ne d'autres personnes quelzconques, si non par descharges ou quictances contrerolées et expédiées comme il appartient, néantmoins, pour ce que aucunes foiz a esté fait le contraire et que aucuns desdiz receveurs généraulx en ont receu par leur simple quictance non contrerolée, nous, par ces présentes, leur deffendons que plus ne facent en quelque manière que ce soit, si non en cas de besoing qu'il conviendroit neccessairement assembler aucunes finances en l'absence des généraulx et contreroleur, ouquel cas ilz pourroient à cause de ce bailler leurs cédules ausdiz receveurs particuliers ou autres dont ilz feroient recepte, en promectant leur en bailler acquict souffisant dedans quatre mois prouchains lors ensuivans.

Si donnons en mandement par ces mesmes présentes à nosdiz gens des Comptes et trésoriers, à nosdiz généraulx, receveur général et changeur de nostredit Trésor et à tous noz autres officiers et autres qu'il appartiendra que le contenu en

1. Cf. ci-dessous n° XX. A rappr. des lettres du 24 juin 1492 (*Ord.*, XX, 332) et de celles du 5 février 1499 (*Ibid.*, XXI, 159).

cesdictes présentes ilz gardent, entérinent et acomplissent, et facent garder, entériner et acomplir de point en point selon la forme et manière dessus déclairée, et cesdictes présentes facent enregistrer en nostredicte Chambre des Comptes et aussi en nostredit Trésor, et leurdit contenu facent savoir à tous noz officiers et autres à qui ce touchera, par manière qu'ilz n'ayent cause de le ignorer; car ainsi nous plaist il et voulons estre fait; et pour ce que de cesdictes présentes l'en pourra avoir à faire en divers lieux, nous voulons que aux *vidimus* qui faiz en seront soubz seaulx royaulx foy soit adjoustée comme à ce présent original, auquel en tesmoing de ce nous avons fait mectre nostre séel.

Donné à Bourges, le XXVIme jour de novembre, l'an de grâce mil CCCC quarante sept et de nostre règne le XXVIme.

Ainsi signé : Par le roy en son Conseil, E. Chevalier[1].

VII

Le Bois-Sir-Amé, 26 *août* 1452. — *Ordonnance sur les fonctions et pouvoirs des élus.*

Bibl. Nat., ms. fr. 18487, fol. 152 v° et suiv. — Publ. Fontanon, II, 898 ; *Ord.*, XIV, 238.

Charles, par la grâce de Dieu roy de France, à tous ceulx qui ces présentes lectres verront, salut. Comme pour obvier aux vexacions et travaulx que plusieurs de noz povres sub-

1. Toutes les dispositions édictées par Charles VII au sujet du gouvernement des finances dans cette ordonnance et les précédentes furent expressément confirmées par Louis XII dans des lettres en date du 19 novembre 1498 (*Ord.*, XXI, 137), que nous n'avons pas cru devoir donner, car elles n'auraient rien appris qui ne fût dans nos n^{os} I, III et VI.

geetz ont supporté le temps passé à l'occasion de ce que les fermiers des aides, collecteurs et receveurs des tailles les faisoient souventes foiz convenir devant les esleuz sur le fait des aides, lesquelz en diverses élections de nostre royaume tiennent leurs sièges si loing des fins et extrémitez d'icelles qu'il convient aux povres laboureurs et autres gens de faire de grans despences et perdre plusieurs journées pour aller comparoir devant lesdits esleuz ès lieux de leurs sièges, qui sont communément en aucune des principales villes de leursdictes élections où ilz font leur continuelle résidence, nous, pour y pourveoir lors promptement et jusques à ce que autrement y fust ordonné, eussions naguères fait certaines nouvelles ordonnances[1], contenans entre autres choses que en chacune chastellenye où il y auroit justice, feust royalle ou de seigneurs particuliers, les chastellains et juges ordinaires desdictes chastellenyes feussent commis desdits esleuz pour congnoistre de tous les procès et débatz qui surviendroient, tant à cause desdits aides que des tailles ordonnées pour le vivre et entretènement des gens de guerre et autrement, et que les habitans ne peussent être traiz ne convenuz pour la première instance hors de ladicte chastellenye et siéges ordinaires, sauf en aucuns cas exceptez par lesdictes ordonnances, depuis lesquelles ordonnances ainsi faictes nous aient esté remonstrez plusieurs grans inconvéniens qui à cause de ce s'ensuyvoient et estoient en voye de plus ensuir prochainement en plusieurs desdictes élections, tant pour ce que plusieurs juges desdictes chastellenyes champestres ne sont pas expers ne congnoissans en telles matières, ainçoys sont les aucuns simples gens mécanicques, qui tiennent à ferme desdits seigneurs particuliers les receptes, judicatures et prévostez de leursdictes seigneuries, et lesquelz, soubz

1. Lettres du 20 mars 1452, pub. dans *Ord.*, XIV, 239, en note. Ces lettres sont intéressantes, bien qu'une partie de leurs dispositions se trouve révoquée ou reproduite par l'ordonnance ci-dessus. Nous y renvoyons.

umbre de l'auctorité qui par ce moyen leur seroit donnée, se vouldroient par adventure affranchir avec leurs mectoyers et autres familliers serviteurs du payement desdictes tailles et aides, qui tourneroit à grant foulle et charge des manans et habitans desdictes chastellenyes, lesquelz seroient de tant plus chargez en leur taux desdictes tailles parce qu'il y auroit moins de personnes contribuables, que aussy pour ce que lesdits juges et chastellains ne tiennent communéement leur judicature que de quinzenne en quinzenne ou autres bien longs termes et ne vouldroient laisser leurs autres affaires pour voulloir vacquer à l'expédicion desdictes causes se ilz n'avoient gaiges ou sallaires pour ce faire, pour quoy l'expédicion des procès desdictes tailles et aides, qui selon les anciennes ordonnances sur ce faictes doivent estre abrégez et décidez sommairement et de plain, seroit[1] de bien grant longueur et noz deniers en voye d'estre beaucoup retardez, mesmement pour ce que ung fermier desdits aides qui auroit des fermes en diverses chastellenies ne pourroit fournir à comparoistre en chacune d'icelles à l'expédicion des parties qu'il auroit fait adjourner, pour ce que plusieurs desdits juges subgectz tiennent communéement leurs assises à ung mesme jour, et pourroit la grant multiplicacion desdits juges plustost engréger confusion et charge au peuple que donner ordre, pour quoy, nous, les choses dessusdictes considérées, voullans de tout nostre povoir soullager et descharger nostredit povre peuple des vexacions et travaulx qu'il a euz le tems passé à cause de la longue distance des sièges desdits esleuz et de la multiplicacion et prolixité desdits procès, aussy réprimer aucunement les faultes et abbus qui se commectent chacun jour touchant le fait desdictes tailles et aides, tant en nostre préjudice et diminucion de noz deniers que à la charge et oppression de noz subgectz, et obvier aux inconvéniens dessusdits, avons, par grant et meure délibéracion des gens

1. Le manuscrit porte *seroient*.

de nostre Grant Conseil et des gens de noz Comptes et trésoriers, de ceulx de noz finances, [des généraulx conseilliers sur le fait de la justice de nosdits aides][1] et autres noz officiers, ordonné et ordonnons par ces présentes sur les choses dessusdictes en la manière qui s'ensuit :

1. Et premièrement, que en chacune élection de nostredit royaume, mesmement en[2] celles qui sont de grant estendue, soient ordonnez et establiz certains lieux pour tenir les siéges desdits esleuz, lesquelz sièges n'auront de ressort à l'entour d'eulx que cincq ou six lieues ou environ, pour le soullagement de nostredit peuple, tellement que ceulx qui seront adjournez ausdits siéges puissent aller et retourner en leur maison et comparoir à leurs assignacions tout en ung mesme jour, lesquelz siéges seront choisiz, ordonnez et establiz par les bailliz, séneschaulx, prévostz ou gouverneurs des séneschaucées, bailliages et provinces de ce royaume, ou leurs lieuxtenans ès mectes de leursdictes provinces et des pays qui sont soubz leur ressort, et aussy par lesdits esleuz en leursdictes élections, ès[3] lieux plus propices et convenables qu'ilz verront estre à faire pour l'aise et soullaigement de nosdits subgectz, appellez avec eulx noz advocatz et procureurs desdits lieux, tant du demaine que des aides, et aussy les receveurs desdits aides, lesquelz, chacun en leurs provinces et élections comme dit est, limiteront et déclareront l'estendue du pays et des bourgs, villes et villages qui ressortiront en chacun desdits sièges, [et iceulx sièges][4] asserront et ordonneront ès villes à nous appartenans et qui sont soubz nostre justice sans moyen en tant que possible sera, gardées les limitacions dessusdictes.

1. Le passage entre crochets est omis dans le manuscrit.
2. Le manuscrit porte *de*.
3. Le manuscrit porte *et*.
4. Le passage entre crochets est omis dans le manuscrit.

2. ITEM, là où il ne seroit possible de trouver lieux propices pour ordonner et establir lesdits sièges qui feussent en nostre demaine et justice sans moyen comme dit est, les commissaires dessusdits ordonneront iceulx sièges ès autres lieux qu'ilz adviseront estre plus expédiens et convenables pour le proffit et utilité de nous et soullagement de noz subgectz, en gardant toutesvoies lesdictes limitacions au plus près que faire se pourra.

3. ITEM, et en chacun desdits sièges qui seront ainsi ordonnez, lesdits esleuz seront tenuz de seoir judiciairement et expédier les causes desdictes tailles et aides deux jours en chacune sepmaine ou ung pour le moins, selon ce qu'ilz adviseront estre expédient et neccessaire eu regard à la quantité des causes qui pevent survenir audit siège, et s'il y a aucuns siéges ès[1] lieux où lesdits esleuz ne puissent vacquer ne demourer continuellement en leurs personnes, ilz seront tenuz de y avoir et tenir à leurs périlz et fortunes commis ydoines et suffisans pour ce faire, lesquelz commis congnoistront des causes de partie à partie seullement, mais, quant il sourdroit question à cause du bail des fermes desdits aides ou de l'affranchissement et exempcion des bourgs, villes et communautez ou d'aucunes personnes, soit par previllège, par noblesse, ou autrement, sur l'entérinement des lectres, chartres, previllèges ou grâces de nous impétrées ou à impétrer, et semblablement des rébellions, faultes et abbus qui seroient commis et perpétrez touchant le fait desdictes tailles et aides, en icelluy cas lesdits commis n'en pourront aucunement congnoistre ne décider, ainçoys en auront la congnoissance lesdits esleuz seullement pour la déterminacion desquelz toutes telles matières seront décidées.

4. ITEM, et semblablement, les greffiers desdits aides en chacune élection seront tenuz d'avoir et tenir à leurs

1. Le manuscrit porte *et*.

périlz et fortunes en chacun desdits siéges ung commis ydoine et suffisant pour enregistrer les actes et appoinctemens des causes et procès qui se expédieront ausdits sièges devant les commis desdits esleuz.

5. Item, et pour ce que souventes foiz est advenu le temps passé que aucuns sergens[1] adjournoient par devant lesdits esleuz ou leurs commis plusieurs povres gens ignorans, qui après ne trouvoient personne qui rien leur demandast quant ilz comparoient à leur assignacion, et ne sçavoient sur qui demander leurs despens et les intérestz et vexacion à eulx donnée, parce que lesdits sergens ne leur avoient baillé ne voulloient bailler relacion ne enseignemens desdits adjournemens, pour obvier à telles frauldes et abbus, nous avons voullu et ordonné, voullons et ordonnons par ces présentes, que tous les sergens qui d'icy en avant feront aucuns adjournemens pardevant lesdits esleuz ou leurs commis soient tenuz de bailler à ceulx qu'ilz adjourneront une petite cédulle signée de leur main, s'ilz scevent escrire, ou sinon séellée de leur petit signet, contenant seullement pardevant quel juge, par qui, à quelle requeste et à quel jour ledit adjournement sera fait, et le nom de la personne adjournée, sans tenir ne garder par ladicte cédulle forme de relacion, mais les plus briefves et succintes parolles que faire se pourra ; de laquelle petite cédulle lesdits sergens ne pourront rien prendre, avoir ne exiger de ceulx qu'ilz adjourneront, actendu qu'ilz sont communéement paiez de leursdits adjournemens par ceulx qui les requièrent de faire ; toutesvoies, les parties requérans lesdits adjournemens pourront recouvrer ce qu'ilz auront payé pour ledit adjournement avec les autres despens de la cause, au cas que la partie adjournée en décherroit, et non autrement.

1. Sur ces officiers, cf. art. 5 des Instr. du 11 mars 1389 (*Ord.*, VII, 246), 36 de celles du 28 février 1436 (*Ibid.*, XIII, 215), lettres du 4 mars 1498 dans ms. fr. 18487, fol. 25 r°, et ci-dessous, XI, XIII et XVI, *passim*.

6. Item, aussy avons voullu et ordonné, voulons et ordonnons que tous les fermiers qui auront fait adjourner aucunes parties soient tenuz d'icelles faire appeller et expédier au jour de leur assignacion, sans aucunement les délayer ne amuser, et se audit jour iceulx fermiers ne faisoient appeller lesdictes parties et ne demandoient leur audience, nous voulons et ordonnons que lesdits fermiers soient condampnez et contrainets de payer les despens et la journée des parties qu'ilz auront ainsi fait adjourner [1].

7. Item, et seront lesdits esleuz ou leurs commis tenuz d'expédier les parties qui seront adjournées pardevant eulx incontinent qu'elles seront arrivées sommairement et de plain et sans figure de jugement et sans forme de plaidoyrie ne recevoir lesdictes parties à faire aucunes escriptures en la cause, sinon seullement le registre du greffier, affin que lesdictes causes et procès se puissent plustost et à mendres fraiz déterminer, et seront tenuz iceulx esleuz ou commis d'expédier premièrement et avant tous autres les parties qui seront venues de la plus longtaine distance de pays, et les autres selon ce qu'elles seront demourans plus près dudit siège.

8. Item, et ne pourront lesdits fermiers desdits aides, collecteurs ne receveurs des tailles ne autres faire adjourner quelconques [2] parties devant lesdits esleuz ou leurs commis, fors seullement en dedens de leurs limites et aux jours qui seront establiz et ordonnez pour tenir ladicte juridicion, sur peine de l'amender arbitrairement envers nous et payer les despens de la partie selon la distance du lieu dont elle sera venue et la fatigacion que l'en luy aura donnée.

1. Cf. XIII, 5.
2. Le manuscrit porte *quelques*.

9. Item, et lesquelz jours pour tenir la juridicion desdits esleuz en chascun siège seront assignez et establiz au jour qu'il y aura marché au lieu dudit siège, s'il est possible, ou autrement aux jours que lesdits esleuz verront estre plus expédient et convenable pour le soullagement du peuple considéré la qualité de chacun siège, affin que lesdictes parties aient moins de dommage et de charge pour comparoistre à leur assignacion.

10. Item, et lesquelz jours ainsi assignez lesdits esleuz ou leurs commis seront tenuz d'estre et assister sans faillir à leursdits siéges pour tenir lesdictes juridicions et expédier toutes les causes desdictes tailles et aides qui seront ainsi pendans à chacun jour, comme dit est, affin que par faulte et absence de juge lesdictes parties ne perdent leurs journées et n'ayent couleur d'eulx[1] excuser de procéder et aller avant.

11. Item, et aussy ne pourront les fermiers desdits aides faire convenir quelque partie devant lesdits esleuz ou leurs commis, sinon que préallablement ledit fermier l'ait sommé et requis de le payer et de faire serment sur ce qu'il luy demande à cause desdits aides pardevant le juge ordinaire du lieu du demeure de la partie, s'il y a juge ordinaire qui soit présent au lieu, mais, en l'absence dudit juge ordinaire, ou s'il n'y en avoit point audit lieu, ledit fermier fera ladicte sommacion et requerra ledit serment devant le curé de la parroisse ou son chappellain en la présence d'ung tesmoing, ou si ledit curé ou son chappellain n'y estoient, en la présence de deux tesmoings dignes de foy, affin que, se la partie de lui mesme se veult mectre à raison, ledit fermier ne luy donne point de vexacion de partir de son hostel pour aller devant lesdits esleuz ou leurs commis audit[2] siège ne ailleurs.

1. Le mot *eulx* est omis dans le manuscrit.
2. Le manuscrit porte *dudit*.

12. Item, se la partie estoit reffusant de payer ce qu'il devroit audit fermier ou de faire ledit serment ou si ledit fermier voulloit prouver qu'il n'aroit pas juré la vérité, en icelluy cas ledit fermier le pourra faire adjourner devant lesdits esleuz ou commis à leurs siéges; et se lesdits fermiers font adjourner aucunes parties autrement que en la manière dessusdicte, ilz seront tenuz de l'amender et desdommager les parties à l'ordonnance d'iceulx esleuz ou commis.

13. Item, et quant aucune partie aura juré en la manière que dit est, nostre procureur ne pourra plus tenir en procès pardevant lesdits esleuz ou commis celluy qui ainsi aura fait ledit serment pour prouver le contraire de ce qu'il aura juré, se ledit fermier ne l'en requiert et qu'il se rende partie promouvant avec nostredit procureur, pour laquelle preuve faire ilz n'auront que ung seul délay de huit ou dix jours sans plus, sinon toutesvoyes que lesdits fermiers monstrassent causes évidens pour lesquelles ilz n'auroient peu faire ladicte preuve dedens ledit terme, ouquel cas lesdits esleuz ou commis pourront icelluy terme prolonger selon ce qu'ilz verront estre raisonnable, pourveu que préallablement lesdits fermiers seront tenuz paier les despens faitz par la partie jusques audit terme, lesquelz despens seront réputez préjudiciables quant à ce ; et se ledit parjurement qu'on aura prins à prouver ne se prouve et monstre clerement dedens les termes et en la manière dessusdicte, ledit fermier sera condampné et contrainct de payer à la partie tous les intérestz, despens et dommages qu'il aura faitz et soustenuz durant ledit procès et pour occasion d'icelluy et d'illec en avant n'en pourra plus estre molesté par nostre procureur ne autrement à cause dudit parjurement.

14. Item, et aussy se ledit parjurement se preuve, celluy qui se sera parjuré sera condampné en amende arbitraire envers nous et envers ledit fermier telle que la discrécion du juge advisera, et pareillement ès despens et interestz

par ledit fermier faitz et soustenuz en la poursuyte de ladicte cause pour raison et occasion d'icelle, et en oultre à restituer les despens préjudiciables s'aucuns en auroient esté payez par ledit fermier.

15. ITEM, et, pour ce que le temps passé la valleur desdits aides a esté beaucoup mendre, par faulte d'iceulx[1] avoir bien baillé et livré[2] à nostre proffit, nous voullons que lesdits esleuz advisent la forme et manière de bailler lesdits aides, et les lieux où ilz verront qu'ils[3] pourront estre mieulx enchéris et livrés[4] au plus hault pris pour nostre proffit; tellement que doresenavant lesdits aides puissent mieulx valloir et que par faulte desdits esleuz la revenue d'iceulx[5] ne se diminue, et sur ce pourront avoir advis avec notre advocat, procureur, receveur sur le fait d'iceulx aides ès lieux de leursdictes élections.

16. ITEM, et quant à l'assiette desdictes tailles, tous les esleuz lors présens en leurdicte élection seront tenuz d'estre ensemble pour icelle asseoir et imposer, affin que plus justement ilz les puissent esgaller ès lieux qu'ilz verront estre plus convenable pour ce faire[6].

17. ITEM, et en oultre avons voulu et ordonné, voulons et ordonnons que les sergens, tant ordinaires que autres, qui feront les exécucions et adjournements à cause desdictes tailles et aides, ne puissent prendre pour chacun adjournement que quatre deniers tournois, et pour chacune exécucion douze deniers tournois, et s'il advenoit qu'ilz feissent en ung mesme jour si grant nombre d'adjournemens ou exécucions que au pris dessusdit ilz montassent plus de

1. Le manuscrit porte *icelles*.
2. Le manuscrit porte *baillées et livrées*.
3. Le manuscrit porte *elles*.
4. Le manuscrit porte *enchéries et livrées*.
5. Le manuscrit porte *icelles*.
6. Cf. XIII, 36 et XVI, 6.

sept solz six deniers tournois, ce néantmoins ilz n'en pourront avoir ne prendre que ladicte somme de sept solz six deniers tournois pour chacun jour, quelque nombre d'adjournemens ou exécucions qu'ilz facent[1].

18. ITEM, et deffendons expressément que nulz sergens qui auront et tiendront des fermes desdits aides ne puissent exécuter ne exploicter en ce qui toucheroit lesdictes fermes qu'ilz auront prinses.

19. ITEM, et pour ce que par cy-devant, à l'occasion des exécucions qui sont faictes, tant des tailles que desdits aides, le menu peuple a esté fort oppressé et grevé, parce que les exécuteurs portoient et menoient vendre les biens, meubles et gaiges par eulx prins en longtaines villes et marchez, par quoy ceulx à qui estoient lesdits gaiges ne pouvoient estre présens à la vente d'iceulx ne scavoir combien ilz estoient venduz, en quoy ilz avoient grant dommage et vexacion, nous voulons et ordonnons que d'icy en avant, quant aucune exécucion sera faicte, l'exécuteur sera tenu de mener ou faire mener et porter les biens desdictes exécucions, soit bestail ou autres biens meubles, au plus prochain marché du lieu où il aura faicte icelle exécucion, affin que celluy ou ceulx à qui appartiendront lesdits biens puissent porter les deniers audit exécuteur, et recouvrer lesdits biens, et se c'est bestail vif qui ait esté prins pour ladicte exécucion, que lesdits sergens, en attendant le jour de la vente, soient tenuz de le mectre en garde au plus prochain lieu seur [du lieu][2] où il aura esté exécuté, tellement que celluy sur qui ladicte exécucion aura esté faicte puisse porter de la provision pour vivre et entretenir ledit bestail et s'en retourner en ung même jour en son hostel.

1. Cf. XI, 14 et suiv., et XIII, 48 et 49.
2. Les deux mots entre crochets sont omis dans le manuscrit.

20. Item, et en ensuyvant les ordonnances royaulx[1], deffendons expressément et voullons que deffence généralle soit faicte de par nous que nul esleu ne receveur ne autres de noz officiers ne soit marchant ne se puisse mesler du fait de marchandise, sur peine de privacion de leurs offices, et dès à présent avons révocqué et révocquons par ces présentes toutes lettres de congiez qui auront esté obtenues de nous ou que pourrions avoir donné au contraire, et mesmement ès marchandises où nous avons acoustumé d'avoir et prendre imposicion, gabelle, quatriesme ou autre subside, et avons ordonné et ordonnons terme préfix et limité ausdits esleuz, receveurs ou autres noz officiers qui auroient de nous lesdits congiez jusques au premier jour de décembre prochainement venant de excercer le fait de marchandise, et entre deux choisir et délibérer s'ilz veullent excercer leurs offices ou eulx tenir à leursdictes marchandises[2].

21. Item, et n'auront plus doresenavant lesdits juges et chastellains desdictes seigneuries particulières ne autres juges ordinaires la congnoissance desdits tailles et aides, mais les auront seullement lesdits esleuz ou leurs commis, et les appellacions qui seront faictes d'iceulx commis desdits esleuz se relèveront par devant noz amez et féaulx conseilliers les généraulx sur le fait de la justice desditz aides comme se faitz estoient desdits esleuz, et ne payeront iceulx commis aucune amende, s'il est dit bien appellé, ainsi que ne payent iceulx esleuz.

22. Item, et pour ce que, pour deffraulder nous et noz receveurs et fermiers ou fait de nosdits aides, plusieurs

1. Notamment les lettres citées plus haut du 20 mars 1452, art. 7, *ut supra*.
2. A rapprocher de l'art. 31 des Instr. du 28 février 1436, *Ord.*, XIII, 214. — Cf. aussi XIII, 42.

gens ont fait par cy devant plusieurs transpors de leurs vignes et autres héritaiges à leurs enffans ou autres qu'ilz disoient estre escolliers es universitez de Paris, Orléans, Angiers, Poictiers, Tholoze et autres de notre royaume, affin que par ce moyen ilz feussent et demourassent francs de payer lesdits aides des fruictz croissans esdits héritages ainsi transportez soubz umbre du privillège de scolarité, par quoy nosdits aides ont esté et sont de beaucoup mendre valleur, nous, attendu les frauldes et abbus qui se commectent chacun jour en notre préjudice, avons voullu, constitué et ordonné, voulons, constituons et ordonnons par édict général par ces présentes que tous les héritages qui par cy devant ont esté transportes ou seront pour le temps advenir ausdits escolliers ou autres officiers, de quelque université qu'ilz soient ou se dient estre, soit par leurs pères et mères ou autres personnes conjoinctes et non conjoinctes et par quelque manière de cessions ou transpors que ce soit et soubz quelque couleur qu'ilz soient fondez, soit prins réaument et de faict le droit desdits aides par noz officiers et fermiers sur tous les fruictz croissans esdits héritages, qui seront venduz, revenduz ou eschangez sans ce que personne quelconque s'en puisse ou doye exempter soit soubz umbre desdits transpors ne dudit previllège de scolarité[1].

23. ITEM, aussy voullons, constituons et ordonnons par édict général que tous ceulx qui vivent layement par marchandise, par praticque ou autrement et qui ne sont continuellement occuppez pour suyvre ou servir l'estude esdictes universitez previllégiées ne joyssent et ne puissent joyr des previllèges desdictes universitez, mais soient contrainctz réaument et de fait à paier noz tailles et aides, sans aucuns en excepter[2].

1. A rappr. l'art. 32 des Instr. du 28 février 1436, *Ord.*, XIII, 214.

2. Le manuscrit porte *supporter* au lieu *d'excepter*. A rappr. les art. 33 des Instr. du 28 février 1436, *Ord.*, XIII, 214, et 2 de celles du 4 janvier 1393, *Ibid.*, VII, 525.

24. Item, que nulz officiers desdictes universitez ne puissent joyr des previllèges d'icelles s'ilz ne sont continuellement demourans et résidens au lieu et en la ville où est l'université dont ilz se dient estre officiers.

25. Item, et que tous les officiers desdictes universitez qui ne sont pas de l'estat et profession[1] consonans à leursdits offices ou qui ne les pourroient ou sauroient bien et deuement excercer en leurs personnes ne joyssent et ne puissent joyr des previllèges desdictes universitez.

26. Item, et pour ce que avons entendu que jaçoit ce que par les instructions et ordonnances royaulx anciennement faictes sur le fait desdits aides soit expresséement deffendu à tous esleuz et commis de prendre ne avoir sur fermier ou autre quelconque douze deniers pour livre pour droit de vinage ne autre proffit ou avantage sur les fermiers de nosdits aides, néantmoins, en venant contre icelles, aucuns desdits esleuz ont en leursdictes élections prins et exigé lesdits douze deniers tournois pour vinage et autres proffitz, par quoy nosdits aides ont esté et encore pourroient estre de mendre valleur, nous, par cesdictes présentes avons deffendu et deffendons expresséement ausdits esleuz et commis et à leurs clercs et greffiers ou autres officiers de nosdits aides que doresenavant ilz ne soient tant hardiz de prendre ne exiger lesdits douze deniers tournois pour livre ne autre proffit quelconque sur lesdits fermiers, soit à cause des enchères faictes sur icelles ne autrement, sur peine d'amende arbitraire et d'estre privez de leurs offices[2].

27. Item, et aussy avons voullu et ordonné, voullons et ordonnons que pour chacune commission des fermes desdits aides ne soit prins, levé ne exigé des fermiers ne autre

1. Le manuscrit porte *profection*.
2. Cf. XIII, 32 et XVI, 24.

pour séel, parchemin, escripture ne autres choses quelzconques que la somme de douze deniers, sans plus[1].

28. Item, avons ordonné et ordonnons que doresenavant les receveurs ou commis à recevoir le payement de nosdits gens de guerre ne prendront pour quictance au long de l'an pour chacune parroisse que quatre petiz blancs, c'est assavoir pour chacun quarteron ung petit blanc vallant cinq deniers tournois, sur peine de privacion de leurs offices ou commissions et d'amende arbitraire[2].

29. Item, et pour ce que on dit que en aucuns lieux de ce royaume les esleuz ou leurs clercs et greffiers d'aucunes élections ont contrainct les fermiers desdits aides ou imposicions à prendre et payer tant de commissions comme il y avoit eu d'enchères sur chacune ferme, ou de chacun enchérisseur prendre certain devoir, nous avons ordonné et ordonnons que d'une mesme ferme ilz ne puissent prendre que une seulle commission du derrenier enchérisseur auquel elle sera livrée et demourée, et pour icelle commission comme dit est douze deniers tournois seullement, sans autre chose quelconque prendre pour la livraison desdictes fermes ne pour quelque enchère qui se face sur icelles[3].

30. Item, et pour ce que semblablement lesdits esleuz et clercs ont acoustumé de faire prendre de chacune ferme, si petite soit, une commission particulière, supposé que ung mesme fermier eust plusieurs petites fermes en une mesme ville ou village, qui tournoit à la charge desdits fermiers, nous voullons et ordonnons que doresenavant, quant il y aura ung fermier qui aura plusieurs fermes en ung mesmes village, il ne soit tenu se bon ne luy semble de prendre

1. Cf. XIII, 33.
2. Cf. XIII, 47.
3. Cf. XIII, 35.

que une seulle commission pour toutes les fermes qu'il aura prinses oudit village et pour icelle commission payer douze deniers tournois seullement, jaçoit ce que en icelle soient désignées et comprinses plusieurs fermes, et semblablement, ès villes ou il [y] aura diverses et petites fermes qui toutes seront demourées à ung seul fermier, icelluy fermier ne sera tenu s'il ne luy plaist de prendre de toutes les fermes qu'il tiendra en chacune desdictes villes que une seulle commission et pour icelle payer que douze deniers tournois, pourveu que chacune desdictes fermes ne monte point plus de vingt livres tournoys ; toutesvoies, se le fermier veult avoir pour chacune ferme une commission, faire le pourra se bon luy semble en icelles payant[1].

31. ITEM, et, pour ce que en aucunes élections de ce royaume y a aucuns commis ordonnez pour faire la visitacion et recerche des vins qui sont ès maisons et celiers des marchans, taverniers ou autres qui vendent vin en gros ou à détail, nous voullons qu'il soit loisible et permis aux fermiers du IIIIe du vin vendu à détail d'estre présens á faire ladicte visitacion et recerche, se estre y veullent, avec lesdits commis ès tavernes publicques et là où ilz ont acoustumé d'estre[2].

32. ITEM, et n'est point nostre entencion de aucunement déroguer par ces présentes aux anciennes ordonnances faictes sur le fait desdits aides, si non en tant qu'elles seroient contraires directement à ces présentes ordonnances, ainçoys lesdictes anciennes ordonnances voulons estre et demourer en leur force et vertu.

33. ITEM, voullons et ordonnons que tous les esleuz et clercs ordonnez sur le fait desdits aides par tout nostre

1. Cf. XIII, 35.
2. A compléter par les art. 25 des Inst. du 28 février 1436, *Ord.*, XIII, 214, et 5 de celles du 6 juillet 1388, *Ibid.*, VII, 765.

royaume, recouvrent par devers eulx le double desdictes anciennes ordonnances sur peine de l'amender arbitrairement, affin qu'ilz sachent mieulx eulx gouverneur touchant le fait desdits aides.

Si donnons en mandement par ces mesmes présentes à noz amez et féaulx les généraulx conseilliers, tant sur le fait de noz finances que de la justice desdits aides à Paris, à tous lesdits esleuz sur le fait desdits aides et à tous noz autres justiciers et officiers ou à leurs lieuxtenans et à chacun d'eulx ainsi comme à luy appartiendra que noz présentes ordonnances ilz gardent et entretiennent et facent garder et entretenir chacun en droit soy, de point en point selon leur forme et teneur ; mandons aussy à tous noz bailliz, séneschaulx, gouverneurs, prévostz, juges et autres officiers ou à leurs lieuxtenans et à chascun d'eulx en droit soy que, avec lesdits esleuz et appellez noz advocatz et procureurs tant du demaine que des aides et noz receveurs d'iceulx aides, ilz advisent et choisissent le plus tost et plus convenablement que faire se pourra les lieux qu'ilz adviseront et congnoistront estre plus propices et convenables pour tenir lesdits sièges au soullagement de nosditz subgectz, selon et ainsi que le portent et contiennent les articles cy-dessus insérez faisant mencion de ce, en contraignant à toutes les choses dessusdictes et chacune d'icelles faire et souffrir tous ceulx qu'il appartiendra rigoureusement[1] et sans déport, non obstant opposicions ou appellacions quelzconques, pour lesquelles ne voulons en ce cas estre aucunement différé ; et affin que on puisse plus promptement et en tous lieux estre informé de nostredicte présente ordonnance, nous voulons qu'elle soit chacun an publiée par tous les auditoires desdictes élections, et illec enregistrées, et que au *vidimus* d'icelles fait soubz séel royal foy soit adjoustée comme à l'original. En

1. Le manuscrit porte *vigoureusement*.

tesmoing de ce, nous avons fait mectre nostre séel à ces présentes.

Donné au Boys-Sire-Amé[1], le XXVIe jour d'aoust, l'an de grâce mil CCCC cinquante deux, et de nostre règne le XXXe.

Ainsi signé : Par le roy en son Conseil, J. Pavye ; et au dos : Boursier.

VIII

Meung-sur-Yèvre, 23 *décembre* 1454. — *Lettres contenant règlement pour la Chambre des Comptes*[2].

Bibl. Nat. ms. fr. 23929, fol. 44 et suiv. — Publ. Fontanon, II, 33 ; *Ord.*, XIV, 341.

Charles, par la grâce de Dieu roy de France, à tous ceulx qui ces présentes lectres verront, salut. Comme soit venu à nostre congnoissance que jà soit ce que ès temps passez, tant du temps et règne de feuz de bonne mémoire noz très chers seigneurs, ayeul et père, cui Dieu pardoint, comme aussi d'autres leurs prédécesseurs et nostres, roys de France, aient esté faictes et enregistrées en nostre Chambre des Comptes à Paris, à diverses foiz, plusieurs grandes et bonnes ordonnances touchans l'ordre, conduicte et gouvernement que auroient à tenir les présidens, maitres, clercs, greffiers et autres officiers d'icelle Chambre en besongnant à cause de leurs offices, tant sur le fait et reddicion des

1. Le Bois-Sire-Amé, dans la commune de Vorly, canton de Levet, arr. de Bourges (Cher).

2. A voir, sur les pouvoirs et la procédure de la Chambre, un long formulaire du début du XVIe siècle conservé à la Bib. Nat. sous le n° 10989 du fonds français, ainsi que les renseignements donnés dans le *Guidon des Finances* et dans l'*Instruction sur le faict des Finances et Chambre des Comptes* de Le Grand. — On peut aussi consulter les règlements antérieurs, notammment celui du 3 avril 1389, publ. dans *Ord.*, VII, 258.

comptes généraulx et particuliers, comme sur tous autres afaires qui chacun jour et an se traictoient et survenir pourroient en ladicte Chambre, ce non obstant, pour la diversité du temps depuis intervenu, à l'occasion des guerres et divisions qui ont esté en nostredit royaume, icelles ordonnances ne se sont tousjours entretenues et n'ont esté du tout jusques cy gardées et observées comme besoing fust pour le bien de nous et de noz afaires, à laquelle cause ayons puis naguères enjoinct et ordonné à noz amez et féaulx conseillers les présidens et maistres de nostredicte Chambre des Comptes qu'ilz se trouvassent tous ensemble en icelle Chambre pour veoir et adviser les dessusdictes ordonnances, en prendre et rédiger par escript ce qui leur sembleroit estre au bien de nous et de nosdiz afaires et au surplus, eu regart au temps qui à présent court, en adviser de nouvelles, et tout mectre en forme par articles, pour nous estre envoyées, afin d'en ordonner à nostre plaisir, ce qu'ilz ont fait en grant diligence, et en obéissant à nostre commandement ont songneusement vacqué et entendu à ce que dit est, et nous aient présentement envoyé par l'un d'eulx les poinctz et articles par eulx advisez touchant ceste matière, le tout soubz nostre correction et bon plaisir, desquelz articles cy incorporez la teneur s'ensuit :

1. Premièrement, a esté advisé, et tout soubz le bon plaisir du roy, que doresennavant l'uissier de la Chambre des Comptes mectra à point depuis la saint Remy jusques à Pasques, la Grant Chambre, le Grant Bureau et les autres chambres ; et ordonnera par chacun jour tout ce qu'il est tenu de faire esdictes Chambres, avant qu'il soit sept heures sonnées au matin, et depuis, Pasques jusques à ladicte saint Remy, ordonnera et mectra à point tout ce que besoing sera esdictes Chambres touchant son office, avant six heures de matin.

2. Item, et depuis que ledit huissier aura fait ce que dit

est dessus, il se tendra hors tous les huis de la Grant Chambre et là actendra la venue des présidens, maistres, clercs et greffiers, et leur ouvrera l'uis, et pareillement aux officiers qui auront à compter ou leurs procureurs, et non à autres sans le congé et licence de ceulx du Grant Bureau; et ne laissera ledit huissier entrer aucuns desdiz officiers comptables ou leurs procureurs se leurs auditeurs ne sont premièrement venuz et entrez en ladicte Chambre.

3. Item, et depuis que lesdiz présidens et maistres ou trois d'iceulx seront venuz et entrez, ledit huissier se tendra continuellement entre ou hors des huis près de ladicte Chambre, aiant une verge en sa main, jusques après que dix heures seront sonnées au matin, et après disner cinq heures.

4. Item, que tous les clercs et greffiers de ladicte Chambre vendront pour besongner en icelle, depuis la saint Remy jusques à Pasques, par chacun jour à sept heures du matin, et lesdiz présidens et maistres à sept heures et demie au plus tart, et, après disner, lesdiz clercs et greffiers, durant le temps dessusdit, vendront à deux heures, et lesdiz présidens et maistres à deux heures et demie.

5. Item, et depuis Pasques jusques à la saint Remy, lesdiz clercs et greffiers vendront par chacun jour en ladicte Chambre à six heures, et lesdiz présidens et maistres à six heures et demie au matin, et, après disner, lesdiz clercs et greffiers, durant le temps dessusdit, vendront à deux heures et demie et lesdiz présidens et maistres à trois heures au plus tart.

6. Item, et depuis que lesdiz présidens et maistres ou aucuns d'eulx seront assis au bureau de la Grant Chambre, nul desdiz clercs ou greffiers pourra ou devra yssir hors d'icelle Chambre sans le congé et licence de ceulx qui seront

audit bureau et jusques à ce que par l'ordonnance de ceulx dudit bureau la cloche aura esté sonnée, soit au matin ou après disner.

7. ITEM, et s'aucun desdiz présidens, maistres, clercs ou greffiers deffault de venir aux heures dessusdictes et il n'a excusacion raisonnable, laquelle il sera tenu envoyer dire, il paiera amende selon l'ordonnance de ceulx dudit bureau.

8. ITEM, que lesdiz clercs et greffiers, et aussi les officiers comptables et leurs procureurs, ou autres quelz qu'ilz soient qui auront à besongner en ladicte Chambre, quant ilz seront entrez en icelle Chambre, ne s'i arresteront, mais s'en yra chacun à son afaire et en la Chambre où il aura à besongner, se ainsi n'estoit que par ceulx dudit bureau fust à aucun ordonné y demourer et que on y eust à besongner de lui.

9. ITEM, que des requestes qui se devront présenter doresennavant en ladicte Chambre nulz desdiz présidens, maistres ou clercs n'en prendront ou recevront aucune, mais seront receues par lesdiz greffiers ou l'un d'eulx, se on les apporte avant que ceulx dudit bureau soient assis, et, se on les apporte depuis, ledit huissier les pourra recevoir; et incontinent que lesdictes requestes auront esté receues tant par lesdiz greffiers comme par ledit huissier, ilz seront tenuz les apporter sur ledit bureau, sans aucune en retenir devers eulx, ne en prendre aucun loyer ou salaire de ceulx qui présenteront lesdictes requestes, sur peine d'amende arbitraire.

10. ITEM, que pour l'expédicion desdictes requestes et pour oyr les plaidoiries, vacqueront et entendront lesdiz présidens et maistres en toute diligence aux jours de mecredi et samedi, et si tost qu'ilz les auront expédiées, ilz vacqueront le seurplus desdiz deux jours à oyr et clorre

les comptes et expédier les autres afaires de ladicte Chambre ; toutesvoyes, s'il advenoit que ès autres jours n'y eust aucuns comptes à clorre, et il y avoit aucunes requestes ou plaidoyries à expédier ou autres choses qui requerroient hastive expédicion, en ce cas les dessusdiz pourront vacquer à l'expédicion des choses dessusdictes.

11. ITEM, que toutes les requestes qui seront présentées au bureau et aussi toutes lectres d'expédicions et autres quelzconques seront leues à l'oye de tous ceulx qui assisteront audit bureau et délibérées par la pluspart des assistens ; et autrement ne soit fait, ne lesdictes lectres d'expédicion signées des signetz, sinon audit bureau ; ne aussi lesdiz greffiers ne devront signer de leur scing manuel aucunes lectres, se commandé ne leur estoit par ceulx qui seront céans audict bureau, sur peine d'amende arbitraire.

12. ITEM, que nul de ladicte Chambre preigne ou reçoive charge d'aucunes personnes, quelles qu'elles soient, de poursuir ne soliciter aucune besongne ou afaire qu'ilz aient à expédier en icelle Chambre, mais bailleront lesdictes personnes leurs requestes contenans leur fait, se bon leur semble, comme dessus a été dit, pour leur estre pourveu comme de raison sera.

13. ITEM, et pour ce que les faiz et escriptz de ladicte Chambre doivent estre tenuz secrectz et plus que nulz autres, ce qui n'a pas tousjours esté bien gardé jusques cy, a esté advisé qu'il doit estre par exprès enjoinct aux suppostz de ladicte Chambre de tenir lesdiz faiz et escriptz secrectz, sur peine de privacion de leurs offices, et pareillement les consultacions, oppinions et délibéracions d'icelle Chambre, sur les peines dessusdictes.

14. ITEM, que, quant lesdiz clercs seront entrez par chacun jour en ladicte Chambre, ilz entendent diligemment à

examiner les comptes des officiers qui seront devant eulx, et, s'il advenoit que aucun d'iceulx clercs n'eust à examiner aucun compte, celui en toute diligence entendra à faire ses escriptz, corrections et autres choses neccessaires, pour faire tousjours le proufit du roy.

15. Item, que nulz desdiz présidens, maistres ou clercs pourront amener dedans ladicte Chambre ne ou pourpris d'icelle aucuns clercs, serviteurs, familliers ou autres quelz qu'ilz soient, pour y séjourner ou résider, sans le congié de ceulx dudit bureau ; et mesmes les procureurs d'icelle n'y feront résidence, si ce n'est tant comme ilz rendront les comptes de leurs maistres devant lesdiz clercs, ou quant on fera la closture d'iceulx audit bureau, ou quant ilz prendront leurs arrests, lesdiz clercs présens.

16. Item, lesdiz clercs et greffiers ne bailleront aucuns extraictz des escriptz ne feront collacion d'aucuns registres ou autres enseignemens de ladicte Chambre, pour quelconque personne ou cause que ce soit, sans le congié et ordonnance de ceulx dudit bureau, et sur la peine dessusdicte; et quant lesdiz clercs partiront de leurs Chambres pour aller autre part, ilz ne laisseront personne, soit officier comptable, procureur ou autre personne estrange en leurdicte Chambre, mais les mettront tous hors, et fermeront l'uys jusques à leur retour, sur peine d'amende arbitraire.

17. Item, que tout officier comptable estant à Paris et ayant ses comptes en ladicte Chambre rendra son compte en personne, autrement ne lui sera tauxé ne ordonné aucune chose pour son voyaige ne pour la reddicion de sondit compte, ains, pour sa négligence et pour le contempnement et mespris que en ce cas feroit de l'auctorité de ladicte Chambre, à laquelle tout officier comptable doit honneur et obéissance par serment, sera condempné en amende arbitraire.

18. ITEM, que aucun *traditus*[1] ne soit escript en compte principal d'un officier quel qui soit se il ne se présente ensemble le double d'icelui compte, et que le clerc à qui le compte sera commis à examiner escrive au commencement *inceptus examinari tali die,* et aussi, quant examiné sera, *finitus examinari etc.*; et si tost que ledit compte sera examiné, ledit clerc sera tenu de le venir dire audit bureau, afin de expédier ledit officier par telle manière qu'il ne puisse séjourner ou actendre longuement la closture d'icelui aux despens du roy, ou, à tout le moins, faire l'estat dudit compte *ut jacet,* se ainsi estoit que ledit officier ne voulsist clorre, car au délay pourroit avoir grant dommaige, parce que lesdiz officiers comptables, maintesfoiz quant ilz ont veu que ilz pevent devoir par la fin de leursdiz comptes, ont différé la closture d'iceulx soubz quelque apparence ou coulourée excusacion et ont quis nouveaulx acquictz et descharges, dont, comme on dit, se font souvent garnir à grant marché ou très grant domaige du roy.

19. ITEM, que lesdiz présidens et maistres ne tauxent à aucun officier comptable aucun voyaige, ne aussi le seuffrent prendre gaiges sur le roy, se, premièrement quant il aura présenté son compte et, avant que on procède à l'examen d'icelui, il n'a deschargé tous ses comptes précédens ; et, le jour que ledit officier comptable aura deschargé sesdiz comptes, sera tenu son auditeur le venir dire audit bureau, afin que de ce jour soient tauxez les voyaiges et vaccacion dudit officier, et non plus tost.

20. ITEM, jà soit ce que par les ordonnances ne soit point déclairé que les receveurs ordinaires doyent venir compter en personne, et néantmoins est très neccessaire qu'ilz soient

1. C'est la mention *traditus ad burellum tali die* qui se trouve sur tous les comptes soumis à la Chambre. Pour l'intelligence de cette particularité et de celles dont il est question dans la suite de l'ordonnance, on peut consulter les comptes conservés aux Archives Nationales dans la série KK.

présens à la reddicion et closture de leursdiz comptes afin de parler et respondre du fait de leurs receptes, ce qu'ilz pevent mieulx faire que leurs procureurs, aussi afin qu'on les puisse advertir et instruire de la manière qu'ilz doivent tenir et comment ilz se doivent gouverner ou fait de leursdictes receptes, advisé a esté que doresennavant lesdiz receveurs ordinaires du dommaine seront tenuz de compter dedans le temps préfix par les ordonnances et en personne, se ilz n'ont essoyne et excusacion raisonnable, de laquelle ilz seront tenuz certiffier à la présentacion de leurs comptes ceulx dudit bureau par lectres de la justice des lieux où sont lesdictes receptes.

21. Item, que doresennavant quant aucun officier comptable ou son procureur viendra audit bureau présenter son compte pour estre examiné, lesdiz gens des Comptes lui feront faire préalablement serment solempnel que en sondit compte il fait entière recepte et despense et qu'il ne baillera aucuns acquictz ou lectres autres que il ne cuide en sa conscience estre bons et loyaulx et que toutes les parties couchées en la despense de sondit compte auront par lui entièrement esté payées ; et s'il est trouvé que aucun face le contraire, qu'il en soit pugny par lesdiz gens des Comptes par suspension d'office ou d'autre telle peine comme ilz verront estre à faire selon l'exigence du cas.

22. Item, que ausdiz officiers comptables ne soit tauxé doresennavant, quant ilz viendront compter en ladicte Chambre, par chacun jour de leur vaccacion faicte à la reddicion et closture de leurs comptes, ne aussi pour leur venir ne leur retour, plus de vingt solz tournois ; et se lesdiz officiers y envoient lieutenant, il n'aura que dix solz tournois ; et là où il aura seullement procureur pour rendre lesdiz comptes demourant à Paris, il aura cinq solz tournois par jour tant seullement pour la vaccacion qu'il fera à la reddicion et closture d'iceulx comptes.

23. Item, que les douze clercs d'embas soient muez de l'une Chambre en l'autre, quant lesdiz présidens et maistres verront estre expédient, et au plus tard de trois ans en trois ans, afin que ung chacun d'eulx puisse mieulx et saiche congnoistre et savoir les faiz et estatz des comptes et escriptz de toutes lesdictes Chambres ; et quant ilz seront muez, récoleront les inventoires et les parferont, ainsi qu'il se souloit faire le temps passé et comme les anciennes ordonnances le portent.

24. Item, que aucuns desdiz clercs, greffiers[1] ou huissier ne pourra ou devra partir ne aller hors Paris sans demander et obtenir congié et licence de ceulx dudit bureau, sur peine d'amende arbitraire, sinon ès jours de feste esquelz on ne va point en ladicte Chambre.

25. Item, que toutes et quantesfoiz il conviendra ausdiz clercs ou autres de ladicte Chambre extraire des comptes ordinaires ou extraordinaires aucunes debtes descendans desdiz comptes, tant du temps passé comme pour le temps advenir, et pour icelles bailler à ceulx à qui il appartient, que après ce que lesdictes debtes auront esté extraictes et bien collacionnées et corrigées par celui qui en aura fait l'extraict, icelles soient apportées audit bureau, afin que elles soient baillées pour les faire venir ens au proufit du roy ; et que de ce soit faicte mencion en la fin d'un des comptes dont lesdictes debtes descendront, et semblablement ou livre des mémoriaulx d'icelle Chambre pour plus grande seureté ; et seront tenuz ceulx à qui on les baillera d'en respondre rendre bon compte et reliqua en temps et lieu et en bailleront lectres de récépissé.

26. Item, que les correcteurs desdiz comptes feront bien et diligemment les corrections, et, après que ainsi faictes les

1. Le manuscrit porte *greffier*.

auront, les apporteront audit bureau, pour lesdictes debtes faire recevoir par le changeur du Trésor selon les ordonnances faictes sur le fait des finances ; et seront curieulx de remectre les comptes sur lesquelz ilz auront faictes lesdictes corrections en leur chambre et aulmoires, et aussi lectres en leurs sacs.

27. Item, extrairont et rédigeront par escript toutes les debtes qui par iceulx comptes pourront estre deues au roy ; et, ce fait, les apporteront audit bureau sans les anuncier ou révéler ailleurs par escript ne autrement, sur peine de privacion de leurs offices.

28. Item, se aucune erreur ou deniers indeuement prins sur le roy estoient trouvez en faisant lesdictes corrections, que sans faveur ou délay les officiers sur lesquelz seront trouvées lesdictes faultes et erreurs soient par le procureur du roy en ladicte Chambre mis en cause, et que par ceulx dudit bureau soit tout corrigé et amendé, selon raison, droit et le stille de ladicte Chambre.

29. Item, soit bien expressément deffendu à tous les officiers de ladicte Chambre, sur peine de privacion de leurs offices, de prendre aucuns dons corrumpables de personne quelle qu'elle soit qui ait à besongner en ladicte Chambre, ne pension ou gaiges d'autre personne que du roy, et tout sur peine de privacion et de amende arbitraire.

30. Item, que aucun de ladicte Chambre ne prendra doresennavant aucune chose pour escriptures, extraicts, registres, audicions de comptes, collacions de dénombremens, de lectres royaulx à *vidimus*, ne de quelconque autre collacion, visitacions de procès, informacions ou autres besongnes qu'il face en ladicte Chambre, sinon ce que tauxé lui sera par ceulx dudit bureau.

31. Item, quant aucune requeste aura esté présentée audit

bureau, et après ce que sur le contenu en icelle auront esté veuz aucuns comptes, et le rapport fait par l'un desdiz clercs à ce commis par ledit bureau, et depuis icelui rapport fait sera respondu ou escript sur ladicte requeste *audita relacione certificetur,* le clerc qui fera ladicte certifficacion, avant qu'elle soit baillée à partie, sera tenu de l'apporter à ceulx dudit bureau pour veoir si elle sera en bonne forme ou s'il y aura chose qui n'y doye estre, car c'est la Chambre qui parle et certiffie et non pas le clerc, et ce sur la peine dessusdicte.

32. Item, semblablement sera fait des comptes examinez et clos, dont lesdiz clercs seront tenuz signer les doubles des comptes par eulx examinez, et escrivent en la fin et après l'estat *sic est in fine consimilis compoti etc.*, qu'ilz seront tenuz de apporter audit bureau le compte original qui doit demourer en ladicte Chambre, pour faire collacion au double de l'estat dudit compte, et puis après signer, et ce pour la cause ou prouchain article touchée ; et ne sera baillé aucune cédule de *debentur* sans le congié et licence de ceulx dudit bureau, et ce sur la peine dessusdicte.

33. Item, que en examinant les comptes par lesdiz clercs, et singulièrement ceulx du demaine, ilz aient tousjours ung compte ancien devant eulx, pour la vérificacion des receptes et aussi pour garder l'ordre des chappitres selon le stille de ladicte Chambre, pour mieulx veoir, congnoistre et savoir garder que aucunes charges nouvelles ne soient mises ou introduictes sur ledit demaine, se ce n'estoit par ordonnance du roy, ouquel cas ilz seront tenuz d'en parler audit bureau et mectre leur *loquatur* sur la partie.

34. Item, que les clercs, en faisant lesdictes collacions desdictes receptes de chacun compte en matière d'aides ou de tailles ou autres comptes particuliers, les feront avec l'un de leurs compaignons et non pas avec les officiers

comptables ou leur procureur, car ensuir s'en pourroient plusieurs faultes et erreur, par ce que lesdiz officiers comptables et procureurs, comme on a plusieurs foiz veu, se sont subtilliez et subtillient de plus en plus à décevoir et circonvenir leurs auditeurs.

35. ITEM, s'il advient que aucun compte soit apporté pour clorre audit bureau, et, en procédant à la closture d'icelui, surviennent lectres patentes ou closes du roy ou autres urgens afaires, par quoy conviengne interrompre la closture dudit compte, en ces cas ou semblables sera renvoyé ledit clerc qui tiendra ledit compte en sa Chambre pour besongner jusques à ce que appellé sera, mais, le plus que possible sera, ceulx dudit bureau se garderont de telles interrupcions.

36. ITEM, que nulz desdiz clercs, en examinant les comptes à eulx commis, seuffrent ou permectent aucunes parties rayées par l'auctorité de ceulx dudit bureau en quelque compte que ce soit doresennavant rescripre icelles ne les mectre en ligne de compte sans le congié dudit bureau, supposé qu'il y eust lectres de reliefvement du roy de ladicte radiacion.

37. ITEM, que aucun de ladicte Chambre ne permecte ou seuffre en son hostel ou domicile ou autre lieu à lui appartenant, en quelque manière que ce soit, par quelzconques personnes, soient grenetiers, receveurs ou autres officiers comptables, ou pour eulx, faire dresser ou escripre aucuns comptes, sur ladicte peine.

38. ITEM, à aucun desdiz officiers de ladicte Chambre ne sera licite ou permis de loger en son hostel ou maison à Paris aucun officier comptable ou son commis ou lieutenant, durant le temps qu'il sera audit Paris venu pour compter, quelque affinité, proximité de lignaige ou faveur qui y peust estre, sans congié obtenir de ceulx dudit bureau et sur la peine dessusdicte.

39. Item, que aucun respitz ou souffrances ne soient doresennavant prins par aucuns de ladicte Chambre pour en faire registre ou expédicion, se premier n'est ainsi ordonné estre faict par ceulx dudit bureau.

40. Item, que tous les officiers comptables, qui jà sont ou seront adjournez pour venir rendre leurs comptes à certain jour sur peines et ne sont venuz ou viendront aux jours à eulx assignez, seront par ceulx dudit bureau condempnez ès peines indictes et autres telles amendes comme ilz verront ou cas appartenir, l'ordre et stille sur ce acoustumé en ladicte Chambre gardé, et à icelles peines et amendes paier seront tous contrainccts sans depport, et par ceulx dudit bureau sera commise personne souffisante et solvable à les recevoir, et en sera fait tellement que l'argent qui en viendra sera tourné au proufit du roy ; toutesfoiz, l'en ne donnera aucun deffault contre les adjournez, sinon ès jours de mecredi et samedi, mais lesdiz adjournez ou leur procureur seront tenuz eulx présenter ès jours à eulx assignez.

41. Item, que nul desdiz présidens ou maistres assiste audit bureau quant aucun de son lignaige ou affinité prouchaine y aura à besongner, mais se lèvera et s'en partira celui de qui il sera parent, affin ou prouchain, et aussi aucun desdiz clercs ne examinera compte de personne qui lui soit des condicions dessusdictes.

42. Item, que lesdiz officiers comptables feront doresennavant, ou feront faire par leurs procureurs ou clercs, leurs comptes de bon et souffisant volume, et y escriront ou feront escrire plus serré qu'ilz n'ont fait par cy-devant ; et pour ce faire, auront en ung lieu de ladicte Chambre ung exemplaire de la grandeur et du volume. tant en escripture comme en espace, tel qu'il semblera estre de faire à ceulx dudit bureau ; et ne sera tauxé doresennavant pour chacun feuillet de leurs comptes renduz en ladicte Chambre que

deux solz tournois au plus, tant pour les comptes qui se font à parisis comme de ceulx à tournois.

43. ITEM, que doresennavant aucune tauxacion ne soit faicte, sinon en plain bureau, présent l'un des présidens et trois des maistres au moins, et quant elle sera faicte, elle sera signée de la main de l'un desdiz présidens et non d'autre, et enregistrée par l'un desdiz maistres, tel comme par ceulx dudit bureau sera ordonné, et autrement ne sera ladicte tauxacion vallable.

44. ITEM, que aucune tauxacion ne soit faicte, sinon à bonne et juste cause, et que tout homme qui demandera tauxacion en ladicte Chambre soit tenu de apporter et monstrer audit bureau par déclaracion ce qu'il aura fait, soit escriptures, voyaiges ou autres choses, autrement n'en soit riens tauxé.

45. ITEM, que doresennavant aucun *vidimus* de lectres royaulx adressans ausdiz gens des Comptes, trésoriers et généraulx ne soient receuz en ladicte Chambre, se le *vidimus* n'a esté premièrement collacionné par les clercs et greffiers d'icelle Chambre ou par les greffiers desdiz trésoriers et généraulx, selon que le cas le requerra.

46. ITEM, et en tant que touche lectres de commissions envoyées de par le roy aux esleuz ou autres commissaires sur le fait des aides pour asseoir ou imposer aucunes tailles, lesdiz esleuz ou commissaires seront tenuz de envoyer en ladicte Chambre l'original de ladicte commission ou le *vidimus* deuement collacionné et signé par deux notaires, au dos duquel *vidimus* chacun desdiz esleuz ou commissaires sera tenu certiffier soubz son seing manuel le contenu dudit *vidimus* estre vray.

47. ITEM, que se aucun officier particulier qui a acous-

tumé compter par estat vient en ladicte Chambre pour rendre et clorre ses comptes, et il n'apporte avecques sesdiz comptes aucuns estatz faiz par lesdiz trésoriers et généraulx, comme à faire sera, il ne sera receu à clorre s'il ne fournist desdiz estatz, mesmement depuis les ordonnances faictes à Saulmur et Nancy, et tant de temps qu'il mectra à enseigner desdiz estatz, il ne prendra aucuns gaiges ou voyaiges sur le roy.

48. Item, pour ce que tous les officiers comptables ou la plus part sont négligens et délayent de venir compter et mesmement dedans le temps à eulx ordonné par lesdictes ordonnances du roy faictes à Saulmur et Nancy, ou grant préjudice dudit seigneur et du fait de ses finances, a esté advisé qu'ilz seront contrainets à venir compter durant le temps desdictes ordonnances ; et ceulx qui y deffauldront, ilz seront contrainets par suspencion d'office, ou autrement comme ilz verront estre à faire, non obstans opposicions ou appellacions quelzconques, ausquelles ne sera différé ; et par ledit seigneur en sera deffendue la congnoissance à tous autres juges et mandé aux ayans la garde des seaulx du roy, tant à Paris, Normandie comme en Languedoc et ailleurs, que en ce cas ilz ne donnent ou séellent aucun adjournement en cas d'appel, car autrement ne se pourroit savoir l'estat des finances dudit seigneur.

49. Item, et pour garder et entretenir lesdictes ordonnances et aussi contraindre les officiers à rendre leurs comptes en ladicte Chambre, dont plusieurs sont négligens, et s'en est ensuy par cy devant grant dommaige et préjudice au roy, est bien expédient et neccessaire de ordonner ung procureur du roy en ladicte Chambre et au Trésor, qui songneusement vacque et entende à ce, toute autre praticque et pension délaissée ; et ont advisé lesdiz gens des Comptes, soubz le bon plaisir du roy, qu'il y en aura ung qui n'aura aucune praticque en la court de Parlement ne ailleurs, et

prendra de gaiges par chacun an deux cens livres parisis, tant pour l'exercisse dudit office en ladicte Chambre comme audit Trésor.

Savoir faisons que, après ce que avons veu et fait veoir au long par les gens de nostre Grant Conseil estans devers nous iceulx articles ainsi faiz et advisez par nosdiz gens des Comptes, qui nous ont semblé et semblent estre bons et prouffitables pour le bien de nous, l'augmentacion de nostre demaine et d'autres noz finances et afaires, nous, après meure délibéracion sur ce eue avecques lesdiz gens de nostre Grant Conseil, tous iceulx articles selon leur forme et teneur avons de nostre certaine science louez, approuvez et auctorisez, et par ces présentes louons, approuvons et auctorisons, comme se faiz et advisez avoient esté par nous-mesmes, et voulons qu'ilz soient entretenuz et gardez inviolablement et perpétuellement par manière de édict, ordonnance et constitucion par nous faicte. Toutesfoiz, nous n'entendons pas par ce déroguer à l'auctorité et juridicion de ladicte Chambre, mais voulons, en tant que l'en pourroit dire que lesdiz gens des Comptes ont autresfoiz procédé en aucune des matières dessusdictes par privacion d'offices, qu'ilz en puissent user ainsi qu'ilz ont acoustumé.

Si donnons en mandement par cesdictes présentes à nosdiz gens des Comptes sur le serment qu'ilz ont à nous et obéissance qu'ilz nous doivent, qu'en tout et par tout observent et gardent, et par ceulx qu'il appartiendra facent garder et entretenir inviolablement ceste nostre présente ordonnance, sans aller ne venir au contraire en quelque manière que ce soit, en pugnissant les délinquans ou transgresseurs d'icelle de telle pugnicion et peine que en icelle est contenu et que le cas le requerra, et tellement facent que ce soit exemple pour les autres ; de quoy faire et exécuter leur donnons plain povoir et auctorité par cesdictes présentes, lesquelles voulons et mandons estre publiées, enregistrées et signiffiées, tant en nostredicte Chambre des Comptes que par tout autre part où il appartiendra, à ce que ceulx à qui ce touchera n'en puissent prétendre ignorance ; et que au *vidimus* d'icelles fait soubz séel royal, foy soit adjoustée comme à ce présent original, auquel, en tesmoing de ce, nous avons fait mectre nostre séel.

Donné à Mehun-sur-Evre, le XXIIIme jour de décembre, l'an de grâce mil CCCC cinquante quatre, et de nostre règne le XXXIIIme.

Ainsi signé : Par le roy en son Grant Conseil, ouquel Vous, les evesques d'Angoulesme, d'Alet et de Coustances, l'admiral, les seigneurs[1] de Torcy, de Dampmartin et du Monteil, maistres Henry de Marle, Estienne le Fèvre, Pierre d'Oriole et autres plusieurs estoient. L. Chaligault.

Et au dos desdictes lectres est escript ce qui s'ensuit : *Lecte et publicate ad burellum in Camera Compotorum domini nostri regis Parisius die decima octava mensis januarii, anno domini millesimo CCCC^{mo} LIIII^{to}.* Ainsi signé : J. Lescuier.

IX

Chinon, 3 *avril* 1460. — *Ordonnance sur la répartition et l'assiette de la taille.*

Bibl. Nat., ms. fr. 18487, fol. 159 v° et suiv. — Publ. Fontanon, II, 903 ; *Ord.*, XIV, 484.

Charles, par la grâce de Dieu roy de France, à tous ceulx qui ces présentes lectres verront, salut. Comme il soit venu à nostre congnoissance que, par faulte de donner ordre et forme en la manière de asseoir les tailles qui ont esté par cy-devant levées et mises sus pour le bien et def-

1. Le manuscrit porte *le seigneur*.

fence de la chose publicque et souldoyement de noz gens de guerre, soient venuz et encores viennent chascun jour de grans plaintes de plusieurs noz subgectz de divers pays, tant par ce que par indeuement esgaller et départir la porcion desdictes tailles en général et en particulier le fort portant le foible, ainsi qu'il appartient et que tousjours l'avons voullu et mandé, plusieurs desdits habitans tant en général que en particulier ont maintenu et encores maintiennent avoir esté et estre chargez oultre les termes de raison eu regard à autres qu'ilz allèguent estre moins chargez que eulx, que aussy qu'il y a plusieurs desdits habitans qui, par faveur ou crainte, sans cause raisonnable ont esté par cydevant et encores sont exemptez de contribuer ausdictes tailles, dont il advient que les autres en sont et demeurent tant plus chargez, et mesmement que en icelles tailles imposant et levant aient esté et encores pourroient estre commis[1] plusieurs autres abbus et faultes pour éviter ausquelz soit besoing de donner ordre et provision, savoir faisons que nous, désirans pourvoir en telles matières au soullagement de nosdits pays et subgectz et obvier à ce que telles faultes et abbus ne soient doresennavant commis ne perpétrez, tellement que les deniers qui doresenavant seront levez et cuillis pour lesdictes tailles soient esgallez, levez et receuz en manière que ce soit à la maindre charge que faire se pourra de nosdits pays et subgectz en ayant le regard à la situacion des pays et à la faculté des habitans, tant en général que en particulier, et que ce qui sera assis et imposé soit aussy supportable aux ungs que aux autres, par l'advis et délibéracion des gens de nostre Grant Conseil et de noz Comptes, avons ordonné et ordonnons par ces présentes que doresenavant en mectant sus les tailles et faisant les impostz des deniers qui seront mis sus en nostre royaume pour les causes dessusdictes soit tenue et gardée la forme et manière cy après escripte, laquelle nous voul-

1. Le manuscrit porte *encouruz*.

lons et ordonnons par cesdictes présentes estre gardée et observée par forme d'ordonnance et constitucion perpétuelle, sans aucunement déroguer ny préjudicier en autres choses aux autres ordonnances par noz prédécesseurs et nous faictes sur le fait de noz aides, gabelles et tailles, en la manière qui s'ensuit :

1. Premièrement, que les esleuz et autres commissaires à mectre sus et imposer lesdictes tailles en chacune élection mectront toute peine et diligence de asseoir et départir la porcion qui leur sera ordonnée le plus justement et loyaument que raisonnablement se pourra faire, le fort portant le foible[1].

2. ITEM, et pour ce que par mortalitez ou autres accidens pevent souvent advenir diminucions et croissance de peuple et d'abitans en plusieurs lieux où lesdictes tailles[2] seront imposées, par quoy lesdits esleuz ou commis ne pourroient justement faire assiette dudit impost se par chacun an ilz n'avoient congnoissance du nombre des feux et de la faculté et puissance des habitans des parroisses particulièrement, voulons et ordonnons que doresenavant, quant les collecteurs ou commis en chacune desdictes parroisses à faire l'assiette particulière [de la taille ou impost][3] sur chacun habitant en ladicte parroisse[4] auront faicte leur assiette particulière de la taille ou impost qui lors se fera et qu'ilz auront dressé et mis par ordre le roolle de l'assiette qu'ilz auront faicte, que iceulx collecteurs ou celluy qui aura la charge de lever ledit impost soit tenu, sur peine d'amende arbitraire, d'apporter dedens quinze jours après ladicte assiette faicte, devers lesdits esleuz ou commis au siège et limites duquel ilz seront, ledit roolle ou assiette qui aura esté fait

1. Cf. XI, 1.
2. Le manuscrit porte *aides*.
3. Les mots entre crochets sont omis dans le manuscrit.
4. Cf. sur les collecteurs et asséeurs le n° XI et l'art. 11 du n° XVI, ainsi que la note qui y est jointe.

dudit impost, avec le double d'icelluy, lequel roolle ou papier d'assiette et le double d'icelluy seront collacionnez tellement qu'il n'y ait variacion et après ce signez par lesdits esleuz ou commis, et sera baillé l'ung desdits roolles ou assiettes[1] ausdits collecteurs ou commis à lever ledit impost pour faire sa recepte selon icelluy roolle ainsi signé que dit est, et l'autre sera retenu par devers lesdits esleuz; et pour la signature et collacion dudit roolle ou impost n'auront lesdits esleuz ou commis que dix deniers de chacune parroisse[2].

3. ITEM, et après ce que lesdits esleuz ou commis auront devers eulx lesdits roolles ou papiers de chacune assiette particulière qui se fera en leur élection et que par iceulx roolles ilz pourront avoir congnoissance de la creue ou diminucion des habitans en chacune parroisse, voulons et ordonnons que ès années ensuyvans ilz facent lesdictes assiettes et impostz selon ce qu'il leur sera apparu de ladicte creue ou diminucion, en aiant regard auxdits roolles précédens, le tout plus justement et égallement que faire se pourra.

4. ITEM, et se par lesdits taux ou impostz desdictes parroisses lesdits esleuz ou commis voient qu'il y ait eu aucunes personnes particulières qui par hayne aient esté trop assises et excessivement tauxées ou que autres personnes, par faveur, auctorité ou crainte, aient esté trop supportées à la charge des autres, nous voulons que lesdits esleuz ou commis y donnent telle provision qu'il appartiendra et qu'ilz mectent peine que lesdits taux ou impostz soient faiz le plus justement que sera possible, le fort portant le foible.

1. Le manuscrit porte *assiecte*.
2. Cf. XI, 10 et XIII, 38.

5. Item, quant tous lesdits roolles et papiers desdictes assiettes particulières auront esté apportez par-devers lesdits esleuz chacun en son élection ainsi signez que dit est, nous voullons que iceulx esleuz les facent escrire et doubler par ordre de mot à mot en ung papier ou cayer ouquel seront contenuz tous les noms des personnes tauxées et la somme à laquelle ilz seront imposez, et que icelluy papier, signé et approuvé en la fin de la main d'iceulx esleuz ou de partie d'iceulx et de leur greffier, ilz envoyent par chacun an dedens le moys d'avril ou de may pour le plus tard aux généraulx de noz finances chacun en sa charge, affin que par ce lesdits généraulx puissent veoir le nombre des feux et la faculté et puissance de chacune élection et nous en advertir et ceulx de nostre Conseil, pour après distribuer et départir justement et égallement sur chacun pays et élection la porcion qu'il devra porter de ladicte taille ou impost, en manière que l'ung ne soit point plus chargé que l'autre.

6. Item, et seront tenuz lesdits esleuz de eulx enquérir ou faire enquérir se lesdits collecteurs leur auront au vray envoyé ledit nombre de feux de leurs parroisses ; et s'il estoit trouvé qu'il y eust aucuns d'iceulx esleuz ou greffiers, qui de certaine science envoyassent le nombre desdits feux de leur élection mendre qu'il ne seroit à la vérité ou qui aucune chose face ou seuffre recéler èsdits taux ou impostz, nous voulons que ceulx qui ainsi feroient soient pugniz comme faulsaires et à jamais privez de tous estatz, dignitez et offices royaulx quelzconques.

7. Item, et pour faire et escripre le papier desdits esleuz qui sera envoyé ausdits généraulx comme dit est, le greffier d'iceulx esleuz pourra avoir et prendre pour chacun fueillet contenant quarante lignes six deniers tournois seullement, lesquelz seront mis et imposez sur toute l'élection, et les payera le receveur audit greffier par certifficacion desdits esleuz et par sa quictance seullement, lesquelles

certifficacion et quictance luy suffiront pour tout acquict en la reddicion de ses comptes.

8. Item, et affin que pour apporter le papier desdits feux il y ait moins de fraiz et de despence, lesdits esleuz envoyeront par chacun an ausdits généraulx iceulx papiers desdictes assiettes par ceulx qui apporteront les doublemens et tiercemens des aides, et s'il y avoit aucuns lieux ou lesdits aides n'eussent cours, lesdits esleuz en ce cas les envoyeront par propre message, qui aura seullement cinq solz tournois pour chacun jour qu'il aura vacqué à les porter et s'en retourner, et ce que montera ledit voyage sera mis et imposé avec les autres fraiz de la taille et se payera par le receveur et par tauxacion desdits généraulx.

9. Item, et pour ce qu'il y peult avoir plusieurs lieux en ce royaume, èsquelz selon la situacion d'iceulx le peuple n'a pas si aisée forme de prouffiter que ès autres, et treuve l'en aucunes fois que les habitans d'aucuns pays sont plus puissans de supporter la taille que plus grant nombre d'abitans d'autre pays ne seroient, nous voulons que lesdits généraulx de noz finances voysent et envoyent souvent ès élections de leurs charges pour estre mieulx informez de la faculté et puissance du peuple de chacun pays, affin que ladicte taille ou impost puisse plus justement et éggallement estre départie aux ungs comme aux autres.

10. Item, et pour ce que, à cause de la multiplicacion des personnes qui se veullent exempter de payer tailles, les povres suppostz sont fort grevez, car par ce ilz sont de tant plus chargez qu'il y a moins de personnes contribuables, nous voulons et ordonnons comme dessus que tous noz officiers et semblablement les officiers des seigneurs particuliers et tous autres quelzconques non nobles soient tauxez, imposez et contrainctz à payer et contribuer auxdictes tailles, sans personne quelconque en exempter,

excepté seullement noz officiers ordinaires et commensaulx et ceulx qui par les ordonnances anciennes et qui par noz lectres et mandemens que envoyons pour mectre sus et asseoir lesdictes tailles nous voulons et mandons en estre exemptez[1].

11. Item, et affin que en ceste matière ne puisse avoir fraulde, nous voulons que, avec lesdits papiers d'assiettes que lesdits esleuz envoyeront chacun an ausdits généraulx de noz finances, ilz envoyeront aussy les noms de toutes les personnes non nobles qui s'efforceront exempter desdictes tailles et les causes pour quoy ilz prétendent avoir exemption et combien ilz pevent chacun porter de taux, pour y avoir tel regard que l'en verra estre à faire, mais que ce pendant lesdits esleuz ne laissent pas à les faire payer et contribuer auxdictes tailles.

12. Item, et pour ce que plusieurs plaintes sont venues à cause de ce que on dit que le fait des francs archiers a esté mal égallé et désparty par les lieux des élections de ce royaume, nous voulons que par tous lesdits esleuz chacun ès mectes de son élection soit égallé le fait desdits francs archiers selon le nombre des feux et la faculté et puissance de chacune parroisse, en manière que l'une parroisse ne soit plus chargée que l'autre, sans ce qu'il leur en soit besoing avoir autre commission ou mandement ores ne ou temps advenir que ceste présente nostre ordonnance.

13. Item, et pour ce que plusieurs capitaines desdits francs archiers ont voullu et veullent contraindre les parroisses dont ilz sont, à fournir iceulx francs archiers de plusieurs choses qui tournent à la grant charge et foulle du povre peuple, nous voulons que lesdictes parroisses ne soient tenues d'aucunes choses bailler ausdits francs archiers, fors

1. Cf. XVI, 7 et 8.

seullement habillemens de guerre quant nous les manderons pour aller en expédicion de guerre et non autrement.

14. Item, et quant lesdits francs archiers seront retournez à leurs maisons, ilz ne pourront user de l'abillement qu'ilz auront eu de la parroisse, fors seullement aux jours de festes quant ilz se vouldront essayer à tirer de l'arc, de l'arbaleste, ou autre chose pour soy excerciter et estre plus dextres pour secourir à la guerre, et aux jours qu'ilz seront à leur labeur, ne autrement ainsi que dit est, ilz ne pourront user dudit habillement.

15. Item, et pour ce que avons fait délivrer plusieurs brigandines à aucuns cappitaines desdits francs archiers pour distribuer ausdits francs archiers et encores pourrions faire ou temps advenir, nous voulons et ordonnons que par les dits esleuz ou leurs commis soit enquis quelle distribucion lesdits cappitaines auront fait desdictes brigandines, affin que la distribucion tourne à la descharge desdictes parroisses, et avec ce voulons que lesdits esleuz ou commis se enquièrent se iceulx cappitaines ont point prins d'argent de don pour bailler lesdictes brigandines, et que ceulx desdits cappitaines qui auront prins ledit don soient tenuz à le restituer et avec ce pugniz selon l'exigence du cas.

16. Item, et pour ce que plusieurs eulx disans archiers ou arbalestriers des villes et lieux où ilz sont, soubz umbre des previllèges desdictes villes, se veullent exempter de contribuer ausdictes tailles et autres aides et subvencions ordonnées pour la guerre, combien qu'ilz ne soient habilles, expers ne disposez pour servir en fait de guerre, et qui plus est, plusieurs gros marchans et puissans prenent et acquièrent le nom et tiltre desdits archiers et arbalestriers d'aucunes desdictes villes affin de demourer exemps par ce moien des choses dessusdictes, nous voulons et ordonnons, pour obvier à ce que dit est et pour tousjours descharger

nostredit peuple, que nul ne joysse des previllèges et franchises données pour lesdits archiers et arbalestriers s'il n'est expert et suffisant pour servir en sa personne ou fait de la guerre et en l'art et industrye à cause de quoy il prétend exemption ; toutesvoies, on ne doit entendre ne en ce comprendre ceulx qui, en nous servant audit excercice et qui auront esté habilles et expers, seroient par viellesse ou autre accident devenuz en impotence.

17. Item, et avec ce voulons et ordonnons que pour servir esdictes charges d'archier ou d'arbalestrier soient prins et esleuz personnes habilles et suffisans, qui facent le moins de marchandise et qui pourront le moins porter de tailles, aides et autres charges de la chose publicque, et ou cas que on y mectroit aucuns gros marchans ou autres personnes riches et puissans, ilz n'auront pas exempcion desdictes tailles ou aides, mais seullement seront exemps de certaine raisonnable et petite porcion, selon ce que doit communément avoir ung homme de l'estat ou industrie pour quoy ilz prétendent l'exempcion, laquelle porcion leur sera modérée et limitée par lesdits esleuz chacun en son regard, sur ce premièrement advertiz lesdits généraulx chacun en sa charge.

18. Item, et pour ce qu'il y a plusieurs grenetiers, esleuz, receveurs, contrerolleurs et autres officiers, qui à leur pourchaz ont trouvé moyen d'estre retenuz à noz souldes en l'ordonnance de nostre guerre prenans gaiges d'hommes d'armes ou archiers, et avec ce tiennent leursdits offices et prennent gaiges d'iceulx, ce qui ne se peult ne doibt raisonnablement faire et n'est possible que convenablement ilz desservent l'un et l'autre ensemble, nous avons voulu et ordonné, voulons et ordonnons que doresenavant aucuns esleuz, receveurs, grenetiers, contrerolleurs et autres officiers de semblable qualité n'aient et ne tiennent aucunes places esdictes ordonnances, et de tous ceulx qui doresenavant tiendront lesdictes places nous déclarons leurs

offices de la qualité dessusdicte estre vaccans et d'iceulx les privons et déboutons ou cas que dedens six semaines après la publicacion de ces présentes ilz ne seront départiz ou de l'ung ou de l'autre, non obstant quelzconques lectres qu'ilz aient de nous par avant la dacte de ces présentes, et avec ce voulons et ordonnons que nulz receveurs, soit des aides ou du payement des gens d'armes puissent avoir ou tenir aucuns offices d'esleuz, grenetiers, contrerolleurs ou autres semblables, supposé ores que ce soit en diverses élections ou provinces, ne aussy que aucuns esleuz, grenetiers[1], contrerolleurs ou autres semblables ne puissent tenir offices de recepte, soit des aides ou des tailles, et que par l'assécucion de l'ung desdits offices l'autre soit vaccant, et deffendons aux généraulx de noz finances qu'ilz ne le seuffrent ne permectent en quelque manière que ce soit ; toutesvoyes nous n'entendons pas que ung receveur des aides ou grenetier ne puisse avoir la commission de la recepte du payement des gens d'armes ou d'autres tailles, mais que ce soit en une mesme élection[2].

Si donnons en mandement à noz amez et féaulx gens de noz Comptes et généraulx, tant sur le fait de noz finances que de la justice desdits aides, aux esleuz sur le fait d'iceulx aides et à tous noz autres justiciers et officiers ou à leurs lieuxtenans et à chacun d'eulx si comme à luy appartiendra que nostre présente ordonnance ilz gardent et entretiennent et facent garder et entretenir, chacun en droit soy, de point en point sans enfraindre, en publiant et faisant publier cesdictes présentes ès fins et mectes de leurs juridicions, ainsi que en tel cas est acoustumé faire, afin que aucun n'en puisse prétendre cause d'ignorance, et à ce faire et souffrir contraignent ou facent contraindre tous ceulx qu'il appartiendra, par toutes voyes et manières en tel cas requises,

1. Le manuscrit porte *receveurs*.
2. Cf. XVI, 3.

non obstant opposicion ou appellacion quelconques, pour lesquelles ne voulons en estre aucunement différé ; et pour ce que de ces présentes on pourroit avoir à faire en plusieurs et divers lieux, nous voulons que au *vidimus* d'icelles, fait soubz séel royal ou autenticque, foy soit adjoustée comme à ce présent original. En tesmoing de ce, nous avons fait mectre nostre séel à cesdictes présentes.

Donné à Chinon, le IIIe jour d'avril, l'an de grâce mil CCCC cinquante neuf, avant Pasques, et de nostre règne le XXXVIIIe.

Ainssi signé sur le reply de la marge d'embas desdictes lectres : Par le roy en son Conseil, Delaloère.

Au dos desquelles lectres estoit escript ce qui s'ensuit : Leues et publiées en jugement en l'auditoire des esleuz à Paris sur le fait des aides ordonnez pour la guerre, le mercredi XIXe jour de novembre mil CCCC et soixante. Ainsi signé : P. Andry.

X

Sans date, règne de Louis XI. — Lettre des gens des finances au roi.

Bibl. Nat., ms. fr. 20486, fol. 169.

Nous publions le document ci-dessous, qui appartient au règne de Louis XI, afin de montrer que les gens des finances, c'est-à-dire les trésoriers et les généraux, constituaient un véritable conseil, distinct du Conseil privé, et où était discuté et décidé, sauf l'assentiment du roi, tout ce qui avait trait aux finances.

Au dos : Au roy, nostre souverain seigneur.

Sire, en ensuivant ce qu'il vous pleust nous dire lundi matin, nous vous envoyons par mémoire toutes les charges qui furent sur voz finances l'année passée, celles que vous y avez mises ceste année, ce qu'il fauldroit mectre sus oultre la valeur de vosdictes finances de cestedicte année se vous vouliez que tout fust payé, rabatu ce qui vous peut revenir à cause des parties qui y furent l'année passée, lesquelles n'y seront point ceste année, et aucuns adviz qui ont esté faiz de retranchemens, lesquelz nous vous supplions que vostre plaisir soit de les voir, car sans cela nous n'y oserions toucher pour ce que on a fait des retranchemens sur grans personnaiges, dont ne savons se serez content. Et toutesvoyes, la chose est si très hastive que nous doubtons qu'elle vous porte grant dommage pour ce que le paiement des gens d'armes est différé de mectre sus tant que l'on sache quelle somme il vous plaira que on mecte sus avec, car qui le feroit par autre assiette seroit ung grant bruit et pourroit on dire que ce seroient deux tailles en ung an. Et, se vostre plaisir n'est de le voir, au moins qu'il vous plaise commectre aucuns bons personnages pour y besongner et qui vous puissent aider avec nous à porter le fez des criz qui en pourroient estre.

Sire, nostre petit advis si est que le moins que vous pourrez charger sur vostre peuple sera le meilleur, car, quant vous vouldrez que toutes les charges que avez ordonnées soient entièrement payées, il fauldroit mectre sus par taille, oultre le paiement des gens d'armes, plus que tous les aides et équivalent de tout vostre royaume, réservé l'équivalent de Languedoc, ne montent, qui ne peut estre sans grant cry.

Au surplus, sire, nous avons actendu Estienne de Mazeau, gendre de vostre hoste de ceste ville, lequel, ainsi que nous aviez chargié, nous avons envoyé quérir et vint hier. Nous lui avons parlé de ce que nous aviez chargié lui dire, c'est assavoir s'il vouldroit prendre la charge de la recepte générale et du fait de vostre Chambre. Il nous dist qu'il auroit advis sur ce, et, peu après, vint devers nous et nous fist responce qu'il prendroit voulentiers la charge de la Chambre, mais non point de la recepte générale, et, à ce qu'il nous dist, il entendoit que ce fust la Chambre aux deniers, qui est le fait de vostre despence. Nous lui feismes entendre que c'estoit, et lors nous requist terme à huy de nous y faire responce, ce que luy accordasmes, et au jour d'uy est venu et nous a dit qu'il estoit content de accepter tout, mais qu'il n'eust point la charge de paier ce mois, et toutesvoyes il entend que ses assignacions commencent le premier jour d'octobre, dont il seroit jà escheu deux mois ; mais, comme lui avons remonstré, il est nécessité que, soit lui ou autre qui en ait la charge, il faut qu'il entre dès maintenant en l'office et paye ce mois, car autrement ne se pourroit vostre fait conduire ; et, quelque chose que luy ayons sceu dire, ne l'a voulu accepter, sinon qu'il ne payast riens de ce mois et qu'il commençast à paier à la fin de l'autre mois qui vient ; et, à ce que nous avons peu congnoistre de lui, il n'est pas délibéré de y mectre du sien que de IIII^{m} à V^{m} f., qui n'est pas la tierce partie de ce qu'il y fault avancer. Pour ce, sire, s'il vous plaist ordonnerez sur tout vostre plaisir.

Sire, nous prions à nostre Seigneur que par sa sainte grâce vous doint santé et bonne vie.

Escript à Orléans, le XXVIe jour de novembre.

Voz très humbles et très obéissans subgetz et serviteurs, les gens de voz finances.

La signature manque, le bas du feuillet ayant été coupé à la reliure. Une autre lettre des gens des finances, conservée dans le ms. 20485 fol. 89, est signée : « *Voz très humbles et très obéissans subgetz et serviteurs les gens de voz finances estans à Tours, Flameng* ». Ce Flameng était un des secrétaires ayant pouvoir de signer en finances.

XI

Sans date, entre 1495 *et* 1500 — *Circulaire du général P. Briçonnet, sur l'assiette et la levée de la taille.*

Bibl. Nat., ms. fr. 5910 en entier.

Cette pièce doit être rapportée aux dernières années du xve s., car P. Briçonnet devint général de Languedoil le 16 mars 1495 et la qualification de maître, qui lui est donnée ci-dessous, ne lui convient que jusque vers 1500, époque où il fut fait chevalier.

Instruction faicte par Me Pierre Briçonnet, conseiller du roy nostre sire et général des finances en la charge et généralité de Languedoil en la présence de Mᵉ Nicole Chevalier, notaire et secrétaire du roy nostre sire et son procureur général sur le faict des aides, sur la forme et manière de asseoir et faire venir ens les deniers des aydes et tailles pour le soullaigement du peuple et obvier à toutes exactions et abbuz dont les instructions et ordonnances royaulx sur ledit faict des aydes ne font assez avant mention et ce par forme de bon advis et addition à icelles jusques à ce que le roy nostredit seigneur y ait plus amplement pourveu.

1. Premièrement, que les esleuz et autres commissaires à mectre sus et imposer la portion de la taille qui leur sera envoyée en chacune ellection mectront toute peine et diligence de asseoir et départir leur portion le plus justement, loyaument et égallement que faire se pourra en gardant tousjours égallité et que ce soit le fort portant le foible[1].

2. Item, que à faire ladicte assiete d'icelle taille tous les esleuz en chef et en leurs personnes seront tenuz d'y estre ensemblement en leurs auditoires et chambres, s'aucuns en ont, ou autre lieu honneste qu'ilz verront estre plus convenable pour ce faire et appelleront avec eulx les greffiers, receveurs et procureur du roy en chacune desdictes élections pour loyaument les conseiller sans acception, affection ou faveur d'aucunes personnes ne charger l'un plus que l'autre pour prières, requestes, port, faveur, crainte ou autrement pour quelque autre cause que ce soit et de ce en seront leurs consciences chargées[2].

3. Item, ne asserront lesdits esleuz aucuns deniers ne autre plus grant somme que la commission à eulx envoyée contiendra, sur peine d'amende arbitraire et d'estre privez

1. Cf. IX, 1.
2. Cf. VII, 16. XIII, 36 et XVI, 6.

de leurs offices, et, partant, seront tenuz lesdits esleuz de chevaucher et visiter leur ellection, tant en faisant les baulx des fermes d'icelle que autrement pour enquérir et savoir la faculté des habitans d'icelle et de faire dire et signifier ausdits habitans et subjectz de bouche ou par escript en leurs auditoires aucun temps paravant que faire ladicte assiete et au bail desdictes fermes qu'ils baillent ausdits esleuz leurs requestes et doléances des infortunes, pertes et dommaiges, s'aucunes en ont eu l'année précédant, pour y avoir par lesdits esleuz tel regard que de raison en faisant ladicte assiete desdictes tailles, autrement, après ladicte assiete faicte, aucun rabbaiz ou diminution ne leur sera faicte de leur portion d'icelles tailles[1].

4. Item, et après l'assiete et département ainsi faictz par lesdits esleuz, sera fait par le greffier de l'ellection trois papiers d'icelle assiete dont l'un demourra par devers lesdits esleuz et greffier et l'autre sera baillé au receveur et le tiers envoyé aux généraulx des finances.

5. Item, ce fait, le greffier fera incontinant les commissions de la porcion ordonnée à chacune parroisse escriptes à la main, qui seront envoyées ausdictes parroisses ; lesquelles receues par les habitans d'icelles, la plus grant et saine partie d'entre eulx contribuables ausdictes tailles se assembleront incontinant au son de la cloche ou autrement devant le curé ou chappellain d'icelle parroisse, le tabellion ou notaire du lieu, sur peine de telle amende arbitraire qui leur sera imposée en leur commission de ladicte taille par lesdits esleuz, et illec esliront[2] certain nombre d'entre eulx pour asseoir et esgaller sur chacun desdits habitans et eulx, le fort portant le foible, leurdicte part et portion d'icelles tailles ; et ce fait feront ladicte ellection de personnes ro-

1. Cf. XIII, 37 et XVI, 4.
2. Cf. l'art. 11 du nº XVI et la note qui y est jointe.

turières et contribuables ausdictes tailles, qui ne soient nobles, officiers ne autres privillégiez, et prandront partie des puissans et partie des moyens et l'autre partie des petiz autant de l'un que de l'autre en tel nombre et portion que sera nécessaire et par eulx advisé, qu'ilz feront jurer comme dessus que bien loyaument et esgallement ilz feront le département de ladicte taille sans avoir à l'un plus que à l'autre faveur, craincte par amour, proximité de lignaige ne autrement.

6. Item, ne seront esleuz pour faire ladicte assiete ceulx qui en l'année précédente l'auront faicte, mais seront changez chacun an à son tour, si ce n'est qu'il soit autrement advisé entre eulx de prendre et continuer les aucuns pour le bien et utilité des parroissiens.

7. Item, que lesdits asséeurs ainsi esleuz se assembleront en quelque lieu en secret, et illec procéderont à faire ledit département et assiete le plus égallement qu'ilz sauront et congnoistront en leurs advis et consciences, le fort portant le foible, et n'y mectront ne asserront aucune chose oultre la portion de ladicte taille pour quelque cause que ce soit, fors seullement le droit des collecteurs jusques à douze deniers pour livre et au dessoubz, et n'y pourront estre présens ny assister à faire ledit département aucunes gens d'église, nobles, officiers ne autres privillégiez sur peine d'amende arbitraire à l'ordonnance des généraulx ou esleuz[1].

8. Item, et lequel département et assiete ainsi faiz sur chacuns parroissiens et habitans d'icelle, feront dire et signifier au prosne de leur église ou autre part en public par deux ou trois jours, que, s'il y a aucun qui vueille prandre à lever ladicte taille au rabbaiz desdits douze deniers pour

1. Cf. XIII, 37 et suiv., et XVI, 10.

livre, il y sera receu dedans huitaine et non plus, pourveu qu'il baille bonne caution d'un quartier que se montera ladicte taille.

9. ITEM, et si aucun ne prend ladicte taille au rabbaiz dedans ladicte VIIIme lesdits habitans esliront par la forme que dessus ung, deux ou trois collecteurs selon la grandeur de ladicte parroisse, suffisans et solvables, autres que ceulx qui auront fait ledit département, pour cueillir, recevoir et faire contraindre à paier et porter par devers les receveurs les deniers de ladicte taille, lesquelz collecteurs ainsi esleuz ne pourront reffuser ladicte collecte de quatre ans en quatre ans, chacun an son tour, selon la quantité des habitans de ladicte parroisse et n'auront pour leur salaire et de porter les deniers ausdits receveurs que lesdits douze deniers pour livre ou au dessoubz comme dict est.

10. ITEM, et ou cas que lesdits habitans douze jours après leur commission receue n'ayent esleu asséeurs et depparteurs et fait leur assiete et depputé collecteurs par la manière que dit est, iceulx habitans encourront en l'amende arbitraire déclairée en leurdicte commission et y sera au surplus pourveu par lesdits esleuz, appellez lesdits receveurs ou leurs commis, en manière que les deniers du roy soient paiez et autrement ainsi qu'ilz verront estre à faire par raison.

11. ITEM, seront tenuz lesdits collecteurs ou l'un d'eulx quinze jours après ladicte assiete faicte sur peine d'amende d'amende arbitraire d'apporter devers les esleuz ou leurs commis ou lieu et siège dont ilz seront de ressort icelle assiete en deux roolles, l'un signé du curé ou vicaire ou tabellion du lieu, lesquelz esleuz ou commis les collacionneront et retiendront le roolle signé, et signeront l'autre qu'ilz bailleront aux collecteurs, et auront dix deniers pour leur collacion et non plus en ensuivant les ordonnances ; et ou-

dit roolle qui sera baillé ausdits collecteurs signé par les esleuz seront par escript au long les sommes dedans contenues[1].

12. ITEM, lesdits collecteurs, aussi selon lesdictes instructions et ordonnances royaulx, auront, s'ilz veullent, commission de leur povoir sans fraiz ne aucune chose paier aux esleuz ou greffiers, et seront en exerçant leur charges repputez officiers royaulx, et leur sera obéy comme à sergens, et pourront seullement exécuter et gaiger lesdits habitans redevables présens tesmoings et leur bailler jour d'apporter argent sans prandre sallaire, et, s'aucuns deffaillent, leur feront lesdits collecteurs signifier la vente de leurs gaiges par ung sergent, et, le jour escheu pour faire ladicte vente, les pourront faire vendre par ledit sergent[2].

13. ITEM, et, où lesdits collecteurs seroient négligens et deffaillans de apporter leursdits roolles et assietes particullières, ilz seront adjournez à la requeste du procureur du roy à certain jour, tant pour apporter lesdits roolles que veoir déclairer estre encouruz ès peines à eulx indictes, et, si aux deux injunctions ilz deffaillent, ilz encourront esdictes peines et seront déclairez y estre encouruz par lesdits esleuz, et feront les exploictz sur ce nécessaires les sergens desdits receveurs et commis en faisant leurs courses, cérimonies et exécutions sur lesdits collecteurs, dont ilz ne prandront aucun salaire, si n'est par ordonnance desdits esleuz.

14. ITEM, et ne seront aucuns receuz en matière de surcéance ne autrement opposant sinon au dedans de deux mois après la réception de la commission particulière de ladicte taille et que l'assiete d'icelle et leur taux ainsi faiz que

1. Cf. IX, 2 et suiv., et XIII, 38.
2. Cf. XIII, 50.

dessus leur auront esté signifiez ou seront venuz à leur congnoissance, et, néantmoins, les opposans, si aucuns en y a, quelz qu'ilz soient, seront tenuz de garnir et paier leurs taux ès mains desdits collecteurs, non obstant leur opposition ou appellacions quelzconques, excepté les privillégiez en faisant promptement au dedans de certain délay compétant à eulx préfix apparoir de leurs privilleiges deuement approuvez, vériffiez et possédez ; et, au jour assigné sur l'opposition sera sommairement et de plain et sans figure de procès ne forme de jugement fait droit aux parties selon et en ensuivant lesdictes instructions et ordonnances royaulx[1].

15. Item, tous sergens qui besongneront sur le faict desdits aides et tailles, tant à la requeste des receveurs ou leurs commis que des collecteurs et fermiers, n'auront et ne prendront de adjournement que quatre deniers tournois, d'exécution douze deniers, et pour tout ung jour, tant facent ilz d'adjournemens et exécutions, que sept solz six deniers tournois sans despens, et, si plus en font qui excédent ladicte somme, ilz seront paiez par égalle portion sur les collecteurs et autres débiteurs et redevables jusque à ladicte somme de sept solz six deniers tournois, et, si plus en exigent lesdits sergens, ilz seront tenuz et condempnez à la restituer aux parties et en l'amende du quadruple envers le roy et privez de leurs charges et commissions desdits aides et tailles[2].

16. Item, et pour mieulx faire entretenir ladicte ordonnance, lesdits receveurs d'iceulx aides et tailles ou leur commis n'envoyeront lesdits sergens sur lesdits collecteurs et fermiers que quatre jours ne soient passez après le terme escheu et leur bailleront et proporcionneront leurs journées raisonnablement, selon qu'ilz verront que lesdits sergens

1. Cf. la note 1 de la p. 30.
2. Cf. VII, 17 et XIII, 49.

pourront faire ou exploicter des parroisses ou exemptions par jour, affin qu'ilz soient paiez *pro rata* sur lesdits redevables desdits VII s. VI d. par jour, et, s'ilz ne sont paiez par lesdits redevables, ilz le diront à leur retour ausdits receveurs et commis qui les feront paier à la raison quant lesdits collecteurs et redevables viendront faire leur paiement et apporter argent ausdits receveurs ou commis sans par eulx en riens retenir sur lesdits sergens sur les peines que dessus.

17. ITEM, et lesquelz sergens feront pour la première course et semonce commandement de par le roy ausdits collecteurs, fermiers et redevables et sur peine de prison et de leurs biens estre venduz d'apporter les sommes par eulx deues devers lesdits receveurs ou commis dedans le temps et terme à eulx préfix qui sera de huit jours après ladicte semonce.

18. ITEM, et dedans ledit terme iceulx collecteurs, fermiers et redevables deffaillans d'apporter ce qu'ilz doyvent, en ce cas et non plus tost, lesdits receveurs ou leur commis pourront de rechef la seconde course et semonce envoyer sur lesdits collecteurs, fermiers et redevables et leurs pleiges, s'aucuns en ont, et les faire contraindre par emprisonnement de leurs personnes et vente de leursdits biens à paier lesdits receveurs ou commis en prenant tousjours ledit sallaire de VII s. VI d. par jour et non plus.

19. ITEM, et en faisant ladicte semonce et contraincte, sera signifié par lesdits commissaires sergens aux procureurs des fabriques et à trois, quatre, cinq ou six des plus récéans et raisonnables de la paroisse que, si leursdits collecteurs ne payent et apportent ce qu'ilz et lesdits habitans doyvent ausdits receveurs[1] ou commis dedans huit autres

1. Le manuscrit porte *receveur*.

jours après ledit exploict et signification, que l'on se prandra à eulx et chacun d'eulx tant à leurs personnes que à leurs biens.

20. ITEM, et, ou cas que lesdits collecteurs n'auront paié lesdits receveurs[1] ou commis après la seconde semonce, exécution et emprisonnement de leurs personnes, vente et exploictation de leurs biens faiz par la manière dessusdicte, iceulx receveurs ou commis pourront pour la tierce foiz envoyer quérir prisonniers ceulx desdits habitans ausquelz aura esté faicte ladicte signification ou autres recéans de ladicte parroisse et pareillement prandre de leurs biens jusques à ce que lesdits receveurs ou commis soient paiez ou contens de ce que leur sera deu à cause de ladicte taille par lesdits habitans ; et, partant, aucuns desdits habitans qui ne seront collecteurs ne pourront estre ne leurs biens prins jusques à ce que les sergens ayent acomply ce que dit est, ne pareillement ceulx qui viendront aux villes, foires et marchez, sur peine ausdits sergens d'estre ostez et privez de leurs commissions et charges et d'amende arbitraire.

21. ITEM, et en ce faisant, ceulx qui ainsi seront arrestez et faiz prisonniers par le deffault de paiement fait par lesdits collecteurs auront recours de leurs dommaiges et despens sur lesdits collecteurs et lesdits collecteurs sur ceulx qui n'auront paié leur taux, ainsi qu'il appartiendra, à l'ordonnance des esleuz, sans sur ce faire procès ordinaire ne mectre les parties en aucuns fraiz ; et, de tout ce, feront lesdits sergens mémoire et registre pour en respondre, bailler le double de leurs exploictz ausdits receveurs, leurs commis et autres qu'il appartiendra, toutes et quantesfois que besoing en sera et requis en seront.

22. ITEM, sera advisé quel nombre de sergens conviendra en chacune recepte, grande et petite, et en chacun siége

1. Le manuscrit porte *receveur*.

particulier d'icelle, qui seront prins et choisiz par les receveurs ou leurs commis à leurs périlz s'ilz leur donnent charge de recevoir argent et par eulx nommez aux esleuz qu'ilz soient suffisans et cautionnez et qui bailleront caution, c'est assavoir, ceulx qui besongneront pour les receveurs ou commis de quarante livres tournois, et ceulx qui seront commis en chastellenies, s'aucuns y en convient et y soient mis, de dix livres tournois, de bien et loyaument faire et exercer leurs charges et commissions eulx mesmes en leurs personnes sans y en commectre d'autres et sur les peines que dessus et ainsi le jureront faire par devant lesdits esleuz, desquelz ilz prandront lectre et commission, dont ilz ne paieront au greffier pour la façon, escripture, signature et cire aucune chose, et aussi, pour plus grand auctorité et leur estre mieulx obéy, la pourront prandre, si bon leur semble, des généraulx, tant desdictes finances que de la justice desdits aides, en ensuyvant leurs povoirs et lesdictes ordonnances royaulx[1].

23. Item, et seront nommez lesdits sergens par leurs exploictz et contrainctes desdits receveurs ou commis, lesquelz bailleront par escript ausdits esleuz les parroisses qu'ilz auront baillées pour l'année à chacun desdits sergens qui seront tenuz de servir et obéir ausdits esleuz et receveurs.

24. Item, et en oultre jureront lesdits sergens que par don, promesse ou autrement ne supporteront aucuns de la contraincte et exécution qui leur sera requise et baillée et aussi ne contraindront l'un pour supporter l'autre, sur peine d'amende arbitraire, et qu'ilz ne prendront don, proufit ne salaire autre que celluy qui est ordonné cy dessus et par lesdictes instructions et ordonnances royaulx.

25. Item, et affin que toutes personnes puissent estre ad-

1. A voir les textes indiqués dans la note 1 de la p. 62.

vertiz et assavantez de ce que dit est, lesdits esleuz seront tenuz chacun an faire lire et publier publicquement à haulte voix en leurs auditoires par trois jours ordinaires avant le commancement de l'année et de l'assiete desdictes tailles ou tantost après icelle faicte, et ordonner aux receveurs, leurs commis, sergens, collecteurs, fermiers et habitans de leur élection de garder et fa[ire garder les instructions et ordonnances] dessusdictes.....

Par suite de la lacération d'un feuillet, les derniers mots, d'ailleurs sans importance, de ce texte manquent.

XII

Lyon, 24 juin 1500. — *Edit sur la juridiction de la Cour des aides*[1], *des élus et des grenetiers.*

Bibl. Nat., ms. fr. 18487, fol. 93 v° et suiv. — Publ. Corbin, 1 ; Fontanon, II, 703 ; *Ord.*, XXI, 256.

Loys, par la grâce de Dieu roy de France, à tous ceulx qui ces présentes lectres verront, salut. Comme d'ancienneté et dès le temps que les aides, tailles et gabelle furent mis sus en nostre royaume, pour les deniers d'iceulx employer en la protection et deffense des subgectz et chose publicque d'icelluy, noz prédécesseurs roys aient fait, constitué, ordonné et estably par les diocèses, bonnes villes et autres lieux dudit royaume esleuz sur le fait d'iceulx aides et tailles, grenetiers et contrerolleurs sur le fait de ladicte gabelle pour en congnoistre, discuter et déterminer en première instance en tous cas civilz et criminelz, et en cas d'appel, derrenier ressort et souveraineté généraulx et conseilliers faisans corps et court souveraine sur ledit fait ; et, depuis

1. A voir, sur les pouvoirs de la Cour, sa procédure, sa composition, etc... le recueil contenu dans les 105 premiers fol. du ms. fr. 18487 de la Bibliothèque nationale.

subséquemment, nosdits prédécesseurs, de si long temps qu'il n'est mémoire du contraire, en faisant et continuant les ordonnances et instructions[1] sur icelluy fait des aides, tailles et gabelle, et aussy quant aucuns différens sont sours à cause de la juridicion et ressort d'iceulx, aient par plusieurs et diverses foiz voulu, ordonné et déclaré par édict et ordonnance irrévocable que la congnoissance, ressort et juridicion desdits aides, tailles et gabelle, qui sont les IIII°, VIII°, imposicion de douze deniers pour livre, imposicion foraine, équivalent, octroiz, composicions, dons, récompenses, assignacions, creues, traictes, quart de sel, fournissemens de greniers à sel, et de tous autres aides quelzconques mis sus pour le fait et conduicte de la guerre, tuicion et deffense dudit royaume et autres pays, terres et seigneuries, des subgectz, villes et places d'iceulx, quelzet comment qu'ilz soient ditz, nommez, appellez, censez et réputez, et des circunstances et deppendences d'iceulx entre quelzconques personnes et de quelque auctorité, prévillège et liberté qu'ilz soient fondez, en tous cas civilz et criminelz, seront, demourront et appartiendront, c'est assavoir ausdits esleuz, grenetiers, contrerooleurs et autres juges desdits aides ordinairement en première instance, chacun en ses termes et limites, tant des élections, greniers à sel que autres juridicions, et en cas d'appel, souveraineté et derrenier ressort ausdits généraulx et conseilliers faisans, comme dit est, corps et court souveraine quant au fait de la justice d'iceulx aides, et tout ainsi que des causes ordinaires non touchans et regardans lesdits aides la congnoissance en appartient en première instance aux bailliz, prévostz, séneschaulx et autres juges ordinaires dudit royaume, et en cas d'appel et souveraineté à noz Cours de Parlement, en sépa-

1. Louis XI par lettres du 17 décembre 1464 (*Ord.*, XVI, 280) et Charles VIII, par lettres du 8 septembre 1486 (*Ibid.*, XIX, 669), avaient expressément confirmé et renouvelé les ordonnances antérieures relatives aux pouvoirs de juridiction des élus et des généraux des aides.

rant et divisant de tous pointz la justice, juridicion et ressort desdits aides des autres justices, juridicions, causes et matières ordinaires, et en ostant la congnoissance d'iceulx ausdictes Cours de Parlement, Chambre des Comptes, maistres et conseilliers des Requestes, juges ordinaires, reffor-mateurs, commissaires et autres personnes quelzconques, et leur deffendant expresséement que par voyes directes ou obliques ilz n'en entrepreignent court ou congnoissance en aucune manière, en mectant au néant leurs sentences, jugemens et appoinctemens qu'ilz pourroient faire ou feroient au contraire et les déclarant nulz et du tout non vallables ; et se lesdits autres juges ou officiers s'efforçoient de faire ou entreprendre aucune chose à l'encontre, que nostre procureur général sur le fait desdits aides les en peust poursuyr par devant lesdits généraulx conseilliers et iceulx généraulx les actraire, pugnir et condampner en amendes et aussy par privacion et suspencion d'offices et autrement, ainsi qu'ilz verront au cas appartenir : ce non obstant, il nous a esté remonstré et summes deuement advertiz que plusieurs juges et officiers ordinaires en divers lieux et juridicions de nostredit royaume et aussy noz Cours de Parlement se sont par cy-devant ingérez et efforcez d'entreprendre congnoissance et juridicion du fait des aides dessusdits, circunstances et deppendences d'iceulx et enveloper les parties en grant involucion de procès par devant eulx sans vouloir cesser d'en congnoistre ne les renvoyer par devant nosdits généraulx conseilliers, esleuz, grenetiers et autres juges desdits aides et chacun d'eulx en son regard, limite et ressort ; dont, à ceste cause, les deniers procédans d'iceulx aides, qui doivent estre promptement levez et paiez et les débatz et procès qui en sourdent sommairement et de plain vuydez, en ont esté et plus pourroient estre en l'advenir retardez, empeschez et assoupez, à nostre très grant dommage et préjudice, dangier et retardement de noz affaires et de la deffense de noz royaume, pays, seigneuryes et subgectz qui sont secouruz, conduitz et entretenuz des deniers venans d'iceulx aides, se par nous les instructions, ordonnances, statuz, édictz, déclaracions, provisions et lectres données par nosdits prédécesseurs faisans mencion des aides et choses dessus déclarées n'estoient confermez, louez, ratiffiez et approuvez et par nous de nouvel faitz, ordonnez, statuez et ampliffiez, pour l'acomplissement et entretènement d'iceulx et de l'auctorité, ressort et juridicion de ladicte Court, juges et officiers desdits aides, ainsi que ont fait nosdits prédécesseurs selon la disposicion et variacion des temps et que besoing en a esté, si comme l'en nous a plusieurs foiz dit et remonstré en grant et notable assemblée des princes et seigneurs de nostre sang et lignage et gens de nostre Conseil ; au moyen de quoy nous avons fait extraire de nostre Court souveraine desdits aides à Paris les instructions, ordonnances, édictz, déclaracions, provisions, arrestz et jugemens faisans mencion des choses dessusdictes et iceulx fait apporter par devers nous pour et afin d'en faire donner et octroyer nouvel édict, confirmacion, déclaracion et provision sur ce.

Savoir faisons que nous, voulans lesdictes instructions, statuz et ordonnances royaulx faitz, establiz et ordonnez par nosdits prédécesseurs roys touchant le fait, juridicion, auctorité, congnoissance et ressort desdits aides, tailles et gabelles, et leurs circunstances et deppendences estre gardez, entretenuz et observez de point en point sans enfraindre ne aucunement y déroguer, après ce que nous avons fait veoir lesdictes ordonnances, édictz, déclaracions, provisions, arrestz et jugemens dessus déclarez par les gens de nostredit Conseil et iceulx fait rapporter par devant nous en grant assemblée des princes et seigneurs de nostre sang et lignage et gens de nostredit Conseil, nous, pour ces causes, pour le bien et conservacion de nostre estat et subvencion de noz affaires, protection et deffense de nosdits royaume, pays et seigneuries et des subgectz, villes et places d'iceulx, résistance et expulsion de noz ennemys et adversaires et autres grans regards et considéracions qui à ce nous ont raisonnablement meu et meuvent, avons, de nostre propre science et voulloir, et aussy par la délibéracion, advis et conclusion des dessusdits, et afin que cy-après aucun trouble, différent, destourbier ne empeschement n'y soient mis par nosdictes Cours de Parlement, juges et officiers ordinaires, lesdictes instructions, ordonnances, édictz, déclaracions, provisions et tout le contenu ès lectres de nosdits prédécesseurs touchant le fait, congnoissance, ressort et juridicion desdits aides, tailles, gabelle et autres dessus déclarez, confermez, louez, aggréez, ratiffiez et approuvez, et, par ces présentes, de nostre plaine puissance et auctorité royal, confermons, louons, aggréons, ratiffions et approuvons, et voulons icelles estre et demourer en leur force et vertu.

Et, néantmoins, en ce faisant, avons voulu, statué, ordonné et déclaré, voulons, statuons, ordonnons et déclarons de rechef et d'abondant par ordonnance, édict et statut royal, perpétuel et irrévocable, que, de toutes les causes, querelles, débatz, rébellions, injures, oultrages, bateures, meurtres, exactions, concussions, frauldes, faultes et quelzconques excès, crimes, délictz, maléfices, faulsetez, procès et matières qui viendront, sourdront et procéderont de tout le fait desdits aides, tailles, gabelle, IIIIe, VIIIe, imposicion foraine et autres imposicions, équivallent à icelles, octroiz et composicions en lieu de tailles et aides, dons, récompenses, assignacions, creues, traictes, quart de sel, fournissemens de greniers à sel et de tous autres aides, dons, octroiz et impostz mis sus et à mectre en l'advenir par nous et noz successeurs pour le fait et conduicte de la guerre entretènement de nostre estat, de la maison de France, des princes et seigneurs de nostre sang et lignage et autres grans personnages et gens de nostre Conseil, tuicion et deffense de nosdits royaume, pays, terres et seigneuries, des subgectz, villes et places d'iceulx, comment qu'ilz soient nommez, appellez, censez et réputez, leurs circunstances et deppendences, lesdits esleuz, grenetiers, contreroolleurs et autres juges desdits aides, chacun en leur élection, grenier, fins et limites de leurs ressors et juridicions, en congnoissent, décident et déterminent en première instance, congnoistront, décideront et détermineront ordinairement, et nosdits généraulx conseilliers faisans corps et court souveraine sur le fait de la justice desdits aides en cas d'appel, derrenier ressort et souveraineté en tous cas civilz et criminelz, de quelque qualité qu'ilz soient, et jusques à condamnacion et exécucion corporelle et mesmement de mort et abscision de membres inclusivement, se le cas y advient et eschet, entre les receveurs, fermiers, collecteurs et officiers, tant à cause de leurs offices que autrement, et quelzconques autres personnes que ce soient, de quelque estat, auctorité ou previllége qu'elles usent ou soient fondez, ès choses touchans et regardans le fait des aides dessusdits, circunstances et deppendences d'iceulx, et tout ainsi que des causes ordinaires non touchans et concernans le fait desdits aides, les prévostz, bailliz, séneschaulx et autres juges ordinaires de nostredit royaume ont acoustumé congnoistre et congnoissent en première instance, et en cas d'appel et derrenier ressort nosdictes Cours de Parlement, sans ce que icelles noz Cours de Parlement ne autres juges ordinaires ou commissaires quelzconques, tant séculiers que ecclésiastiques, en puissent ne leur loise ores ne pour le temps advenir prendre ou retenir aucune court, juridicion ou congnoissance, soit en première instance, en cas et matière d'appel, ne autrement en quelque manière que ce soit, et laquelle nous leur avons à tousjours interdicte et deffendue, interdisons et deffendons par cesdictes présentes.

Toutesvoyes, nous voulons et entendons que nosdits généraulx conseilliers avec le président de nostredicte Court des aides, qui sont en nombre huit, soient tous présens et assistans ausdits jugemens criminelz, mesmement quant les cas requerront condampnacion de mort ou abscision de membres, se faire se peult ; sinon, et aucuns d'eulx soient absens, que nosdits généraulx des aides appellent pour assister avec eulx ausdits jugemens et condampnacion de mort ou perdicion de membre aucuns noz officiers ou gens de conseil qui soient personnes notables, graduez, lectrez et congnoissans ou fait de justice et judicature, et tellement qu'ilz soient tousjours ausdits jugemens et condampnacions jusques audit nombre de huit juges du moins.

Et, en oultre, en ensuyvant les édictz, ordonnances et déclaracions de nosdits prédécesseurs, avons déclaré et déclarons ce qu'ilz auroient fait, feroient ou feroient faire au contraire estre du tout non vallable ne sortir aucun effect, et, que, ce non obstant, nosdits généraulx [conseilliers] en nostredicte Court souveraine desdits aides, esleuz, grenetiers, contrerooleurs et autres juges et officiers d'iceulx aides, chacun en son regard, ressort et limite comme dit est, y pourvoient et en ordonnent, décident et déterminent selon l'exigence des cas ainsi que dessus est dit et que contiennent au surplus lesdictes instructions, ordonnances, édictz, déclaracions et provisions sur ce faictes par nosdits prédécesseurs.

Et, pour faire tenir, acomplir et exécuter les arrestz et jugemens criminelz de nosdits généraulx conseilliers en nostre Court desdits aides, les sentences et appoinctemens desdits esleuz, grenetiers, contreroolleurs et autres juges inférieurs et officiers d'iceulx aides, nous commandons et enjoignons par exprès et voulons estre commandé et enjoinct toutes et quantes foiz que besoing sera par nosdits généraulx conseilliers et Court desdits aides, esleuz, grenetiers et autres juges et officiers d'iceulx à tous noz juges et officiers ordinaires et autres officiers de nostredit royaume, pays, terres et seigneuries, de quelque estat et auctorité qu'ilz soient fondez, qu'ilz leur baillent conseil, confort, secours et ayde avec prisons, ostilz pour faire tortures et questions, sergens et exécuteurs de haulte justice, et toutes les autres choses requises et necessaires pour faire et acomplir lesdits procès criminelz et exécucions d'iceulx, et ce sur peine de privacion de leurs offices, estatz et charges, de condempnacion d'amendes arbitraires envers nous et d'estre pugniz comme rebelles et désobéissans à noz statutz, édictz et ordonnances.

Et, pour ce que souventes foiz advient que aucunes personnes, pour obvier et empescher le payement de nosdits aides et deniers, par erreur, malice, inadvertance ou autrement, s'efforcent introduire causes et matières du fait d'iceulx aides et des deppendences, mectre et tenir en procès noz fermiers desdits aides, collecteurs de tailles et autres parties et personnes, tant en nosdictes Cours de Parlement que par devant autres juges séculiers et ecclésiastiques, et tellement que nosdits aides et les deniers procédans d'iceulx en sont grandement diminuez, longuement retardez et bien souvent du tout assouppez, et nosdits fermiers, collecteurs et autres fort traveillez et endommagez, nous, pour à ce obvier et pour les causes que dessus, voulons et ordonnons que nosdits généraulx conseilliers, esleuz, grenetiers, contreroolleurs et autres juges et officiers du fait desdits aides, chacun en son regard, contraignent les parties qui ainsi auront intenté procès de matières des aides dessusdits et des deppendences d'iceulx, soit en nosdictes Cours de Parlement ou par devant quelzconques autres juges séculiers ou ecclésiasticques, à cesser d'en faire poursuite par devant eulx et de les faire venir procéder esdictes causes et matières d'aides par devant nosdits généraulx conseilliers, esleuz, grenetiers, contreroolleurs et autres officiers desdits aides, chacun en son regard et ressort comme dit est, tant par commandemens, deffenses, multes et injunctions de grans peines arbitraires, déclaracions et condampnacions et à tenir prison jusques à plain payement d'iceulx en cas de reffus, contredict ou délay, et ès despens, dommages et interestz de la partie acquiesçant et venant procéder par devant les juges desdits aides, et que lesdits juges d'iceulx aides donnent et baillent sur ce leurs arrestz, appoinctemens et sentences selon que le cas le requerra et les facent exécuter réaument et de fait sur eulx et ainsi qu'il appartiendra, non obstant tous autres jugemens que pourroient faire au contraire lesdits juges ordinaires et autres touchant le fait et matière des aides dessusdits, lesquelz ne voulons avoir lieu ne sortir aucun effect, mais les mectons du tout au néant, [non obstant] opposicions, appellacions et deffenses quelzconques, pour lesquelles ne voulons estre différé ne nosdits officiers des aides eulx y arrester ne par eulx différer de congnoistre et discuter desdictes matières et procès d'aides, tailles, gabelle, et autres dessus déclarez et deppendences d'iceulx, tant civilz que criminelz, de quelque qualité et calification qu'ilz soient et quelzconques ordonnances, lectres, provisions et mandemens à ce contraires.

Et, néantmoins, voulons et ordonnons que en ensuyvant aussy ce que fait et ordonné a esté par cy-devant par nosdits prédécesseurs, que se, après la lecture, publicacion et enregistrement de cesdictes présentes en nostre Grant Conseil et Court desdits aides, aucun s'efforce de actempter, aller ne faire aucunement au contraire des choses contenues et déclarées en icelles, leurs circunstances et deppendences, que nosdits généraulx conseilliers, esleuz et autres officiers desdits aides les en puissent corriger, pugnir, actraire et condemner en amendes, sommairement et de plain, tant envers nous que les parties intéressées, selon les cas et entreprinses ainsi qu'ilz verront estre à faire par raison sans ce qu'ilz en puissent estre appréhendez, reprins ne empeschez en aucune manière sur les peines et non obstant comme dessus.

Si donnons en mandement par ces mesmes présentes à

nostre amé et féal chancellier et à noz amez et féaulx les gens de nostre Grant Conseil, les généraulx conseilliers tant sur le fait de noz finances que de la justice desdits aides à Paris, à tous esleuz, grenetiers, contrerooIleurs et autres juges d'iceulx aides que cesdictes présentes ilz facent lire, publier et enregistrer en leurs cours, juridicions et auditoires et le contenu en icelles observer, garder et entretenir et acomplir, chacun en son terme, limite, ressort et regard de point en point selon leur forme et teneur, et, à ce faire, souffrir et obéyr contraignent ou facent contraindre toutes manières de gens, de quelque estat, qualité ou condicion qu'ilz soient, réaument et de fait par toutes voyes et manières dessus déclarées et comme pour noz propres besongnes et affaires, non obstant comme dessus, et deffendons en oultre par ces mesmes présentes à noz Cours de Parlement et voulons estre deffendu et fait deffendre par nosdits généraulx, esleuz et officiers des aides à tous bailliz, prévostz, séneschaulx et autres juges quelzconques qu'ilz n'aillent ou viennent ne facent ou seuffrent aller ne venir aucunement au contraire ores ne pour le temps advenir de nostre présente ordonnance, statut et édict en quelque manière ne pour quelque cause ou occasion que ce soit, sur peine d'encourir nostre indignacion, d'estre réputez rebelles envers nous et pugniz comme telz et infracteurs de édict, ordonnance et statut royal; et pour ce que cesdictes présentes il conviendra faire publier et enregistrer par lesdictes élections et autres cours et juridicions ordinaires de nosdits royaume, pays, terres et seigneuries, ce que entendons et commandons estre fait afin que aucun n'en puisse prétendre cause d'ignorance, nous voulons que à la copie ou *vidimus* d'icelles fait soubz séel royal ou signé par extraict en nostredicte Court et Chambre des aides à Paris après la publicacion et enregistrement d'icelles en icelle Court, plaine foy soit adjoustée comme à ce présent original. En tesmoing de ce, nous avons fait mectre nostre séel à cesdictes présentes.

Donné à Lyon le XXIIIIe jour de juing, l'an de grâce mil cinq cens et de nostre règne le troysiesme.

Ainsi signé sur le reply : Par le roy, Monsr le cardinal d'Amboise, Vous, l'evesque d'Alby, les sires de Gyé, mareschal de France, du Bouchage, de Talleran et autres présens, Robertet.[1]

XIII

Paris, 11 *novembre* 1508. — *Ordonnance sur les aides, tailles et gabelles*[2].

Bibl. Nat., ms. fr. 5293, fol. 1 et suiv. — Publ. Fontanon, II, 957 ; *Ord.*, XXI, 385.

Loys, par la grâce de Dieu roy de France, à tous ceulx qui ces présentes lectres verront, salut. Comme pour la deffence et tuicion de nostre royaume les très nobles roys de France noz progéniteurs, par grande et meure délibéracion des princes, prélatz, gens d'église, nobles, bourgeois, manans et habitans d'icelluy aient de long temps et ancienneté mis sus plusieurs deniers à estre cueilliz par forme d'aide, taille et gabelle sus noz subgectz, sans lesquelz eust esté et seroit impossible résister aux invasions et dannables entreprinses des ennemis et malveillans de nostredit royaume ; et pour justement et loyaument traicter et gouverner lesdits deniers, tant en assiete, cueillete et distribucion, que juger, décider et déterminer des différans et procès, qui à cause d'iceulx en surviennent chacun jour, pour le soullagement de nostre peuple, aient esté par l'advis et délibéra-

1. Le manuscrit contient en outre les formules d'enregistrement.

2. Dans les impressions contemporaines qui en furent faites, ces lettres sont intitulées : « les Ordonnances des Généraulx touchant le fait de la justice des aydes en la langue de Ouy. » Cf. Arsenal, Jur. 2756 bis.

cion que dessus instituez et ordonnez officiers en première instance et aussi en derrenier ressort, sans ce que autres juges quelzconques en puissent avoir aucune congnoissance; néantmoins avons esté et sommes deument advertis que, en pervertissant le bon ordre qui le temps passé y a esté mis, et enfraignant les bonnes ordonnances qui par les très nobles roys de France nos progéniteurs à grande et meure délibéracion ont esté faictes, se commectent chacun jour, tant par les officiers que autres, innumérables abbuz et exactions, à la foulle et oppression de nostre povre peuple et diminucion des deniers, à nostre très grant desplaisir, parce que de tout nostre cueur ne désirons que icelluy soulaiger et lever sur luy le moins que possible nous est, et du tout faire cesser lesdictes exactions et abbuz; à cette cause avons à bonne et meure délibéracion de nostre Conseil, ordonné et statué ce qui s'ensuit[1]:

1. Et premièrement, pour ce que nous avons esté deuement advertiz que les esleuz, greffiers, receveurs, grenetiers, contrerolleurs et mesureurs par nous ordonnez pour l'excercisse de la jurisdicion des aydes et gabelles de nostre royaume ne font aucune résidence et ne desservent aucunement leurs offices en personne, au moins la pluspart d'iceulx, ains y commectent personnaiges dont les aucuns sont purs ignorans, au moyen de quoy nostre peuple est fort opprimé et foullé, nous, par l'advis et délibéracion de nostre Conseil, avons ordonné et ordonnons que doresnavant lesdits esleuz feront résidence continuelle aux lieux de leurs offices, et iceulx excerceront en personne, six mois après la publicacion de ces présentes, sur peine de privacion de leursdits offices, et, si aucuns avoient de nous lectres de non-rési-

1. Voyez ci-dessus, p. 29, note, l'indication des textes antérieurs, encore en vigueur en 1508, à consulter sur les aides et les gabelles. Il y faut joindre les lettres du 23 septembre 1458, *Ord.*, XIV, 471, et celles du 16 août 1498, *Ibid.*, XXI, 105.

dance, par ces présentes les avons révoquées et révoquons[1].

2. Item, pour ce que très souvent y a altercacion entre les esleuz pour l'excercice de leur jurisdicion, et aussi entre lesdits esleuz et greffiers, au moyen de quoy la jurisdicion en est moins que deuement excercée, au scandalle de ceulx qui sont présens, et sont contrainctes les parties s'en aller sans avoir expédicion de leurs causes, nous voulons et ordonnons ausdits esleuz et greffiers qu'ilz soient songneux de assister en l'auditoire aux jours ordinaires, et expédient lesdits esleuz les causes, en donnant leurs appoinctemens, lesquelz seront enregistrez par le greffier, sans qu'ilz entrepreignent les ungs sur les offices des autres, et expédient lesdits esleuz et greffiers les parties qui seront demourans plus loing les premières.

3. Item, pour ce que se treuve que, néantmoins que plusieurs parties pour leurs faultes soient souvent condampnées en amendes envers nous, lesquelles ne sont enregistrées, aucunes choses ne s'en liève à nostre prouffict, nous enjoignons ausdits greffiers qu'ilz facent bon et loyal registre desdictes amendes et condempnacions, ensemble des renonciacions, sur peine de privacion de leurs offices et amende arbitraire[2].

4. Item, nous ordonnons à noz recepveurs qu'ilz soient songneux de recueillir du registre desdits greffiers les amendes, condempnacions et renonciacions par chacun quartier, et icelles lièvent à nostre prouffict, sur peine de les recouvrer sur eulx et amende arbitraire.

5. Item, si les fermiers font adjourner aucuns devant nosdits esleuz, et à l'assignacion ilz ne les font appeller, en ce

1. Cf. XVI, 1, et VII, 1 à 4. — A rappr. des art. 20 et 26 des Instructions du 28 février 1436, *Ord.*, XIII, 213-214, 7 de celles du 6 juillet 1388, *Ibid.*, VII, 766, et 20 de celles de février 1384, *Ibid.*, VII, 54.
2. Cf. XVI, 13.

cas, se lesdits adjournez estoient comparuz, non obstant qu'ilz n'eussent demandé audience, ou par leur simplesse ou pour ce qu'ilz ne auroient aucune relacion, nous voulons que lesdits fermiers soient tenuz payer les despens de ladicte assignacion ausdits adjournez[1].

6. ITEM, pour ce qu'il se treuve que en l'expédicion des causes il y a des appoinctemens inutilles et plus que la raison, qui ne vient que au retardement des matières et grans fraiz des parties, nous deffendons ausdits esleuz de ne donner esdictes causes et matières aucuns délaiz que les ordinaires, sinon qu'il y eust juste cause et qu'il en apparust, desquelles causes ilz feront mencion en leursdits appoinctemens; et quant est des petites matières, ilz les vuideront sommairement, sans tenir les parties en long procès, sur peine d'amendes arbitraires et suspencion de leurs offices se mestier est.

7. ITEM, pour ce que, contre les ordonnances anciennes faictes par les très nobles roys de France nos progéniteurs, lesdits greffiers prennent et exigent des parties oultre le salaire qui leur est ordonné, nous défendons ausdits greffiers, sur peine de privacion de leurs offices et d'amendes arbitraires, que doresnavant ilz ne preignent pour appoinctement ordinaire et deffault simple que quatre deniers, et pour appoinctement exécutoire huit deniers, pour les sentences seize solz parisis pour peau, et du plus, plus, et du moins, moins, et se gardent de les faire prolixes, en insérant plusieurs faiz impertinens, ainsi que très souvent il se treuve qu'ilz font[2].

8. ITEM, pour ce que, quant les parties sont appoinctées contraires et à informer, se treuve bien souvent que les en-

1. Cf. VII, 6.
2. A rappr. de l'art. 22 de l'ordonnauce d'avril 1374, *Ord.*, VI, 5.

questes sont intitullées comme se elles estoient faictes par les esleuz, et néantmoins ne sont aucunement signées d'eulx, mais aucunes foys par ung simple clerc qui n'a aucun serment à nous ou à justice, au moien de quoy est nécessité de les reffaire, tant parce qu'elles sont mal faictes, que aussi la forme et sollempnité n'y est gardée, nous voulons et ordonnons que lesdictes enquestes soient faictes par ung esleu en chef ou le commis en son siège, lequel sera tenu prendre pour adjoinct le greffier ordinaire ou son commis audit siège, s'il y veult vacquer et que pour juste cause il n'y eust suspicion sur luy et feust récusé par aucune des parties, ouquel cas il en pourra prendre ung autre non suspect ne favorable aux parties, et luy tauxera son sallaire raisonnable; et seront lesdictes enquestes signées par lesdits esleuz et adjoinct, les mynutes desquelles demourront en la possession dudit esleu dont ledit greffier n'auroit esté adjoinct, et où ledit greffier auroit esté adjoinct, demourront en sa possession, lesquelz esleu et adjoinct chacun en droit soy seront tenuz icelles garder pour en subvenir aux parties s'ilz en sont requis.

9. Item, pour ce que de présent lesdits esleuz et greffiers prennent plus grant salaire qu'ilz ne doivent, à la foulle des parties, nous voulons et ordonnons que, pour faire lesdictes enquestes, se lesdits esleuz et greffiers se transportent hors de leurs demourances, ilz auront par chacun jour qu'ilz seront du tout absens pour toutes choses, c'est assavoir l'esleu vingt-huict solz parisis, et le greffier pour tout sallaire aura pour la grosse et mynute de ladicte enqueste seize solz parisis pour peau et pour ses despens six solz parisis par jour, et, se elle est en papier, deux solz parisis pour fueillet; et, se ladicte enqueste est faicte au lieu de leurs demourances, prendra l'esleu quatre solz parisis pour tésmoing, du plus au moins en sa conscience où la depposicion seroit petite, et le greffier ce que dessus est dit pour la grosse et mynute seullement; et sera tenu ledit esleu escripre à la fin de la

depposicion du tesmoing le sallaire qui luy aura esté tauxé, et aussi ce qu'il en aura prins pour luy et tauxé à sondit adjoinct autre que ledit greffier.

10. Item, pour ce que désirons du tout le soullaigement du peuple, voulons et ordonnons que, en petites matières et où il n'y auroit que ung fait ou deux aisez à prouver, lesdits esleuz facent amener en jugement devant eulx les tesmoings et les depposicions facent sommairement reddiger par escript dedans l'appoinctement où ilz verront que bonnement il se pourra faire.

11. Item, pour ce que souvent lesdits esleuz et greffiers en faisant leurs enquestes reffèrent les depposicions les unes aux autres contre toute raison, nous leur enjoignons que doresnavant ilz examinent lesdits tesmoings particulièrement, et facent reddiger leurs depposicions au vray sans les refférer les unes aux autres.

12. Item, pour ce que très souvent lesdits greffiers reçoivent les productions des parties sans aucuns inventoires, et se jugent lesdits procès par les esleuz, et où il y a appellacion interjectée en nostre Court des généraulx ne se treuvent aucuns inventoires, néantmoins que en aucuns lieux lesdits greffiers ont rendu aux parties leurs productions pour apporter au greffe de nostredicte Court des généraulx, en quoy très facilement se pourroient commectre plusieurs faultes et abbuz, pour obvier ausquelles nous avons ordonné et ordonnons ausdits greffiers qu'ilz reçoivent les productions desdictes parties par inventoires fourniz aux chargez, en teste signez, et les advertissemens et autres escriptures, et icelles productions mectent devers lesdits esleuz pour juger lesdits procès; et, où il auroit appel, renvoient lesdits greffiers le procès, et fournissent les productions selon lesdits inventoires, et iceulx procès deuement évangélisez envoient en nostredicte Court des généraulx, sans aucunement

rendre lesdictes productions ausdictes parties comme l'on a fait par cy-devant.

13. ITEM, pour ce que très souvent les parties qui ont obtenu gain de cause en nostredicte Court des généraulx couchent en la déclaracion des despens de leurs procès les espices qui dient avoir payées aux esleuz et grenetiers pour les visitacions d'iceulx, et icelles afferment par serment avoir paiées, lesquelles sont excessives par l'inspection desdits procès, pour y obvier avons défendu et défendons ausdits esleuz et grenetiers, chacun en droit soy, que doresnavant ilz ne preignent desdictes parties que sallaire raisonnable pour la visitacion desdits procès, et lequel sallaire ilz seront tenuz parafer sur le doz de la sentence, et aussi le greffier combien il en aura prins.

14. ITEM, que en ensuivant les anciennes ordonnances faictes sur le fait des aydes, nous voulons et ordonnons que nosdits esleuz facent crier et publier par les villes, citez et ailleurs ès lieux acoustumez, les fermes estre à bailler, par deux ou trois marchez ou dimenches précédens le bail desdictes fermes[1].

15. ITEM, voulons et ordonnons que doresnavant nosdits esleuz baillent nosdictes fermes ès présences de nostre procureur sur le fait de noz aydes et du greffier ; et, pour ce qu'il se treuve que sur les tiercemens et doublemens se font chacun jour plusieurs faultes, nous voulons que lesdits tiercemens et doublemens soient signez desdits esleuz et greffier ensemble.

16. ITEM, enjoignons ausdits esleuz et greffiers qu'ilz soient présens au bail desdictes fermes, et soient songneux à ce qu'elles soient baillées raisonnablement, à nostre prouffit ;

1. A rappr. de l'art. 13 de l'ord. d'avril 1374, *Ord.*, VI, 4.

et, où ilz congnoistront que par monopolles ou autrement ne seroient baillées raisonnablement, les feront lever soubz nostre main aux moindres fraiz que faire se pourra[1].

17. ITEM, enjoignons ausdits esleuz, en faisant le bail desdictes fermes, qu'ils facent publier que aucuns par monopolles, associacions, inductions, dons ou promesses ne soient cause de la diminucion de nosdictes fermes, et qu'elles ne soient mises à pris raisonnable, sur peine de prison et amendes arbitraires, et enjoignons ausdits esleuz et greffiers eulx enquérir diligemment des infracteurs de nostredicte ordonnance, et iceulx pugnissent en telle façon que les autres y preignent exemple.

18. ITEM, pour ce que très souvent, en contrevenant aux anciennes ordonnances, ceulx qui ont acoustumé prendre et mectre à pris nosdictes fermes se associent ensemble à grant nombre, au moien de quoy ne se treuvent aucuns ou bien peu d'enchérisseurs, à la diminucion de noz deniers, nous défendons à tous ceulx qui doresnavant prendront à pris nosdictes fermes qu'ilz ne puissent associer avec eulx aucun compaignon ou compaignons en plus grande quantité, sinon à une ferme de trois cens livres et au dessoubz ung compaignon, et celles qui monteront six cents livres et au-dessoubz jusques à trois cens livres, deux, et, depuis six cens livres jusques à mil, troys, et au dessus de mil, quatre, et non plus, sur peine de nous paier la moictié de la somme à quoy se montera ladicte ferme[2].

19. ITEM, voullons et ordonnons que lesdictes fermes soient

1. A rappr. des art. 4 des Instructions du 28 février 1436, *Ord.*, XIII, 211, 4 de celles de février 1384, *Ibid.*, VII, 53 et 4 de celles du 21 janvier 1383, *Ibid.*, VII, 748.

2. A rappr. des art. 8 des Instr. du 28 février 1436, *Ord.*, XIII, 211, 8 de celles de février 1384, *Ibid.*, VII, 53 et 7 de celles du 21 janvier 1383, *Ibid.*, VII, 748.

doresnavant baillées à part et distinctement, pour une année ès lieux où elles ont acoustumé estre baillées, et non par chastellenies ou plusieurs ensemble[1].

20. ITEM, voulons et ordonnons que doresnavant toutes nos fermes, de quelque qualité qu'elles soient, se baillent à la chandelle estaincte[2].

21. ITEM, pour ce que plusieurs fermiers différent de tiercer ou doubler[3] nos fermes par ce que ceulx qui les ont tenues devant ne font bons registres et ne pevent recouvrer les deniers qui jà en ont esté receuz, sinon par procès où ilz ont de grans fraiz, nous, pour ces causes, enjoignons à ceulx qui recevront lesdictes fermes jusques ausdits tiercemens ou doublemens qu'ilz facent bons et loyaulx registres de tout ce qui sera receu pour lesdictes fermes, affin qu'ilz en puissent rendre bon compte à ceulx à qui elles demoureront; et, où ils seroient trouvez faisans du contraire, et que leur registre ne feust deuement fait, voulons que ceulx à qui lesdictes fermes seront demourées soient creuz par serment de la valleur d'icelles, joinct la commune renommée.

22. ITEM, voulons en ensuivant les anciennes ordonnances que les fermiers à qui lesdictes fermes par tiercement ou doublement auroient esté ostées puissent icelles recouvrer en mectant une enchère sur celluy qui l'aura tiercée ou doublée, et semblablement l'un sur l'autre, dedans huit jours après le tiercement ou doublement, tant que bon leur semblera, et non autres, et sera tenu le greffier le faire savoir

1. A rappr. des art. 11 des Instr. du 26 février 1436, *Ord.*, XIII, 212, 10 de celles de février 1384, *Ibid.*, VII, 53, et 9 de celles du 21 janvier 1383, *Ibid.*, VII, 748.
2. A rappr. des mêmes textes que l'art. 16 ci-dessus.
3. Sur les tiercements et doublements, cf. les art. 15 des Instr. du 28 février 1436, *Ord.*, XIII, 212, 14 de celles de février 1384, *Ibid.*, VII, 54 et 12 de celles du 21 janvier 1383, *Ibid.*, VII, 749.

aux fermiers sur qui lesdits tiercemens ou doublemens auront esté faiz[1].

23. ITEM, ordonnons ausdits fermiers nommer au greffier leurs pleiges dedans ledit jour, et iceulx amener dedans huit jours, autrement paieront la folle enchère, et demourra la ferme à celluy qui derrenier l'aura enchérie[2].

24. ITEM, ordonnons que incontinent lesdictes fermes délivrées, les esleuz et greffiers bailleront aux receveurs les noms desdictes fermes, des fermiers et de leurs pleiges.

25. ITEM, pour ce que les fermiers de l'imposicion et ayde du pié fourché en nostredicte ville de Paris se pleignent de ce que, contre les anciennes ordonnances, les bouchers de ladicte ville vont au devant des denrées et marchandises, et icelles achètent, au moyen de quoy lesdictes fermes seroient en voye de diminuer, nous avons deffendu et défendons que doresnavant aucun ne voise au devant du bestial à pié fourché pour icelluy acheter, depuis qu'il sera meu à venir au marché de Paris, et, par espécial, depuis les lieux de Longjumel[3], Neufville[4], Soysy[5], Montmorancy[6] et Louvres[7], et aussi deffendons aux marchans à qui appartiendra ledit bestail de ne le vendre au dedans desdictes limites, mais icelluy amènent au marché de Paris

1. A rappr. des art. 16 des Instr. du 28 février 1436, *Ord.*, XIII, 212, 15 de celles de février 1384, *Ibid.*, VII, 54, et 13 de celles du 21 janvier 1383, *Ibid.*, VII, 749.
2. A rappr. des art. 9 des Instr. du 28 février 1436, *Ord.*, XIII, 211, et 9 de celles de février 1384, *Ibid.*, VII, 53, et à compléter par les art. 10 des Instr. de 1436, *ut sup.*, XIII, 212, et 21 de l'Ord. de 1517, ci-dessous n° XVI.
3. Longjumeau, Seine-et-Oise, arr. de Corbeil.
4. Probablement Neuville, dans la comm. d'Eragny, Seine-et-Oise, arr. et cant. de Pontoise.
5. Soisy, Seine-et-Oise, arr. de Pontoise, cant. de Montmorency.
6. Montmorency, Seine-et-Oise, arr. de Pontoise.
7. Louvres, Seine-et-Oise, arr. de Pontoise, canton de Luzarches.

pour y estre vendu, sur peine de confiscacion desdictes denrées et marchandises, et d'amende arbitraire.

26. ITEM, que tout ledit bestail qui aura esté amené vendre audit marché, et d'icelluy renvoyé non vendu, soit ramené au prochain marché de ladicte ville de Paris sans en riens retenir, et ne soit vendu que audit marché sans congé de justice, sur peine que dessus, tant ausdits vendeurs que acheteurs.

27. ITEM, pour ce que lesdits bouchiers et marchans de nostre ville de Paris tiennent en plusieurs et divers lieux estans près d'icelle ville grant nombre et quantité de bestail qu'ilz vendent à destail, et dont nosdits fermiers ne peuvent avoir vraye congnoissance pour estre payez du droit qui nous en appartient, nous ordonnons que lesdits fermiers pourront, se bon leur semble, une foiz le mois eulx transporter esdits lieux, à tel jour et heure que bon leur semblera, pour faire inventoire dudit bestail, et enjoignons ausdits bouchers et marchans de faire ouverture, exibicion d'icelluy bestail, sans aucune difficulté, sur peine de perdicion desdictes bestes et amende arbitraire.

28. ITEM, nous ordonnons que quant lesdits fermiers feront adjourner aucuns pour raison de leursdictes fermes, lesdits adjournez seront tenuz jurer, s'ilz en sont requis, s'ilz ont acheté lesdictes denrées dedans lesdictes limites de marchans qui les amenassent en ladicte ville de Paris.

29. ITEM, pour ce qu'il s'est trouvé que après le bail desdictes fermes, tiercemens, doublemens et enchères mises sur icelles, les estatz qui sont envoiez aux généraulx de noz finances ne sont véritables, par ce que lesdictes fermes montent à plus grant pris que ne sont lesdits estatz, et retiennent noz receveurs l'oultre plus desdits deniers entre leurs mains, ou pour nous en frustrer du tout et

iceulx applicquer à leur prouffit, ou à tout le moins pour eulx en ayder jusques à ce qu'ilz soient contraintz de compter à nostre Chambre des Comptes, ce que aucuns délaient de faire, et, par ce nosdits générauly ne pevent avoir la vraye congnoissance de nosdits deniers, pour en lever descharges et iceulx applicquer à nos affaires, à nostre dommaige, et qui pourroit estre cause que serions contrainets recouvrer autres deniers sur nostre peuple, à nostre très grant desplaisir, par ce que le voulons de tout nostre cueur soullaiger et les deniers que faisons lever estre justement et loyaument employez aux affaires de nous et de nostre royaume, pour à quoy pourveoir, enjoignons et ordonnons ausdits esleuz que, incontinant le temps desdits doublemens passé, et que lesdictes fermes seront arrestées à ceulx à qui elles devront demourer, ilz envoient à nostre général soubz la charge de qui ilz seront l'estat au vray des sommes à quoy lesdictes fermes seront baillées, sans aucune chose en receller, sur peine de perdicion de leurs offices et autres peines corporelles et pécunières, selon l'exigence des cas[1].

30. Item, nous voulons que tous les fermiers qui auront fait faire délivrance ou arrest sur aucun pour le fait de leursdictes fermes, après qu'ilz auront esté payés seront tenuz rendre les obligacions qu'ils auroient et bailler quictance sans en prendre aucune chose[2].

31. Item, nous deffendons ausdits esleuz qu'ilz ne délivrent aucune de nosdictes fermes à aucuns qu'ilz soient leurs prochains parens, des greffiers ou receveurs, ou leurs serviteurs domesticques, en façon qu'il y ait aucune diminucion

1. A rappr. de l'art. 14 de l'Ord. d'avril 1374, *Ord.*, VI, 4.
2. A rappr. des art. 28 des Instructions du 28 février 1436, *Ord.*, XIII, 214, et 9 de celles du 6 juillet 1388, *Ibid.*, VII, 766. — Sur la prescription du droit de poursuite des fermiers à l'encontre de leurs débiteurs du chef de leurs fermes, cf. l'art. 9 de l'Ord. du 21 novembre 1379, *ut supra*, VI, 445.

de noz deniers et que autre en eust plus donné, et se gardent nosdits esleuz d'yoffencer, et, si aucuns d'iceulx ont prins aucunes desdictes fermes, nous voulons que, dedans la huitaine, chacun soit receu à leur oster icelles fermes par une simple enchère ; et aussi défendons ausdits esleuz, greffiers et receveurs qu'ilz ne ayent aucune part et porcion esdictes fermes, et ce sur peine de privacion de leurs offices et autres peines corporelles et pécunières, selon l'exigence des cas, et ausdits preneurs paier la moictié du pris de ladicte ferme d'amende à nous applicquer[1].

32. ITEM, pour ce que plusieurs plaintes se font chacun jour, à cause que nosdits esleuz et greffiers se font deffraier en baillant lesdictes fermes, et exigent grant sommes de deniers soubz couleur de leurs vinaiges et autres droiz qu'ilz prétendent, et de fait lièvent contre la teneur des anciennes ordonnances lesdits deniers, nous défendons ausdits esleuz et greffiers, sur peine de privacion de leurs offices et amendes arbitraires, que doresnavant ilz ne se facent aucunement deffraier par les fermiers ou autres, et ne preignent aucune chose soubz couleur desdits vinaiges ou autrement, ne aussi lesdits esleuz pour raison de leur séel, ce qu'ilz font ordinairement, contre la teneur desdictes anciennes ordonnances qu'ilz ont juré garder[2].

33. ITEM, pour ce que avons esté advertis que lesdits greffiers desdictes élections prennent et exigent pour les commissions qu'ilz baillent aux fermiers plus qu'ilz ne doivent, et mesmes, quant il y a eu plusieurs enchères précédentes et celuy à qui ladicte ferme est demourée veult lever sa commission, prennent lesdits greffiers pour chacune enchère douze deniers et plus, qui est une vraye exaction, à cette cause, deffendons ausdits greffiers, sur peine de pri-

1. A rappr. de l'art. 11 de l'Ord. d'avril 1374, *Ord.*, VI, 4.
2. Cf. VII, 26, et XVI, 24 et 33.

vacion d'office et amende arbitraire, que, quant ilz délivreront la derrenière commission à celluy à qui la ferme sera pour l'année, ilz ne prennent pour icelle commission que douze deniers seullement, posé que sur lesdictes précédentes enchères n'eust esté levée aucune commission ; mais, par ceste ordonnance, n'entendons pas que, si aucun qui auroit enchéry lesdictes fermes vouloit lever une commission pour excercer, que ledit greffier ne puisse prendre douze deniers, mais ne pourra estre contrainct ledit enchérisseur lever ladicte commission si ne lui plaist[1].

34. Item, et avons ordonné et ordonnons que, se noz receveurs veullent faire recevoir ausdits greffiers les obligations des pleiges desdictes fermes, faire le pourront, et n'en pourront lesdits greffiers prendre pour chacune que vingt deniers tournois, et non plus, sur peine de privacion de leurs offices et d'amende arbitraire.

35. Item, pour ce que, quant lesdits fermiers prennent en ung mesme lieu plusieurs petites fermes, chacune desquelles ne monte oultre la somme de vingt livres tournois, lesdits greffiers les contraignent lever pour chacune une commission, et en preignent pour leur sallaire oultre les anciennes ordonnances, nous voulons et ordonnons que doresnavant lesdits fermiers ne soient contrainets de lever que une commission pour excercer lesdictes petites fermes en une mesme ville ou villaige, pour laquelle ledit grellier prendra douze deniers, et non plus, sur peine de privacion de son office et d'amende arbitraire[2].

36. Item, nous voulons et ordonnons à nosdits esleuz et greffiers qu'ilz soient présens ensemble à l'assiete des tailles pour le département, à ce que plus justement ilz les puissent

1. Cf. VII, 26 et 27.
2. Cf. VII, 30.

asseoir et esgaller[1].

37. ITEM, pour ce que avons esté advertis deuement qu'en plusieurs lieux de nostre royaume se assiet grant somme de deniers sur le pauvre peuple plus que les mandemens et commissions ne contiennent et que n'avons ordonné estre levée pour les affaires de nous et de nostredit royaume, qui est une chose exorbitante à raison, à la foulle de nostredit peuple, et contre nostre entencion et vouloir, avons défendu et défendons ausdits esleuz et asséeurs desdictes tailles, sur peine de confiscacion de corps et de biens, que doresnavant ilz n'assient ou seuffrent asseoir aucunes sommes de deniers quelles qu'elles soient, fors et excepté ce qui sera contenu en nosdits mandemens et commissions, et, en oultre, ce qui est ordonné pour la collecte et façon de roolle par les anciennes ordonnances, et pour les menuz fraiz[2].

38. ITEM, nous ordonnons aux collecteurs desdictes tailles que, l'assiete faicte, ilz apportent le roolle signé aux esleuz, sur peine d'amende arbitraire, dedans quinze jours après ladicte assiete faicte, et défendons qu'ilz ne cueillent ladicte taille jusques à ce qu'ilz aient eu ledit roolle signé desdits esleuz, pour la signature duquel ilz prendront dix deniers tournois, et non plus[3].

39. ITEM, et où lesdits esleuz verront par lesdits roolles qu'il auroit esté assis plus grant somme que celle qui est contenue en ladicte commission et les dessusdits fraiz, leur enjoignons qu'ils fassent deffences ausdits collecteurs de lever ladicte somme, et, où ilz le feroient, qu'ilz les pugnissent, et ce sur peine de privacion de leurs offices et amendes arbitraires.

1. Cf. VII, 16, XI, 2, et XVI, 6.
2. Cf. XI, 3 et 6 et XVI, 10.
3. Cf. VII, 2 et XI, 10 et 12.

40. Item, pour ce que, quant aucuns desdits asséeurs ont esté sur cest article interroguez en nostredicte Court des généraulx, les aucuns se sont excusez soubz couleur qu'ilz dient que en une année aucuns desdits habitans assis se absentent et les autres se meurent, le taux desquelz se prent sur l'oultre plus, qui est ung abbuz et excusacion non raisonnable, nous voulons et ordonnons que doresnavant, quant il y aura aucuns des deniers de nosdictes tailles inutilles pour quelques causes raisonnables, les asséeurs se retirent par devers nosdits esleuz à la fin de l'année et dedans le dernier quartier, lesquelz feront rasseoir lesdits deniers inutiles sur les contribuables au solt la livre.

41. Item, pour ce que, en aucunes villes et villaiges souvent y a des gens riches et oppulans, ayans quelque port et auctorité, lesquelz les asséeurs n'osent asseoir, non obstant qu'ilz soient contribuables comme les autres, nous avons ordonné et ordonnons ausdits esleuz qu'ils facent exprès commandemens ausdits asséeurs qu'ilz assient les dessusdits avec les autres contribuables selon leur faculté, sur peine de grosses amendes à prendre sur lesdits asséeurs, où ilz soient reffusans ou délayans de ce faire, et néantmoins enjoignons ausdits esleuz qu'ilz assient les dessusdits à la raison, à ce que le reste des contribuables puisse plus facilement porter son taux et ne soit injustement foullé.

42. Item, défendons à tous noz officiers des aydes et tailles qu'ilz ne se meslent ou entremectent par eulx ou par autres de faire aucun fait de marchandise, en quelque manière que ce soit, sur peine de privacion de leurs offices et de restitucion des gaiges qu'ilz auroient prins durant le temps qu'ilz auroient excercé le fait de ladicte marchandise[1].

43. Item, pour ce que la pluspart des receveurs de nos

1. Cf. VII, 20.— A rappr. de l'art. 31 des Instr. du 28 février 1436, *Ord.*, XIII, 214.

aydes et tailles ne résident aucunement sur leurs offices, mais y commectent des commis qui n'ont aucuns gaiges et font plusieurs exactions sur nostre peuple, nous ordonnons que doresnavant lesdits receveurs façent résidence continuelle sur leurs offices en personne, six mois aprés la publicacion de ces présentes, et, où la recepte seroit de si grande estandue que ledit receveur seul ne peust excercer ledit office, en ce cas, excercera icelluy office au lieu plus apparant de sa charge, et pourra aux autres lieux commectre gens notables, de bonne conscience et renommée, ausquelz il sera tenu donner annuellement gaiges ordinaires selon la peine qui sera à l'excercice desdictes commissions, et, si aucuns par cy devant avoient eu lectres de non-résidence, nous les avons par ces présentes révocquées et révocquons[1].

44. Item, nous défendons ausdits receveurs qu'ilz ne preignent aucuns dons ou corvées du peuple demourant en leur charge, soit pour surattendre leur payement ou autrement, sur peine de privacion de leurs offices et amendes arbitraires.

45. Item, nous voulons et ordonnons que, huit jours après le terme passé, lesdits receveurs puissent faire exécuter les collecteurs par les sergens, et, où ilz ne seroient contentez du premier voyage, y puissent renvoier pour parfaire icelle exécution, pour lesquelz voyages lesdits sergens pourront prendre le sallaire tel qu'il sera dit cy-après, et, où lesdits receveurs y envoiront après lesdits deux voyages, lesdits collecteurs ou fermiers des aydes n'en seront tenuz paier aucune chose[2].

46. Item, pour ce qu'il s'est trouvé que lesdits recepveurs prennent porcion aux sallaires excessifz et desraisonnables

1. Cf. XVI, 2.
2. Cf. XI, 15 et suiv.

que prennent lesdits sergens commis par lesdits receveurs à faire lesdictes exécutions sur lesdits collecteurs et fermiers, dont les aucuns ont esté suspenduz et pugniz puis peu de temps en nostredicte Court des aydes, nous avons défendu et défendons ausdits receveurs qu'ilz ne prennent desdits sergens or, argent ou autre [chose] équipolent à ce, soubz couleur de leur bailler à faire lesdictes exécutions, ne iceulx tiennent en leurs maisons demourans, comme serviteurs ou pensionnaires, car, au moien de ce, lesdits sergens sont contraincts et plus hardiz de faire des exactions sur nostredit povre peuple.

47. Item, pour ce que lesdits receveurs sont coustumiers de prendre des collecteurs, pour les quictances qu'ilz passent durant l'année oultre la somme ordinaire, qui est de quatre petiz blancs par an, nous défendons ausdits receveurs, sur peine de privacion de leurs offices et d'amendes arbitraires, que pour chacun quartier de l'an ilz ne preignent desdits collecteurs que ung petit blanc, qui est pour toute l'année ladicte somme de quatre petis blancs[1].

48. Item, nous ordonnons que les sergens qui feront aucuns adjournemens touchant le fait de noz aydes et tailles ne pourront prendre pour ledit adjournement que ung petit blanc, sur peine de privacion de leur office, et seront tenuz lesdits sergens bailler audit adjourné en ung petit billet de papier le nom de celluy qui fait faire ledit adjournement, par devant quel juge, à quel jour et pour quoy, sans tenir forme de relacion, et, pour ce faire, défendons ausdits sergens en prendre aucune chose, par ce que ceulx qui font faire lesdits adjournemens payent ordinairement iceulx sergens et aussi le recouvrent sur lesdits adjournez en fin de cause, se faire se doit[2].

1. Cf. VII, 28.
2. Cf. VII, 17, et XI, 14 et suiv.

49. Item, pour ce qu'il se treuve que les sergens qui font les exécutions pour lesdictes aydes et tailles font plusieurs exactions sur ceulx qui exécutent, tant en la quantité de sallaire qu'ilz preignent que aussi en la quantité des voyages qu'ilz font, et mesmement que, en aucuns d'iceulx ne font aucune exécution réelle, mais seulement enjoingnent ausdits collecteurs et fermiers qu'ilz voisent paier le receveur, et néantmoins s'en font payer comme s'ilz avoient fait exécution réelle, nous défendons ausdits sergens, sur peine de privacion de leurs offices et grandes amendes arbitraires, que doresnavant pour lesdictes semonces et injunctions ilz ne preignent aucune chose; et pour les exécutions réelles qu'ilz feront sur lesdits collecteurs ou fermiers, où ilz partiront de leurs maisons pour faire lesdictes exécutions hors de leurs demourances, ilz prendront pour leur sallaire pour chacune d'icelles deux solz tournois, et autant en prendront ilz pour le second voyage pour parfaire ladicte exécution s'il estoit nécessité qu'ilz y allasent, et pour les autres exécutions qu'ilz feront sur lesdits collecteurs ou fermiers au lieu de leurs demourances, et aussi pour celles qu'ilz feront à la requeste desdits collecteurs sur les particuliers des paroisses dont ilz seront collecteurs, prendront douze deniers pour chacune, et non plus, et leur enjoignons garder ceste présente ordonnance sur les peines que dessus [1].

50. Item, défendons ausdits sergens sur les peines que dessus qu'ilz ne preignent aucune chose de noz subgectz pour porter les commissions pour faire l'assiete desdictes tailles [2].

51. Item, pour ce que peu de noz grenetiers, contrerolleurs et mesureurs font résidence sur leurs offices, au moyen

1. Cf. VII, 17, et XI, 14 et suiv.
2. Cf. XI, 4.

de quoy chacun jour advient de grans abbuz, parce qu'ilz y commectent gens ignorans et qui n'ont aucun prouffit d'eulx, nous avons ordonné et ordonnons que doresnavant lesdits grenetiers, contrerolleurs et mesureurs seront tenuz et leur enjoignons faire résidence continuelle et excercer leurs offices en personne, six mois après la publicacion de ces présentes, sur peine de privacion de leursdits offices ; et, se aucuns avoient de nous lectres de non-résidence, nous les avons par ces présentes révocquées et révocquons [1].

52. ITEM, pour ce que chacun jour à la descente et vente du sel lesdits grenetiers, contrerolleurs et mesureurs n'y sont présens, mais y envoient leurs clercs et serviteurs, nous leur enjoignons que doresnavant ilz y soient présens et vacquent chacun en droit soy à l'excercisse de leursdits offices, en façon que ledit sel soit justement et loyaument receu et distribué, et ne délayent aucunement la descente dudit sel, soubz couleur d'en exiger quelque prouffict ou par hayne qu'ilz auroient contre les marchans, sur peine d'amende arbitraire et de paier tous les dommaiges et intérestz aux marchans à qui appartiendroit ledit sel.

53. ITEM, pour ce que en plusieurs lieux les marchans font mectre en caves et seliers leur sel, au moyen de quoy il ne peult bonnement sécher, mais demeure mouete et relant, qui est und grant danger pour la santé du corps humain, et aussi par ce qu'il est en si bas lieu et le plus communément près de la rivière, lesdits marchans nous importunent et noz officiers, eulx plaignans de l'inondacion des caves et destrimens qu'ilz dient avoir souffers en leurdit sel, tendans pervertir l'ordre de la vente et distribucion et estre auc-

1. Cf. XVI, 26. — A partir de là jusqu'à la fin de l'Ordonnance, il n'est question que de la gabelle et des greniers à sel. Cf. sur cette matière surtout les Instr. de janvier 1383, *Ord.* VII, 758, celles du 21 nov. 1379, à partir de l'art. 19, *Ibid.*, VI, 446, et celles du 24 janvier 1372, *Ibid.*, V, 577.

torisez à vendre sans actendre le tour de papier, nous, pour y pourveoir, avons ordonné et ordonnons que nulz marchans ne pourront mectre sel sinon en salle ou celier qui soit à rez de chaussée de la rue ou deux piedz plus bas pour le plus, et défendons ausdits grenetiers et contrerolleurs qu'ilz ne seuffrent ceste présente ordonnance estre aucunement enfrainete.

54. Item, pour ce que ordinairement les marchans descendent sel sur sel, au moyen de quoy, quant vient à la vente, celluy qui a esté le premier descendu est le derrenier vendu, et celluy qui a esté le derrenier descendu, quant on le vent, n'est encores sec ni bon à user, qui est contre les ordonnances anciennes, nous défendons à nosdits grenetiers et contrerolleurs que doresnavant ilz ne permectent ausdits marchans à descendre en grenier sel sur sel qui aura esté en grenier trois mois, mais facent mectre lesdictes descentes séparément et à part, et ne soit vendu qu'il ne soit sec et utile pour corps humain, et soient enregistrées les ventes, en façon qu'on puisse congnoistre de quelle descente ladicte vente sera faicte.

55. Item, enjoignons à nosdits grenetiers et contrerolleurs qu'ilz procèdent à la vente dudit sel en gardant l'ordre et tour de papier[1], sans l'interrompre sinon que le sel qui seroit en tour ne fust pas bon ou que aucun desdits marchans en voulsist vendre au rabaiz[2], ce qu'il pourra faire selon l'ancienne ordonnance, pourveu que ledit sel soit descendu et mis en grenier de pareille année ou temps que celluy qui seroit en son tour.

56. Item, pour ce que les marchans qui mectent le sel en noz greniers se pleignent de ce que les grenetiers, con-

1. Cf. art. 14 des Instr. de 1372, *ut supra*.
2. Cf. art. 19 des Instr. de 1379, *ut supra*.

trolleurs, mesureurs et autres officiers de nostre gabelle prennent indeuement du sel, tant à la descente que à la vente, et aussi aux festes annuelles, qui est une chose fort à réprimer et au grant préjudice et dommaige dudit marchant et du droit de nostredicte gabelle, et est présumption que ledit sel est par eulx ou autres céléement vendu aux regratiers et revendeurs [1], qui le distribuent au peuple, qui par ce moien ne se fournist en noz greniers, nous avons deffendu et défendons à tous les dessusdits, sur peine de privacion de leurs offices et amendes arbitraires, chacun en son regard, que doresnavant ilz ne preignent céléement ou appertement aucun sel, tant à la descente au grenier que à la vente et distribution d'icelluy sel, soit par le congé et don du marchant ou autrement, et, s'il y a aucuns qui par don et octroy à cause de leurs offices prétendent droit en sel, ilz se pourront retirer en nostre Court des aydes à Paris pour présenter leur requeste, laquelle, oy nostre procureur général, en ordonnera comme de raison [2].

57. Item, défendons ausdits regratiers et revendeurs, sur peine de prison et grandes amendes arbitraires, qu'ilz ne achètent aucun sel d'aucun personnaige quel qu'il soit, sinon au grenier et gabelle soubz le ressort duquel ilz seront demourans.

58. Item, enjoignons à nosdits grenetiers et controlleurs qu'ilz se transportent souvent ès maisons desdits revendeurs et regratiers pour congnoistre s'ilz commectront aucuns abbuz, et, où ilz les trouveront, iceulx pugnissent estroictement.

59. Item, pour ce que par la non-résidence que font lesdits grenetiers et controlleurs en noz greniers, ilz ont par

1. Sur les regratiers, cf. les Instr. de 1379 et de 1372, *ut supra*.
2. Cf. XVI, 39.

cy-devant mis des commis, ausquelz ilz ont baillé les clefz de nosdits greniers, qui n'ont esté songneusement gardées, ains se y sont trouvez de grans abbuz et excessifz déchetz, et trés souvent lesdictes clefz sont en une main et aussi celle du marchant, ou par ce qu'ilz n'ossent désobéyr ausdits commis, ou pourroit par avanture avoir intelligence avec eulx, qui seroit pour facilement nous frustrer de nostre droit de gabelle, nous avons ordonné et ordonnons ausdits grenetiers et controlleurs qu'ilz gardent chacun en droit soy songneusement leurs clefz, sans les bailler les ungs aux autres, et ne preignent en leur garde la clef dudit marchant, auquel nous défendons, sur peine de perdre son sel, de la leur bailler ou à leurs gens, serviteurs et entremecteurs, mais la baillent à ung homme de bonne estimacion et renommée, pour icelle garder loyaument.

60. Item, pour ce que les marchans se pleignent de ce qu'ilz sont contraincts payer ausdits grenetiers et controlleurs sallaire pour assister à la descente du sel, et aussi, quant lesdits grenetiers ont receu l'argent du marchant, ne leur veullent délivrer sinon qu'ilz en aient sallaire, et pour leurs rescriptions preignent plus grande somme qu'ilz ne doivent, contre la teneur des ordonnances anciennes, qui est à la foulle des marchans et pourroit estre retardement de mectre sel en noz greniers, avons défendu et défendons ausdits grenetiers et controlleurs que doresnavant pour leurs peines et vaccacions pour estre présens tant à la descente que vente du sel qui seroit mis au grenier où ilz sont officiers, ou autrement en quelque manière que ce soit, ilz ne preignent aucun sallaire, soit en sel ou en argent, et ne se facent deffrayer ne payer leurs despens durant ledit temps, et pour leursdictes rescriptions ne preignent que cinq solz pour ledit grenetier et autant pour le contrerolleur, et ce sur peine de privacion d'office et amende arbitraire.

61. Item, pour ce que en aucuns lieux lesdits marchans

font mesurer du sel pour estre transporté en autre grenier que celluy où lesdits grenetiers et controlleurs sont officiers, nous ordonnons que lesdits grenetiers et controlleurs pourront prendre pour assister audit mesuraige, pour toutes choses, chacun dix deniers tournois pour muy, et non plus, sur peine de privacion d'office et amende arbitraire.

62. Item, défendons ausdits grenetiers que pour commission qu'ilz bailleront pour le sel délivré par impost n'en preignent que douze deniers, et pour quictance quatre deniers parisis pour quartier, et pour la généralle n'en pourront prendre aucune chose.

63. Item, pour ce que, ès lieux de notre royaume où le sel se délivre par impost[1], ceulx à qui il est baillé, qui le plus souvent ont nécessité de plus grande quantité, en vont quérir aux autres greniers dont ilz ne sont point, et peult estre où ne prenons aucun droit par don et octroy que en avons fait, nous défendons à tous les dessusdits que, après l'impost qui leur aura esté baillé, ilz ne voysent quérir sel ailleurs que où ilz prendront ledit impost, sur peine de confiscacion dudit sel et grandes amendes arbitraires.

64. Item, que néantmoins que l'en a acoustumé par l'ancienne usance et observance de rabatre aux grenetiers pour muy la myne pour le déchet qui peult estre sur le sel durant qu'il est en grenier, toutesfois il se treuve très souvent que lesdits grenetiers en comptant jurent et afferment y avoir eu plus grant déchet, sans alléguer cas fortuit qui y soit advenu, nous leur enjoignons que doresnavant eulx, les controlleurs et les gardes des clefz des marchans en facent si bonne garde que le déchet ne excède ladicte myne pour muy, sur peine d'en respondre, sinon qu'ilz voulsissent in-

1. Cf. XVI. 30 à 34. — Sur ce qu'on entendait par sel baillé par impôt, cf. Moreau de Beaumont, III, 101-109.

former l'outre-plus de ladicte diminucion estre advenu par cas fortuit.

65. Item, pour ce que, aux procès qui chacun jour se intentent pour raison des affaires de ladicte gabelle, où il est question des descentes, ventes et distribucions dudit sel, procès, procédures et appoinctemens qui ont esté donnez par lesdits grenetiers et contrerolleurs, les parties obtiennent compulsoires pour recouvrer le double de ce que les grenetiers, controlleurs et greffiers doivent avoir enregistré et avoir par devers eulx, néantmoins ne si en treuve le plus souvent si peu de chose ou est indeuement fait, par quoy les parties sont intéressées et ne peult la vérité estre congneue, nous enjoignons ausdits grenetiers, controlleurs et greffiers, chacun en droit soy et selon le deu de leurs offices, qu'ilz facent bons papiers, journaulx et registres, pour en ayder aux parties, et mesmement soient enregistrées les amendes et confiscacions selon les jours que les parties y sont condempnées, à quelles sommes et pour quoy, et ne rédigent plus par escript par billetz et brevetz, ainsi qu'ilz ont acoustumé, le tout sur peine de privacion de leurs offices, amendes arbitraires, dommaiges et intérestz de ceulx qui en seroyent dampnistez.

66. Item, pour ce qu'il y a plusieurs nobles, gens d'église et autres qui ont acoustumé, à cause de leurs terres et seigneuries, avoir aucuns droiz en sel sur les basteaux qui sont conduictz pour mener en noz greniers, et icelluy sel prennent à leurs mesures plus amplement qu'ilz ne doivent, dont se pleignent les marchans, nous leur défendons, sur peine d'amende et privacion de leurs droictures s'ilz y eschéent, que doresnavant ilz ne prennent ne reçoivent leurdit droit sinon à mesures justes et loyalles[1].

1. Cf. art. 27 du 21 nov. 1379, *Ord.*, VI, 447. — A titre de simple renseignement et pour avoir quelque idée du nombre et de la valeur de ces péages, on peut consulter l'Ord. de François Ier du 9 mars 1547 qui en porte évaluation et rachat, dans Fontanon, II, 1030.

67. Item, pour ce qu'il s'est trouvé plusieurs faultes, tant aux mesures dont l'en a usé par cy-devant en noz greniers que en la forme de mesurer, dont avons esté grandement intéressez, nous, pour y obvier, avons ordonné et ordonnons que doresnavant en noz greniers ne soit mesuré ledit sel sinon que lesdictes mesures aient esté estallonées à la mesure de l'estallon estant en l'Ostel de notre ville de Paris[1].

68. Item, voulons et ordonnons que les mesures dont il sera usé en noz greniers demeurent en la possession des grenetier et controlleur, au grenier soubz la clef.

69. Item, pour ce qu'il s'est trouvé que à la descente du sel qui se faisoit en noz greniers, les mesureurs ont fait par cy-devant les mesures plus grandes que à la vente et distribucion, tant au moyen des dagues et bastons qu'ilz boutoient sur le mynot à la descente et rasoient sur icelluy, en façon qu'il y avoit grande et excessive quantité de sel plus receu que vendu, car à la vente estoit délivré au peuple le grain sur bort sans dague ne baston, et aux autres où il n'y avoit dague ne baston laissoient le sel plus hault que trois doiz à la descente, et à la vente et distribucion estoit délivré comme dit est, qui est ung intollérable abbuz, car néantmoins prenoient déchet au grenier, et souvent plus que au muy la myne, par quoy est vraysemblable que le demourant du sel estoit vendu en frustrant nostre droit et celluy du marchant, s'il n'en estoit coulpable, pour quoy nous avons ordonné et ordonnons ausdits mesureurs, sur peine de privacion de leurs offices, pugnissions corporelles et pécunières, que doresenavant ilz mesurent à semblables mesures à la descente et à la vente, sans fraude, en façon qu'il n'en soit non plus receu que distribué, le tout rasé sur le bort.

70. Item, pour ce que lesdits mesureurs font chacun jour

1. A rappr. de l'art. 7 des Instr. de janvier 1383, *Ord.*, VII, 751.

ung autre abbuz et faulte en la forme et qualité de leur mesurage, par ce que à la descente et présentacion ilz mesurent à un mynot fort large et emmynent à plomb, et quant ilz le délivrent au peuple le délivrent à mesure plus haulte et estroicte et non à plomb, en quoy il y a grant tare à la quantité, qui est tousjours pour revenir à l'abbuz précédent et pour couvrir les faultes qui se font dudit sel, tant en le descendant que au grenier et à la vente, nous enjoignons ausdits mesureurs qu'ilz mesurent ledit sel à mesures de semblable largeur et haulteur, tant à la descente que à la vente, et en semblable forme et qualité, et sans fraude, sur les peines que dessus ; et se gardent lesdits mesureurs de offencer en ce que dit est, car, s'ilz sont trouvez coulpables, nous voullons qu'ilz soient estroictement pugniz sans dissimulacion, car en ce ilz seroient aucteurs de la pluspart des faultes précédentes, et ne se cuident excuser soubz couleur d'ordonnance qui leur feust faicte par les grenetiers et controlleurs, ausquelz nous enjoignons, sur peine de perdre leurs offices, avoir esgard sur ladicte façon de mesurer et faire garder nostredicte ordonnance.

71. Item, pour ce que plusieurs marchans sont venuz à plaincte à noz officiers des exactions que font lesdits mesureurs soubz couleur de leurs sallaires, contre la teneur des anciennes ordonnances, à ceste cause nous avons ordonné et ordonnons que lesdits mesureurs, hors ceulx de nostre ville de Paris, prendront à la descente ung denier tournois pour mynot à prendre sur le marchant, et à la revente pareille somme à prendre sur ceulx qui achèteront le sel en noz greniers, et en ce faisant seront tenuz emmyner, raser et mectre dedans les sacs et fournir des gens pour leur aider à ce faire.

72. Item, quant lesdits mesureurs mesureront sel au port pour estre mené en autruy grenier, en ce cas lesdits mesureurs auront deux solz six deniers tournois pour muy, et

fourniront de emmyneurs et gens à ce nécessaires à leurs despens, et leur défendons, sur peine de privacion de leurs offices et grandes amendes arbitraires, qu'ilz ne preignent aucune chose tant en argent que autrement pour faire lesdits mesuraiges.

73. Item, par ces présentes ne entendons aucunement desroger aux anciennes ordonnances en ce qui ne seroit par ces présentes pourveu, ains voulons icelles demourer en leur force et vertu.

Si donnons en mandement par ces mesmes présentes à nos amez et féaulx les généraulx et conseillers en nostre Court des aydes à Paris, aux esleus sur le fait desdits aydes, grenetiers et contrerolleurs, et à chacun d'eulx si comme à luy appartiendra, que ces présentes ordonnances ilz facent lire, publier et enregistrer en leurs cours, jurisdictions et auditoires, et icelles gardent et observent, et facent garder et observer sans enfraindre, de point en point, selon leur forme et teneur; et, pour ce faire, voulons et ordonnons que au *vidimus* de cesdictes présentes deuement colacionné et extraict par ordonnance de nostredicte Court des généraulx foy soit adjoustée comme à l'original. En tesmoing de ce, nous avons fait mectre nostre séel à cesdictes présentes.

Donné à Paris, le unziesme jour de novembre, l'an de grâce mil cinq cens et huit, et de nostre règne le unziesme.

Ainsi signé : Par le roy, Vous, maistre Pierre de Cerisay, président en la Court des généraulx de la justice, Jacques Hurault, général des finances, et autres présens, Robertet.

Et au dessoubz, après le seau, estoit escript ce qui s'ensuit : Leues, publiées et enregistrées en la Court de la justice des aydes à Paris, le XXIIe jour de novembre, l'an mil cinq cens et huit.

Ainsi signé : Debidant.

XIV

Lyon, 11 *juin* 1510. — *Décision du Conseil relative aux cautionnements à exiger des Officiers comptables.*

Bibl. Nat., ms. fr. 5501, fol. 1. — Publ. *Ord.*, XXI, 413.

Pour ce que le roy a esté adverty que par cy-devant ont esté pourveuz, tant par luy que par ses prédécesseurs roys, plusieurs personnes des offices de receptes, tant du dommaine que de l'extraordinaire, dont les aucuns possédoient petite chevance et faculté de bien, les autres estoient receuz esdits offices sans bailler caucion, les aultres en baillant petite caucion, dont au moyen de ce s'en sont ensuiviz et pourroient ensuivir plusieurs grans dommaiges et pertes pour ledit seigneur en ses finances tant ordinaires que extraordinaires s'il n'y estoit sur ce pourveu de remedde, à ceste cause, ledit seigneur, désirant sur ce pourveoir et mectre sesdictes finances en bonne seureté, a voulu et ordonné, veult et ordonne par délibéracion de son Conseil, où estoient les gens des Comptes, trésoriers de France et généraulx des finances, que tous [receveurs et] tous [autres][1] officiers comptables, tant ordinaires que extraordinaires, seront tenuz bailler doresnavant bonnes et suffisantes caucions de leursdictes receptes, chacun en son endroit, selon la déclaracion et valleur cy-après limytée par ledit seigneur :

Et premièrement

Le recepveur général de Languedoil. . . . X^m l.
Le recepveur général d'Oultre-Seyne. . . . VI^m l.
Le recepveur général de Normandie. . . . VI^m l.
Le recepveur général de Languedoc. . . . VI^m l.
Le recepveur général de Bourgoigne. . . . III^m l.

1. Les mots entre crochets manquent dans le manuscrit.

Le recepveur général de Picardie. . . . . . III^{m} l.
Le recepveur général et trésorier du Daulphiné. III^{m} l.
Le trésorier et recepveur général de Provence. III^{m} l.
Le trésorier de Millan, ordinaire et extraordinaire. . . . . XXX^{m} l.
Le changeur du Trésor. . . . . III^{m} l.
L'extraordinaire de la guerre. . . . . . . VI^{m} l.
L'un des trésoriers des guerres. . . . . . VI^{m} l.
Et l'aultre trésorier des guerres . . . . . VI^{m} l.
Le maistre de la Chambre aux deniers du roy . III^{m} l.
L'argentier du roy.. . . . . III^{m} l.
Le recepveur de l'escurie du roy. . . . . III^{m} l.
Le recepveur et commis au payement de la vénerie et faulconnerie. . . . . II^{m} l.
Le recepveur et commis au payement des Escossoys. . . . . M l.
Le recepveur et commis au payement de la guarde françoyse. . . . . M l.
Le recepveur et commis au payement des deux cens archiers françois. . . . . M l.
Le recepveur et commis au payement des cent gentilzhommes de l'hostel. . . . . IIII^{m} l.[1]
Le recepveur et commis au payment de l'aultre bande de gentilzhommes. . . . . IIII^{m} l.
Le recepveur et commis au payement de la garde des Suysses. . . . . V^{c} l.
Le recepveur et commis au payement du prévost de l'hostel et ses gens.. . . . . V^{c} l.
Le trésorier de l'ordinaire de l'artillerie. . . III^{m} l.
Le trésorier de l'extraordinaire de l'artillerie. III^{m} l.[2]
Le trésorier des bastons. . . . . XV^{c} l.
Les trésoriers des salpestres, chacun. . . . V^{c} l.
Les recepveurs [et] commis au payement des

1. Le manuscrit porte III^{m} l.
2. Le manuscrit porte II^{m} l.

mortespayes de Normandie, Guyenne, Bourgoigne et Piccardie, chacun. . . . . M l.

Le recepveur et commis au payement des gaiges des présidens et conseilliers de la Court de Parlement de Paris. . . . . IIIm l.

Celluy de Thoulouse. . . . . XVc l.

Celluy de Bourdeaulx.. . . . . M l.

Celluy de l'Eschiquier. . . . . M l.

Celluy de la Chambre des Comptes. . . . M l.

Celluy des généraulx de la justice.. . . . . Vc l.

Le recepveur des amendes de la Court de Parlement à Paris.. . . . . IIm l.

Le recepveur des amendes desdits généraulx. Vc l.

Le recepveur et commis au payement des gaiges des généraulx des Monnoyes. . . . . Vc l.

Le recepveur et commis au payement des gaiges de Messieurs du Grant Conseil.. . . . . . . M l.

L'audiencier.. . . . . M l.

Tous recepveurs des tailles, aydes et greniers bailleront caucion de la moictié du quartier [de leur recepte] et au dessus scelon la discrection du général, ainsi qu'il advisera et que les receptes seront grandes ou petites.

Et, pareillement, ceulx du dommayne aux trésoriers de France de la moictié du quartier et au dessus, ainsi qu'ilz verront.

Le trésorier des offrandes du Roy.. . . . . M l.

Le clerc et payeur des euvres du roy.. . . . Vc l.

Les argentiers, trésorier et maistre de la Chambre aux deniers de monseigneur le daulphin [1]. . . . . IIm l.

Le recepveur et commis au payement des menuz plaisirs du roy. . . . . M l.

Le commis à la recepte de l'émolument des draps de soye de Lyon. . . . . Vc l.

1. On sait qu'il n'y eut pas de Dauphin sous Louis XII.

Dont ledit seigneur a ordonné lectres patentes estre expédiées adressans aux trésoriers de France et généraulx de ses finances pour recevoir[1], chacun en son endroit et[2] sa charge, des offices et receptes à eulx subalternes les caucions selon la limitacion dessusdicte, lesquelles caucions seront par eulx envoyées en la Chambre des Comptes [à Paris], en la forme [et manière pour ce deue et] acoustumée.

[Faict à Lyon[3], le unziesme jour du mois de juin, l'an mil cinq cens dix.

Signé : Loys; plus bas : Gedoyn].

XV

Blois, décembre 1511. — *Ordonnance portant création d'un second bureau en la Chambre des Comptes et règlement pour les épices à prendre sur chaque compte rendu devant elle*[4].

Bibl. Nat., ms. fr. 5284, fol. 83 v° et suiv. — Publ. Fontanon, II, 38; *Ord.*, XXI, 457.

Loys, par la grâce de Dieu roy de France, à tous présens et advenir, salut. Comme nostre Chambre des Comptes à Paris ait esté establye pour soustenir, congnoistre, observer, entretenir et avoir la superintendence de tous et chacuns les droiz, domaines et finances de nostre royaume et couronne de France et des tiltres, munimens et documens d'iceulx, et noz gens et officiers d'icelle, chacun en son regard, pour vacquer et entendre à oyr et examiner, clorre et affiner les comptes des officiers et autres ayans charge,

1. Le manuscrit porte *pour veoir*.
2. Le manuscrit porte *de*.
3. Cette date, donnée dans les *Ordonnances*, manque dans le ms. fr. 5501.
4. Quelques jours auparavant, le 24 novembre, avaient été données des lettres enjoignant à tous les officiers comptables de rendre promptement leurs comptes devant la Chambre et leur fixant pour cela certains délais de rigueur. Comme elles sont en somme peu intéressantes, nous ne les avons pas réimprimées. On les trouvera au tome XXI, 451, des *Ordonnances*.

manyment et entremise du faict desdictes finances ordinaires et extraordinaires, comptables en icelle Chambre, faire venir ens les deniers provenans à cause de nosdits comptes, et à vuyder et expédier toutes autres matières et affaires touchans et concernans nosdits droiz, domaines, finances et choses qui en deppendent utilles et neccessaires pour la conservation d'iceulx; en quoy iceulx noz officiers de nostredicte Chambre des Comptes ayent cy-devant suporté des grans charges, peines, travaulx et labeurs, mesmement depuis nostre nouvel advènement à la couronne que plusieurs principaultez, duchez, contez, terres et seigneuries nous sont advenues et ont esté réunyes à icelle nostre couronne, et que par ce nosdits droiz, domaines et finances en sont grandement acreuz et augmentez et grant nombre d'officiers comptables renduz subgectz à venir compter en ladicte Chambre, ce qu'ilz n'estoient auparavant ainsi qu'il est notoire, et tellement, que, quelque dilligence que iceulx nosdits gens et officiers de nostredicte Chambre des Comptes ayent sceu faire, plusieurs de nosdits comptes et autres faiz et affaires de nostredicte Chambre sont demourez en arrière et à vuider, parce qu'ilz n'ont peu fournir ne satisfaire à la grande affluance et multitude d'iceulx comptes et autres nosdits faiz et affaires y survenans journellement, qui ne se sont peu dépescher, terminer et affiner, obstant qu'il n'y a cy-devant eu et esté estably et tenu que ung bureau pour juger et conclurre diffiniment les comptes, faiz et affaires de nostredicte Chambre, aussi au moien de plusieurs festes, veilles et seurveilles gardées et festinées par nosdits officiers en icelle Chambre, ainsi que remonstré nous a esté afin de y donner provision; ce que n'avons peu bonnement faire par cy-devant à l'occasion des autres grans affaires que avons eu jusques à présent que pour y pourvoir avons donné charge aux gens de nostre Conseil et de noz finances de vacquer et entendre en ceste matière et adviser par entre eulx tous les millieurs moiens et expédiens sur ce requis et neccessaires et nous en faire leur rapport.

Savoir faisons que nous, désirans singullièrement l'abréviacion et accéléracion de la reddicion desdits comptes, ensemble l'expédicion de toutes matières et affaires concernans nosdits droiz, domaines, finances, tiltres et autres qui ont acoustumé d'estre traictez en nostredicte Chambre pour la conservacion d'iceulx, oy le rapport des gens de nostredit Conseil et de nosdictes finances, lesquelz ont trouvé que impossible seroit pouvoir vuider à beaucoup près les comptes qui sont à rendre chacun an avec la dépesche desdictes autres matières sans avoir et tenir deux bureaulx, laisser aucunes petites festes, veilles et seurveilles qu'ilz ont acoustumé de tout temps et anciennetté garder en ladicte Chambre et que lesdits gens et officiers de nostredicte Chambre des Comptes se chargent de plus grant résidence de temps en ladicte Chambre qu'ilz n'ont acoustumé, mesmement ou temps de karesme, et, en ce faisant, sont d'avis que devons donner quelque proufict et comodité à ceulx qui vacqueront, assisteront et serviront actuellement en nostredicte Chambre ausdictes expédicions selon la quallité d'iceulx et non à autres, à prandre sur les comptes que doresnavant seront oys, examinez, cloz et affinez en nostredicte Chambre, où aurons des grans prouffictz et utillitez en plusieurs manières, mesmement que par ce moien les receveurs et officiers comptables qui pendant le temps de la reddicion de leursdits comptes prennent sallaires sur noz deniers n'en prandront tant de la moictié parce qu'ilz seront doresnavant plus briefvement expédiez, et en viendront les deniers des restes desdits comptes estans ès mains d'iceulx comptables à plus prompte congnoissance et d'iceulx nous pourrons myeulx aider en noz affaires que n'avons faict cy-devant, tant que grant nombre d'iceulx deniers se sont perduz pour la longueur de la redicion desdits comptes et autres dangiers et inconvéniens advenuz et qui adviennent par ladicte longueur. Pour à quoy obvier et pour autres causes et considéracions justes et raisonnables à ce nous mouvans, avons dit, statué, décerné et ordonné, disons, statuons, décernons et ordonnons, voulons et nous plaist de nostre certaine science, grâce espécial, plaine puissance et auctorité royal par ces présentes les choses cy-après déclarées estre doresnavant tenues, gardées et observées en la forme et manière qui s'ensuit :

C'est assavoir que les deux présidens et les dix maistres des Comptes qui sont à présent en nostredicte Chambre, duquel nombre, jaçoit ce que deux maistres desdits Comptes ayent esté receuz en tiltre d'office de maîtres d'iceulx Comptes extraordinaires, seront néantmoins ilz et leursdits offices ditz, censez et réputez ordinaires et feront avec lesdits deux présidens et huict anciens maistres ordinaires le nombre de douze que voullons et entendons doresnavant estre entretenuz en ladicte Chambre en nombre ordinaire à perpétuité aux gaiges et droiz toutesvoies qu'ilz et chacun d'eulx ont acoustumé d'avoir et prandre à cause de leursdits offices, se mectent et départent et leurs successeurs esdits offices en deux parties et facent journellement et ordinairement deux bureaulx et deux chambres en icelle nostre Chambre des Comptes ou corps d'ostel respondant sur la grand court de nostre Palais à Paris que y avons fait édiffier et construire depuis six ans en çà, pour en icelles deux chambres juger, vuyder, clorre, affyner et arrester diffiniment les comptes de tous et chacuns noz officiers comptables, tant de nostre royaume que de nostre duché de Millan et autres subgectz respondans en ladicte Chambre et générallement tous autres affaires acoustumez d'estre traictez en ladicte Chambre pour la conservacion de nosdits droiz, domaines et tiltres de nostre couronne et de noz finances tant ordinaires que extraordinaires, ordonnances sur ce faictes et ce qui en deppend et peult deppendre, en advisant par lesdits présidens et maistres desdits Comptes de la forme du département desdictes chambres et bureaulx et des officiers d'entre eulx qui seront en chacune d'icelles deux chambres, et pour quel temps ilz y seront en les changeant et muant ainsi qu'ilz adviseront pour le bien de nous et de noz affaires, et pareillement adviseront quelz comptes et affaires se traicteront et vuyderont en chacune d'icelles chambres pour obvier à confusion, voulant et entendant qu'ilz donnent ordre que les comptes des domaines, changeur du Trésor, receptes générales et extraordinaire des guerres soient préallablement oyz et examinez que autres, parce que la longueur d'iceulx nous est plus préjudiciables que des autres comptes, et que ce qui sera vuydé par l'une desdictes deux chambres ne puisse estre corrigé par l'autre, mais, s'il sortoit quelque difficulté en l'un d'iceulx bureaulx qui méritast d'estre consulté par l'autre, faire le pourront iceulx présidens et maistres desdits Comptes par ensemble, à ce que en tout et par tout droit et justice soient tousjours de tant myeulx gardez et esgallez tant pour nous que noz subgectz.

Ne seront aussi signez, expédiez et dépeschez aucuns acquictz, mandemens, ataches, vérifficacions ou autres expédicions desdits gens des Comptes que paravant la signature d'iceulx acquictz, mandemens, ataches, vérifficacions et expédicions ilz ne soient cachetez et séellez des cachetz et séelz de quatre ou cinq desdits présidens et maistres desdits Comptes qu'ilz et chacun d'eulx seront tenuz d'avoir avec eulx pour cacheter et séeller lesdictes expédicions qu'ilz auront ainsi ordonnées, et ce faict, seront enregistrez et signez les acquictz, mandemens, ataches, vérifficacions et expédicions par nosdits auditeurs et greffiers chacun en leur regard ainsi qu'il est acoustumé faire.

Et pareillement, ne soient cloz et affinez esdits deux bureaulx ne vuidées aucune difficultez desdits comptes ne autres affaires qu'ilz ne soient pour le moins en nombre de quatre ou cinq tant présidens que maistres des comptes, excepté toutesfoys les comptes des greniers, aides et tailles, là où les officiers comptables compteront par estats des généraulx de noz finances signez d'eulx chacun en leur charge, sur chacune partie desquelz seront apportées descharges deuement expédiées et vériffiées, sauf des gaiges et parties acoustumées estre employées en iceulx comptes, comme faire se doit, lesquelz comptes estans de la qualité dessusdicte pourront estre vuydez par deux ou trois personnaiges soient desdits présidens ou maistres desdits comptes.

Et que tous les officiers de la Chambre desdits Comptes, tant lesdits deux présidens, dix maistres desdits comptes, deux correcteurs, seize auditeurs et clercs, deux greffiers, noz advocat [et] procureur, le receveur et huissier qui à présent sont en ladicte Chambre des Comptes[1] et leurs successeurs esdits estatz et offices, qui est le nombre que entendons à présent et doresenavant entretenir en icelle Chambre des Comptes pour congnoistre, oyr, examiner, clorre et affiner, juger, déterminer et expédier tant lesdits comptes que autres noz affaires et excercer leurs offices chacun en son regard, doient entrer cy-aprez en ladicte Chambre des Comptes, ensemble les autres suppostz d'icelle Chambre, aux jours et heures ordinaires et acoustumez d'y entrer, et durant icelluy temps et heures vacquer et entendre esdits affaires de nostredicte Chambre sans d'icelle plustost partir que l'heure sur ce ordonnée.

Et, combien que cy-devant nosdits officiers des Comptes n'ayent de tout temps et ancienneté acoustumé de aller et entrer en ladicte Chambre à plusieurs petites festes, veilles et seurveilles de festes, néantmoins iceulx noz gens des Comptes choisiront jusques au nombre de vingt jours ausquelz sont

1. Sur le nombre très variable des officiers des Comptes de 1450 à 1523, cf. surtout lettres du 7 septembre 1461 (*Ord.*. XV, 11), règlement de novembre 1491 dans ms. fr. 23873, fol. 237 r°, et extraits relatifs à leurs gages dans ms. fr. 4525, fol. 23 r°; ce dernier texte rapproché de la présente Ordonnance permet de calculer leur rétribution annuelle totale, tant en gages fixes qu'en épices.

lesdictes festes et veilles et à iceulx iront en nostredicte Chambre tous nosdits officiers pour besongner, vacquer et entendre à noz besongnes et affaires comme ès autres jours ordinaires, et aussi ès après-disnées des seurveilles des festes de Noël, Penthecouste et Toussainctz, lesquelles festes, veilles et seurveilles seront doresenavant abatues et discontinuées.

Et, en oultre, tous lesdits officiers et suppostz de ladicte Chambre des Comptes se tiendront doresenavant en ladicte Chambre et ne se lèveront ès matinées de karesme que jusques à unze heures de matin sonnées et frappées, jaçoit ce que par cy-devant ilz eussent acoustumé d'eulx lever à dix heures de matin, ainsi qu'ilz font en autre temps, et seront doresenavant par nosdits présidens et maistres de nosdits Comptes tenuz journellement à jour de chambre lesdits deux bureaulx, afin qu'il soit donné millieure et plus briefve expédicion esdits comptes et aultres affaires dessusdits, réservé ou temps et saison de vaccacions que font les gens de nostre Court de Parlement qu'ilz ne seront abstrainncts tenir que ung bureau qui pourra souffire à cause de l'occupacion que ont nosdits officiers comptables et autres qui ne se pevent trouver en nostredicte Chambre comme en autre temps.

Et pour ce que, en gardant et entretenant par iceulx gens et officiers de nosdits Comptes qui à présent sont en nostredicte Chambre des Comptes et par leurs successeurs l'ordre et forme cy-dessus, ilz soustiendront [et supporteront] beaucoup plus grans charges, peines et travaulx qu'ilz ne faisoient auparavant cestuy nostre présent édit et ordonnance, et affin de tant plus les inciter et incliner de nous servir songneusement et loyaument à l'observacion et entretènement des choses dessusdictes et qu'ilz ayent myeulx de quoy supporter lesdictes peines, travaulx, fraiz et despens et pareillement à ce que cy-après noz clercs et auditeurs de nostredicte Chambre des Comptes n'ayent à prandre aucun don, posé que gratuitement leur fust offre de ce, sur nosdits officiers comptables pour l'audicion et examen de leursdits comptes comme faict et tolléré a esté cy-devant, laquelle chose pourroit estre de dangereuse conséquence, nous, à nosdits gens et officiers de nostredicte Chambre des Comptes avons octroyé et accordé, octroyons et accordons, voullons et nous plaist, que, oultre et par dessus les gaiges et droiz à leursdits offices appartenans qu'ilz et chacun d'eulx respectivement ont acoustumé d'avoir et prandre à cause d'iceulx et sans aucune diminucion de leursdits gaiges et droiz, ilz et leurs successeurs esdits offices ayent et prengnent doresenavant par forme d'espices et bienfaict sur tous et chacuns les comptes des officiers comptables en icelle Chambre de nosdits Comptes à Paris qui seront cy-aprez renduz et cloz par devant nosdits gens des Comptes à Paris les sommes de deniers qui s'ensuivent :

C'est assavoir, sur chacune de noz receptes et comptes et d'une chacune année entière des dommaines ordinaires de Paris, Orléans, Poictou, Berry, Rouergue, Bourdeaulx, recepte ordinaire de Rouen, viconté de Gisors, trésorreries et receptes ordinaires de Thoulouse, Beaucaire, Carcassonne, receptes des amendes de noz Cours de Parlement de Paris et de Thoulouse, sur la trésorrerie et recepte générallé de Daulphiné y comprins le dommaine, sur la recepte générallé de Picardie y comprins le dommaine, sur l'extraordinaire de notre artillerye, la somme de cent livres parisis.

Item, et sur chacun compte et d'une chacune année entière de noz dommaines et contez de Roddez, de Ponthieu et de Boulonnois, la somme de soixante livres parisis.

Item, sur chacun compte et d'une chacune année entière de noz ordinaires de Vermendois, Meaulx, Troyes, Touraine, le Mans, Beaufort-en-Vallée, Angiers et aussi sur noz vicontez et receptes ordinaires du Pont-de-l'Arche, du Pontaudemer, d'Auge, de Neufchastel, de Caudebec, d'Arques, de Monstierviller, de Caen, de Vire, de Falaise, de Bayeux, de Coustances, d'Avranches, de Carenten, de Mortaing, de Sainct-Sauveur, de Lendelin, d'Evreux, de Beaumont-le-Roger, de Conches et de Orbec, receptes des amendes de nostre Parlement de Bourdeaulx et des amendes de nostre Eschiquer de Rouen, la somme de cinquante livres parisis.

Sur chacun compte et d'une chacune année entière de noz receptes de dommaines, c'est assavoir de la prévosté de Ponthoise, de Senlis, Braye-Conte-Robert avec la Ferté-Aleps, Melun, Moret, Sens, Sézanne, Xaintonge, Victry, Chaumont-en-Bassigny, Saincte-Menehoult, Sainct-Disier, Chauny, Beaumont-sur-Oise, la prévosté de Laon, Tournay, Mente et Melan, Chartres, Montargis, Mouson, Lymosin, Périgort, Quercy, Agénois, les Lannes et Amboise prendront nosdits gens des Comptes sur chacun compte et d'une chacune année entière, la somme de quarante livres parisis.

Item, sur chacun compte et d'une chacune année entière des comptes de nostre Chambre aux deniers, y comprins le payement des gaiges des officiers ordinaires de nostre hostel, sur nostre argenterie, gaiges des officiers de noz Cours de Parlement de Paris, de Thoulouse, de Bordeaux et de nostre Eschiquer de Normendie, sur les gaiges des officiers de nostre artillerye et sur chacun compte des commis aux victuallemens et équipages des navires ordonnées pour la guerre, la somme de trente livres parisis.

Item, sur chacun compte et d'une chacune année entière de noz dommaines de nostre audience de France, Lodun, Gien, Bar-sur-Aulbe, Sainct-Pierre-le-Moustier, Dourdan, Montferrant, Lyon, les montaignes d'Auvergne, Pézenas, Amyens de la Somme, Amiens de la Seine[1], Péronne et Sainct-Quentin, la somme de vingt-cinq livres parisis.

1. Cette recette est omise dans le ms. fr. 5284.

Item, sur chacun compte et d'une chacune année entière de nostre changeur du Trésor, recepte généralle de France et Oultre-Seyne, recepte généralle de Languedouy, recepte généralle de Normandie, trésorrerie et recepte générale de Languedoc, sur chacun compte de noz trésorriers des guerres, du compte de l'extraordinaire de nosdictes guerres et du compte de nostre trésorrerie et recepte généralle de noz pays et duché de Milan, la somme de sept-vingtz livres parisis.

Item, sur chacun compte et d'une chacune année entière de recepte des gaiges des officiers de nostre Grant Conseil, y comprins les comptes des amendes d'icelluy Conseil et des amendes du prévost de nostre hostel, dont il ne sera fait que ung seul compte, sur le compte de nostre escuirie, sur chacun compte des commis au paiement des deux cens gentilzhommes de nostre hostel, sur le compte des cent archiers escossois, des cent archiers françoys, des deux cens autres archiers françoys, des cent Suisses estans tous soubz la garde de nostre corps, des gaiges des généraulx de la justice des aides à Paris, recepte des amendes d'icelle justice, des gaiges des généraulx sur le faict de la justice des aides en Normandie, recepte des amendes d'icelle justice, des gaiges des généraulx des monnoyes à Paris, recepte des amendes desdites monnoyes, compte des boytes d'icelles monnoyes à Paris, payeur de noz œuvres, sur chacun compte des trois trésorriers des salpestres, de noz mortespayes de Guyenne, de noz mortespayes de Normandie et de noz mortespayes de Picardie, la somme de vingt livres parisis.

Et pareillement, prandront doresenavant sur tous et chacuns les comptes et d'une chacune année entière des greniers et aides de ce royaume respondans à ladicte Chambre, la somme de dix livres parisis.

Et aussi, sur chacun compte et d'une chacune année

entière, comme dit est, des receptes des tailles, la somme de cent solz parisis.

Excepté toutesfoys qu'ilz ne prendront aucune somme de deniers sur les comptes des greniers, aydes, octroys, tailles et autres commissions de nostre pays de Languedoc, qui ont acoustumé d'estre oyz, cloz et affinez en icelluy pays par les auditeurs de noz Comptes à Paris ou ceulx qui y sont envoyez et commis pour ce faire par lesdits présidents et maistres des Comptes.

Et aussi, ne prendront aucunes espices sur les comptes de noz offrandes, composition de six mil francs de la ville de Tournay ne sur les comptes des maistres particulliers de noz monnoyes, fors que iceulx maistres des monnoyes payeront aux clercs et auditeurs de nosdictz Comptes leurs droiz anciens qu'ilz ont acoustumé d'avoir et prandre par chacun an desdits maistres des monnoyes seullement.

Et, se aucun desdits comptes dessus déclarez sur lesquelz nosdits gens et officiers de nostre Chambre des Comptes prandront iceulx deniers pour leursdictes espices et bienffaiz et que par eulx seront oyz et cloz ne seront d'une année entière, iceulx nosdits officiers ne prandront sur chacun desdits comptes non estans d'une année entière sinon *pro rata* du temps que contiendront iceulx comptes par mois et jours à la raison des sommes cy-dessus spéciffiées pour chacun desdits comptes.

Les deniers desquelz comptes, ainsi que dessus par nous taxez, donnez et ordonnez par manière d'espices et bienfaict comme dit est à tous nosdits gens et officiers de nostredicte Chambre des Comptes et à chacun d'iceulx et à leursdits successeurs en iceulx offices pour telle somme, part et portion que déclaré sera cy-aprez, voullons et ordonnons estre doresenavant couchez et employez par chacun an en ligne de compte de la despence des comptes cy-dessus déclarez et iceulx deniers estre allouez en iceulx comptes, non obstant que icelles sommes ou aucunes d'icelles ne feussent par nosdits trésorriers de France et généraulx de nosdictes finances couchez et employez ès estatz particuliers de nosdits officiers comptables.

Et pour ce que, en rendant et cloyant les comptes dessusdits se pourra trouver aucuns d'iceulx comptes estre tellement chargez qu'ilz ne pourront porter ou payer la taxe selon que cy-dessus est dit et déclaré, nous, en ce cas, voullons, ordonnons et nous plaist que lesdits gens des Comptes puissent et leur loise faire coucher en ligne de compte et faire porter, employer et aussi allouer icelle taxe ou taxes sur telz autres comptes qui seront aprez cloz par devant eulx et sur celuy ou ceulx d'iceulx comptes qui myeulx le pourra ou pourront porter en tout ou partie.

Lesquelz deniers qui proviendront par l'examen, closture et expédicion desdits comptes voullons estre receuz par le receveur et payeur des gaiges et droiz de nosdits gens et officiers de nostre Chambre des Comptes et iceulx payez, baillez et distribuez par chacun moys, c'est assavoir à nosdits présidens, maistres de noz comptes, correcteurs, clercs et auditeurs et procureur en icelle nostredicte Chambre et à chacun d'iceulx pour telle part, cocte et somme que cy-après sera déclaré, et à ceulx d'iceulx qui seront résidens et vacquans journellement et ordinairement ès matinées et prés-disnées des jours non férialles en icelle Chambre et qui auront entré, résidé, et vacqué à l'audicion, examen, closture et correction de nosdits comptes et ès autres faiz et affaires de ladicte Chambre et charges qu'ilz et chacun d'eulx respectivement sont tenuz nous servir en icelle et non autrement selon et en ensuivant le roolle qui en la fin de chacun mois en sera faict, ainsi que les roolles des bourses que noz notaires et secrétaires prennent en nostre Chancellerie, et par les roolles de la distribucion desdits deniers qui en seront faiz et certiffiez chacun mois quant à la vaccacion et résidence desdictes matinées et après-disnées par celluy ou ceulx qui seront à ce commis et ordonnez par nosdits présidens et maistres des Comptes; esquelz roolles d'icelle distribucion les officiers qui y participeront pour quictance et acquict dudit receveur mectront *habui* de leurs mains sur leurs noms de ce qu'ilz en auront receu ainsi que font nosdits notaires et secrétaires; et en semblable sera faict à noz advocat, greffiers, receveur et huissier de nostredicte Chambre et au controlleur de nostre Trésor, en faisant par eulx et chacun d'eulx résidence telle que leursdits offices le requièrent et que par nosdits gens des Comptes leur sera ordonné. En déclarant par nous que ceulx nosdits présidens, maistres de nosdits Comptes, correcteurs, clercs et auditeurs et procureur de nostredicte Chambre des Comptes qui ne seront présens et ne viendront, vacqueront et assisteront ordinairement et journellement esdictes matinées et prés-disnées entrables en icelle nostre Chambre des Comptes, quelques causes ou excusacions qu'ilz aient, soit par malladie, commission ou qu'ilz fussent par nous mandez venir devers nous ou pour quelque excuse tant raisonnable qu'elle soit, posé ores qu'ilz eussent sur ce de nous lectres closes et mandemens patens à ce desrogans, n'auront et ne prandront aucune chose desdits deniers, espices et bienfaiz, mais en seront du tout excluz et privez pour le temps qu'ilz n'y auront vacqué, et d'autant en croistera le droit des absens aux présidens, maistres, correcteurs, clercs et auditeurs et procureur présens et qui en ladicte Chambre auront faict résidence.

Et ou cas que aucuns de nosdits officiers de nostredicte Chambre des Comptes, soient présidens, maistres des Comptes, correcteurs, clercs et auditeurs, greffiers, advocat, procureur et autres officiers de nostredicte Chambre, voulsissent estre tenuz excusez de non venir et vacquer aux affaires de nostredicte Chambre, telle qu'ilz et chacun d'eulx sont tenuz faire pour raison de leursdits offices soubz umbre qu'ilz ne prendront riens esdictes espices et bienfaiz, que néantmoins ne soient tenuz pour excusez sinon que les causes et excusacions fussent trouvées raisonnables ou que de nous fussent dispensez par lectres deuement expédiées et vériffiées, mais voulons et ordonnons iceulx officiers deffaillans, de quelque qualité qu'ilz soient, estre contrainctz par nosdits gens des Comptes à faire et tenir résidence telle qu'ilz et chacun d'eulx sont tenuz de faire pour raison et à cause de leursdits offices par toutes voies et manières deues et raisonnables et sans déport, affin qu'ilz ne prengnent noz gaiges sans les desservir et que nosdits faiz et affaires de nostredicte Chambre ne demourrent en arrière.

Et lesquelz deniers desdictes espices qui proviendront aprez la closture de chacun des comptes dessusdits seront esgallez et distribuez à nosdits officiers de nostredicte Chambre des Comptes en la forme et manière qui s'ensuict : c'est assavoir que chacun desdits deux présidens de nostredicte Chambre des Comptes résident comme dit est aura et prandra autant que deux des dix maistres des Comptes ; ung chacun desdits dix maistres des Comptes résident comme dessus aura et prandra la moitié de ce que aura et prandra l'un desdits deux présidens; ung chacun desdits deux correcteurs résident comme dessus, ung quart moins que l'un desdits dix maistres ; ung chacun desdits seize clercs et auditeurz aussi résidans comme dessus, deux tiers de ce que l'un desdits maistres aura et prandra, c'est assavoir, pour et à cause des comptes dessusdits et autres affaires deppendans de leursdits offices qu'ilz ont en nostredicte Chambre la moictié moins de ce que ung chacun desdits dix maistres, et le reste desdits deux tiers pour leur peines et labeurs de oyr, clorre et affiner en nostredit pays de Languedoc tous les comptes particulliers de noz greniers, aides et tailles, octroiz et environ six ou huict comptes de commissions de paiemens, tant des gaiges de noz généraulx de la justice de noz aides séans à Montpellier, les comptes des amendes desdits généraulx que autres, qui sont en tout environ cinquante comptes par chacun an qui n'ont esté aucunement taxez par cy-devant et dont nosdits présidens et officiers d'icelle Chambre n'ont ordinairement aucune peine, pour l'audicion desquelz ne prendront nosdictz clercs fors leurdit voyage seullement, et aussi à la charge que doresenavant nosdits auditeurs pour l'audicion, examen et closture de tous nosdits comptes, soient renduz à Paris ou en nostre pays de Languedoc, ne prandront aucun don de et sur nosdits officiers comptables, posé ores gracieusement leur feust offert; nostre procureur en ladicte Chambre aura et prandra ung tiers moins que l'un desdits clercs et auditeurs ; et au regard des deux greffiers, advocat de nostre Chambre et le clerc et controlleur de nostre Trésor, en faisant résidence telle que leursdits offices le requièrent et que par lesdits présidens et maistres des Comptes leur sera ordonné, et pour les recouvrer des vaccacions qu'ilz feront en nostredicte Chambre aux festes, veilles et seurveilles que avons suprimez et aussi en temps de karesme plus qu'ilz n'avoient acoustumé, et affin qu'ilz aient myeulx de quoy eulx entretenir en leurs offices et qu'ilz soient plus songnieulx à nous bien servir, auront et prandront chacun d'eulx la somme de quatre-vingtz livres parisis ; et le receveur et huissier de nostredicte Chambre, tant pour faire la charge et tenir le compte des deniers qui pourront provenir à cause des espices et bienfaiz cy-devant déclarez que pour le faict et excercice de l'office de huissier de la Chambre qu'il tient avec ledict office de receveur, en faisant par luy ou faisant faire par son commis résidence en tant que touche seullement ledit office de huissier d'icelle Chambre, aura et prandra pour tous lesdits droiz d'espices et bienfaiz des deniers venant des taxes dessusdictes la somme de six-vingtz livres parisis par chacun an.

Et moiennant les choses dessusdictes, les présidens, maistres, correcteurs, auditeurs, greffiers, advocat, procureur, receveur et huissier dessusdits n'auront et ne prandront oultre lesdictes espices et bienffaiz et leurs gaiges et droiz anciens et acoustumez aucunes sommes de deniers ne autres dons sur et à la charge de nosdits officiers comptables, soit pour l'audicion, examen, closture et correction de leursdits comptes, délays, adjournemens et exécucions de défaulx donnez contre iceulx officiers comptables pour venir compter en nostredicte Chambre des Comptes encores qu'il leur feust offert par iceulx officiers comptables voluntairement, ains leur avons deffendu et deffendons très expressément. Et lesquelles espices et bienffaiz telz que dessus et chacun pour telle part et porcion que cy-devant a esté dit et déclaré nous avons à nosdits gens des Comptes et à chacun d'eulx respectivement et à leurs successeurs esdits offices donnez et ordonnez, donnons et ordonnons de nosdictes puissance et auctorité royal par cesdictes présentes signées de nostre main, oultre et par dessus les gaiges et droiz de leursdits offices comme dit est cy-dessus.

Si donnons en mandement par ces mesmes présentes à nos amez et féaulx les gens de noz Comptes à Paris que noz présens édit, statut, ordonnance, déclaracion et volunté et tout l'effect et contenu en cesdictes présentes ilz facent lire et publier, entretiennent, gardent, observent et facent entretenir et garder inviolablement et perpétuellement de point en point avec ce qui en deppend et peult dépandre pour l'observance d'iceulx, sans aucunement les enfraindre, aller, venir ne souffrir estre allé ne venir au contraire en quelque manière que ce soit ou puisse estre, et affin de plus grande mémoire et observance facent enregistrer cesdictes présentes au greffe de nostredicte Chambre des Comptes et allieurs où ilz verront estre affaire pour le myeulx ; et avec ce, facent oster ou rayer des kalendriers de ladicte Chambre ces motz *curia vaccat* qui sont escriptz en chacune ligne des festes qui en seront ainsi ostées comme dit est cy-dessus, ou facent faire nouvel kalendrier où lesdits motz *curia vaccat* ne soient escriptz en ligne et à l'endroit d'icelles festes ; et à ce faire et souffrir et aussi à paier lesdits deniers desdictes espices et bienffaiz cy-dessus spéciffiées et déclarées, et en cas de reffuz, contraingnent ou facent contraindre lesdits officiers comptables, leurs vefves et héritiers et tous autres qui pour ce seront à contraindre par toutes voyes en tel cas requises et comme il est acoustumé faire pour noz propres deniers et affaires; car ainsi nous plaist il estre faict, non obstant opposicions ou appellacions quelzconques restrictions, mandements ou deffense à ce contraires, et que les sommes de deniers desdictes espices et bienffaiz ne soient couchez ès estatz généraulx de noz finances ne estatz particuliers d'iceulx noz officiers comptables, que descharge ou descharges ne soient levées, et les dernières ordonnances par nous faictes en l'an mil quatre cens et quatre-vingtz-dix-huict et depuis nostre advénement à la couronne, tant sur le faict, ordre et distribucion de nosdites finances que des officiers extraordinaires et nouvellement créez en nostredicte Chambre des Comptes et sur l'abolicion d'iceulx officiers et offices, et quelzconques autres ordonnances par nous et noz prédécesseurs faictes et à faire, que ne voullons quant à l'effect de cesdictes présentes et en ce qui en peult et pourroit deppendre aucunement préjudicier, et en tant que lesdictes ordonnances seroient à icelles aucunement contraires et préjudiciables nous y avons desrogé et desrogeons par cesdictes présentes comme dit est, le tout sans préjudice d'icelles ordonnances en autres choses; et affin que ce soit chose ferme et estable à tousjours nous avons à cesdictes présentes lectres faict mectre notre séel, aux *vidimus* ou coppies desquelles deument collacionnés à l'original voullons foy estre adjoustée comme audit original.

Donné à Bloys, ou mois de décembre l'an de grâce mil cinq cens et unze, et de nostre règne le XIIIme.

Ainsi signé : Loys, par le roy, Vous, les généraulx des finances et autres présens, Robertet [1].

1. Suivent dans le manuscrit fr. 5284 les formules d'enregistrement

XVI

Montreuil, 30 *juin* 1517. — *Ordonnance sur les aides, tailles et gabelles.*

Bibl. Nat., ms. fr. 5297, tout entier. — Publ. Fontanon, II, 910 et 989.

Françoys, par la grâce de Dieu roy de France, à tous ceulx qui ces présentes lectres verront, salut. Comme pour la tuicion, garde et deffence de nostre royaume, pays, terres et seigneuries d'icelluy, résister et obvier à plusieurs entreprinses que contre nostredit royaume et couronne de France aucuns ses ennemys et malveillans s'estoient et sont par cy-devant efforcez faire, ait convenu à nos prédécesseurs roys mectre sus et entretenir grant nombre de gens de guerre pour la soulde et payement desquelz et aussi pour subvenir aux autres grans fraiz, charges et affaires que pour le faict desdictes guerres ilz ont eu à supporter et soustenir, iceulx nos prédécesseurs ayent esté contrainctz croistre et augmenter les imposicions, aydes, tailles anciennement nommez fouages, et gabelles ayans cours en nostredit royaume; et, combien que par les ordonnances faictes par nosdictz prédécesseurs sur le faict d'iceulx aydes et gabelles toutes manières de gens y soient contribuables, fors et excepté ceulx qui par lesdictes ordonnances en sont exemps, et partant deussent estre de grant valleur et revenu, néantmoins, ainsi que avons esté advertiz, plusieurs et quasi la pluspart de nos subgectz, mesmes les plus riches et opulans, de divers estatz, en contrevenant à nosdictes ordonnances, se sont par cy-devant efforcez et efforcent de jour en jour eulx en exempter,

à la Chambre des Comptes. Cet enregistrement eut lieu le 3 février 1512.

desrober et fraulder nos droictz et deniers procédans desdictz aydes et gabelles, tellement, que, pour la grant diminucion et petit revenu d'iceulx, nous a convenu et pourrions cy-après estre contrainctz augmenter et charger d'autant par forme de taille nostre pouvre peuple à nostre très grant regret, doeil et desplaisir, car de tout nostre cueur et povoir désirons le solaiger et garder de folle et opression ; pareillement se font et commectent journellement plusieurs fraultes, faultes et abuz au faict de nosdictes tailles, excercice et administracion de la justice d'iceulx aydes, tailles et gabelles, tant par la non-résidence et insouffisance d'aucuns noz officiers que autrement, qui a redondé et redonde à la charge de la chose publicque de nostredit royaume, diminucion et retardement de nosdictz deniers, et plus pourroit estre s'il n'y estoit par nous convenablement pourveu.

Savoir faisons que nous, les choses dessusdictes considérées et désirans augmenter et plus facillement faire venir ens le revenu de nosdictz aydes, tailles et gabelles, affin que d'autant puissions diminuer de nosdictes tailles et faire cesser les faultes et abbuz qui comme dit est y ont esté et sont commis, le tout au soullagement de nostredicte chose publicque, pour l'advis et délibéracion des gens de nostre Conseil et de noz finances, avons faict, ordonné et statué, faisons, ordonnons et statuons par édict et statut royal les ordonnances, poinctz et articles qui s'ensuyvent :

1. Premièrement, en ensuivant les anciennes ordonnances faictes par nosdictz prédeccesseurs roys, avons statué et ordonné et par ces présentes statuons et ordonnons que les esleuz et greffiers par nous establiz sur le faict de nosdictes aydes et tailles ès ellections de nostredit royaume excerceront leurs offices en personne, résideront et feront leur demourance continuelle en la ville capital et au principal siège de leur ellection dedans troys moys après la publicacion de ces présentes, sur peine de privacion de leurs offices, non obstant

les lectres de non-résidence qu'ilz pourroient avoir obtenues ou obtenir cy-aprés par importunité, faveur ou autrement, ausquelles ne voulons estre obtempéré et les avons cassées et adnullées, cassons, adnullons et révocquons par ces présentes. Toutesfoiz, là où il adviendroit que nosdictz esleuz feussent légitimement empeschez par maladie ou autre raisonnable et nécessaire cause, tellement qu'ilz ne peussent excercer leurs offices en personne, en ce cas, nosdictz esleuz collégiallement assemblez pourront commectre et establir, si commis n'y ont, quant vaccacion aura lieu au siège principal de leur ellection, ung commis seulement, homme de bien, lectré et expérimenté au faict de justice et judicature, qui n'ayt aucune charge de nostre juridicion ordinaire, lequel commis, ou cas dessusdit, excercera la jurisdicion au siège principal en l'absence de tous lesdictz esleuz ; et, où tous lesdictz esleuz ne seroient empeschez comme dit est, l'esleu présent excercera la jurisdicion et pourra appeller si bon luy semble ledit commis qui assistera avec luy comme conseil ; et ne pourra icelluy commis estre destitué par lesdictz esleuz qui l'auroient commis ne par leurs successeurs esdictz offices sinon ès cas de l'ordonnance et avec congnoissance de cause ; et semblablement ès autres sièges particuliers lesdictz esleuz commectront collégiallement ung commis, quant vacation aura lieu, qui n'aura charge de ladicte jurisdicion ordinaire et qui ne pourra estre destitué sinon ainsi que dit est dessus[1].

2. Item, et seront semblablement tenuz les receveurs de nosdictz aydes et tailles [et autres] excercer leurs offices en personne, avoir et tenir leurs domicilles dedans leursdictes receptes et siège principal, fors et excepté ès grandes receptes et où il y a plusieurs sièges, esquelles lesdictz receveurs se pourront tenir et résider en l'un d'iceulx sièges et aux au-

1. Cf. XIII, 1 et VII, 1 à 4. — A rappr. aussi des art. 20 et 26 des Instr. du 28 février 1436, *Ord.*, XIII, 213-214, 7 de celles du 6 juillet 1388, *Ibid.*, VII, 766, et 20 de celles de février 1384, *Ibid.*, VII, 54.

tres commectre commis ydoines et souffisans, bien famez et renommez [1].

3. Item, ne pourront nosdictz esleuz, procureurs et greffiers sur le fait de nosdictz aides et tailles, grenetiers et contrerolleurs avoir et tenir office en nostre jurisdicion ordinaire ; pareillement ne pourront iceulx esleuz estre grenetiers ou contrerolleurs, ne noz receveurs des aydes et tailles estre esleuz, grenetiers ou contrerolleurs ; et si aucuns en contrevenant à ceste présente ordonnance estoient pourveuz desdictz deux offices, seront tenuz, dedans trois moys après la publicacion de ces présentes, opter et eslire auquel desdictz deux offices ilz se vouldront arrester, pour, ce faict, estre pourveu à l'autre ainsi que de raison ; autrement, ledict temps passé, dès mainctenant pour lors déclairons lesdictz offices vaccans et impétrables ; et si aucuns en avoient eu de nous ou de nosdictz prédécesseurs aucunes dispenses, nous les avons révocquées et révocquons [2].

4. Item, et combien que nosdictz esleuz soient tenuz chevaucher leurs élections pour savoir la faculté des habitans d'icelles, néantmoins, ainsi que avons esté advertiz, ilz en font très petitement leur devoir, et non pour tant ne laissent point à eulx faire payer des tauxacions pour ce à eulx ordonnées, au moyen de quoy est advenu et journellement advient que en faisant par eulx l'assiecte et deppartement de nosdictes tailles ilz ne savent par où en prendre, foullent ceulx qu'ilz devroient soulager et en ostent où il en fauldroit mectre, tellement que esgallitté n'est gardée esdictes assiectes ; à ceste cause, enjoignons très expressément à nosdictz esleuz que doresnavant par chacun an ilz voisent visiter et chevaucher leursdictes élections et s'enquérir diligemment des facultez, pertes et inconvéniens advenuz ès par-

1. Cf. XIII, 43.
2. Cf. IX, 18.

roisses d'icelles selon et en ensuyvant l'ancienne ordonnance sur ce faicte, laquelle leur enjoignons garder sur les peines contenues en icelle, et des visitacions et chevauchées par eulx faictes bailleront certificacion en forme autenticque, signée du greffier de leur élection, au receveur commis à les payer devant que estre payez desdictes tauxacions, lesquelles certificacions ledict receveur sera tenu rapporter par chacun an sur ses comptes, sur peine de recouvrer sur luy ce qu'il en auroit payé; et néantmoins, là où nosdictz esleuz ne feroient lesdictes chevauchées et visitacions, nous voulons qu'ilz soient privez et les privons dès mainctenant pour lors desdictes tauxacions pour l'année en laquelle ilz auront failly faire icelles visitacions ; et néantmoins ordonnons et enjoignons à noz procureurs esdictes élections qu'ilz en advertissent noz amez et féaulx les généraulx tant sur le faict et gouvernement de noz finances que de la justice de noz aydes ausquelz nous commandons en faire la pugnicion telle qu'ilz en adviseront et verront estre affaire par raison.

5. Item, enjoignons à nosdictz esleuz que dedans huitaine après qu'ilz auront receu le mandement et commission pour imposer noz tailles, ilz procèdent à faire l'assiecte et deppartement d'icelles sur les parroisses particulières de noz élections, le fort portant le foible en ensuivant les anciennes ordonnances, et, ledict deppartement faict, facent bailler les commissions aux receveurs de nosdictes tailles pour les envoyer ausdictes parroisses le plus dilligemment que faire se pourra, sur peine de nous en prendre à eulx si par leur négligence y avoit aucune faulte ou retardement, et d'amende arbitraire.

6. Item, voulons et ordonnons que les assiectes et deppartement de nosdictes tailles soient faictes par nosdictz esleuz et greffiers, chacun en son élection, et soient signez d'eulx, et que ausdictz deppartement et assiectes seront tenuz ap-

peller et y assisteront et auront voix noz recepveurs desdictes tailles et procureurs esdictes élections[1].

7. Item, et combien que nosdictes tailles doibvent estre assises, portées et payées par toutes manières de gens contribuables, le fort portant le foible, toutesfoiz, ainsi que nous avons esté advertiz, les plus riches et opulans mesmes du plat pays sont ceulx qui en payent le moins et qui tachent à eulx en exempter, les aucuns soubz coulleur de ce qu'ilz se dient nobles combien qu'il n'en apparoisse riens, les autres qui sont fermiers et mestaiers d'aucuns gens d'église, nobles ou autrement, qui est tousjours à la folle de nostredit pouvre peuple; à ceste cause, avons enjoinct et enjoignons à nosdictz esleuz, chacun en son élection, que en faisant par eulx lesdictes chevauchées et visitations ilz s'enquèrent si tous les habitans des parroisses de leurs élections sont assis et imposez à nosdictes tailles, et où ilz trouveront aucuns contribuables obmis à imposer ou qui ne seront assis et imposez à juste taux eu esgart à leurs facultez, ilz les facent asseoir et imposer à taux raisonnables par les habitans et asséeurs desdictes paroisses, et à ce faire contraignent ou facent contraindre lesdictz habitans, asséeurs et autres par toutes voyes et manières deues et raisonnables, et néantmoins, au reffuz ou délay de ce faire par lesdictz habitans et asséeurs, nous voulons que nosdictz esleuz, appellez troys ou quatre des plus gens de bien desdictes paroisses, les assient et imposent selon leursdictes facultez et à payer leur taux contraignent lesdictz imposez comme pour noz propres deniers et affaires, non obstant opposicions ou appellacions quelzconques[2].

8. Item, et pour ce que en nostredit royaume y a aucunes villes et lieux, collèges et communitez et aussi aucuns

1. Cf. VII, 16, et XIII, 36.
2. Cf. XI, 10 et 11.

particuliers habitans, tant noz officiers que autres, qui se veullent dire et mainctenir estre francs et exemps des tailles, aydes et gabelles, nous ordonnons que toutes les villes, lieux, collèges, communitez, noz officiers et autres particuliers soient imposez à nosdictes tailles et icelles payent et portent, le fort portant le foible, fors et excepté ceulx qui par noz ordonnances ou previllège particulier deuement par nous confermé, vérifié et expédié, tant par nosdictz généraulx sur le faict de noz finances que de ladicte justice, en sont exemps et qui en ont joy plainement et paisiblement; et enjoignons à nosdictz esleuz contraindre lesdictz eulx disans previllégiez á leur monstrer et exhiber leursdictz previllèges, et où ilz trouveront iceulx previlèges n'estre deuement ne suffisamment vérifiez et enregistrez ès cours et ainsi qu'il est acoustumé comme dit est ou d'iceulx n'avoir justement joy, les imposent à nosdictes tailles comme les autres non previllégiez.

9. Item, [voulons] que toutes les lectres de dons et octroictz par noz prédécesseurs ou nous faictz aux villes, églises ou autres particuliers de nostre royaume à les avoir et prendre sur le sel passant ou vendu et distribué en noz greniers ou sur le vin vendu en gros ou détail en nostredit royaume, à perpétuité ou à vies, soient vérifiées, entérinées et expédiées par nosdictz généraulx et conseillers tant sur le faict de la finance que de ladicte justice, et tous ceulx qui seront à temps pour dix ans et au dessoubz, par les généraulx de nosdictes finances; autrement n'entendons lesdictz dons et octroictz avoir lieu et sortir aucun effect, en defandant à nosdictz esleuz, grenetiers et contrerolleurs et chacun d'eulx en son regard de ne permectre lesdictz dons et octroictz estre levez sur peine de s'en prendre à eulx.

10. Item, deffendons et voullons estre deffendu par nosdictz esleuz aux habitans et asséeurs des tailles des paroisses de leur élection qu'ilz ne assiéent avec les deniers de noz tailles

aucunes sommes de deniers fors celles et ainsi que contenu est en l'ordonnance faicte par feu nostre très cher seigneur et beau-père le roy Loys dernier déceddé, que Dieu absolve, laquelle nous enjoignons à nosdictz esleuz et à nosdictz asséeurs respectivement garder et faire garder et observer selon sa forme et teneur[1].

11. Item, deffendons à nosdictz esleuz, sur peine de suspencion de leurs offices et amendes arbitraires, que doresnavant ilz ne commectent collecteurs pour cuillir et lever les tailles mises sus ès paroisses de leurs élections, mais voullons et ordonnons que lesdictz collecteurs soient esleuz par lesdictz habitans d'icelles à leurs périlz et fortunes, lesquelz collecteurs n'auront que douze deniers pour livre pour cuillir ledit collectaige, et au dessoubz s'il y a aucun qui la veille mectre au rabaiz, et sera icelle somme imposée avec les deniers de nosdictes tailles, en ensuyvant l'ordonnance de nostredict feu seigneur et beau-père[2].

12. Item, ordonnons et enjoignons aux asséeurs de nosdictes tailles que doresnavant aux rolles d'icelles ilz déclairent et spécifient les sommes par eulx imposées, savoir est, combien et quelle somme tant pour nostre taille que pour les fraictz de l'assiecte, et quelle pour le collectaige au fur de douze deniers parisis pour livre ou moins ainsi que dessus a esté ordonné, sur peine d'amende arbitraire ; et deffendons de rien lever sans avoir rolle signé en ensuivant l'ordonnance ancienne.

13. Item, enjoignons ausdictz greffiers de nosdictes élections qu'ilz facent bons et vrays papiers et registres des amendes qui nous seront adjugées en leursdictes élections sans aucunes

1. Cf. XI, 7, et XIII, 37 et suiv.
2. Cf. XI, 8 et suiv., et aussi l'art. 5 de l'Ord. du 21 novembre 1379, *Ord.*, VI, 444, où il est question des asséeurs et des collecteurs élus par les gens des paroisses.

en receller et icelles bailleront par chacun an en ung rolle avec le contrerolle du bail des fermes aux receveurs de nosdictz aydes chacun en son élection pour icelles recevoir et faire venir ens ; pareillement, les mectent lesdictz greffiers au bout du bout du rolle et pappier du bail des fermes qu'ilz sont tenuz bailler ou envoyer par chacun an au général de leur charge, sur peine de privacion d'office[1].

14. ITEM, et semblablement enjoignons à nosdictz greffiers enregistrer ou faire enregistrer tous les appoinctemens, sentences, affirmacions et expédictions faictes et données ès matières pendans par devant lesdictz esleuz, soit qu'elles soient donnés judiciellement par devant nosdictz esleuz ou du consentement des parties, et d'iceulx faire bons papiers et registres, ausquelz les parties puissent avoir recours et recouvrer lesdictz appoinctemens, expédicions et affirmacions, sans ce que pour ce lesdictes parties soient tenuz en payer aucune chose, mais où lesdictz appoinctemens, sentences, affirmacions ou expédicions seront levez, en auront et prendront sallaire selon et en ensuyvant l'ordonnance faicte par nostredit feu seigneur et beau-père et non plus, sur peine de privacion de leurs offices, dommaiges et intérestz des parties et amende arbitraire.

15. ITEM, et combien que par les anciennes ordonnances[2] soit dit et ordonné que les esleuz vuideront sommairement les matières qui sont par devant eulx, néantmoins, par l'impéricie d'aucuns de nosdictz esleuz, ainsi qu'il est à présumer, iceulx esleuz souffrent et font entrer les parties plaidans par devant eulx en grans involucions de procès en petites matières qu'ilz devroient vuider sur le champ par expédiant sommairement ou autrement, tellement que en une matière où il ne sera [question] que de cinq solz ou moins il coustera aux

1. Cf. XIII, 3.
2. En particulier, l'art. 18 des Instr. de 1436, *Ord.*, XIII, 212.

parties vingt ou trente livres à la poursuicte, qui est une chose exhorbitant à raison et qui vient à la charge et folle grande de nosdictz subgectz ; à ceste cause, avons statué et ordonné que doresnavant nosdictz esleuz chacun en leur ellection vuident et décidden les matières et procès pendans par devant eulx en matière de surtaux et autres petites matières qui ne sont d'importance et conséquence sommairement par expédiant ou autrement sur le champ par l'opinion des assistans si faire se peult, et où ilz seront trouvez faisant le contraire, nous voulons qu'ilz soient condampnez en l'amende envers nous et ès despens, dommaiges et intérestz des parties par nostredicte Court des aydes.

16. Item, voulons et ordonnons que ès procès pendans par devant nosdictz esleuz entre deux paroisses pour raison des taux d'aucuns particuliers prétenduz par chacune desdictes paroisses estre de sa limitte, nosdictz esleuz procèdent sommairement à adjuger la provision, examinent et interroguent, si besoing est, jusques au nombre de six tesmoings au plus de chacun costé non suspectz, et sans figure de procès ordonnent en laquelle desdictes paroisses lesdictz particuliers seront imposez et payeront par manière de provision pendant le procès principal.

17. Item, quant est des sentences, commissions et autres expédicions qu'il convient estre séellées, les parties seront tenuz fournir la cire et seront séellées par nosdictz esleuz sans en prendre aucun prouffict, sur peine à iceulx esleuz d'amende arbitraire.

18. Item, voullons et ordonnons que les enquestes qu'il conviendra cy-après faire ès matières pendans par devant nosdictz esleuz ou par vertu des commissions esmanées de nostredicte Court des généraulx addressant ausdictz esleuz ou autrement seront faictes par l'un de noz esleuz seul, prins pour adjoinct le greffier de ladicte ellection ou autre en ensuy-

vant l'ordonnance, lesquelz seront tenuz mectre et escripre à la fin de la depposicion de chacun tesmoing le sallaire qui luy aura esté tauxé par eulx, et pour leur sallaire auront et prandront ce qui est ordonné par l'ordonnance faicte par nostredict feu seigneur et beau-père et en ensuivant icelle et non plus, sur peine de recouvrer sur eulx le trop payé et d'amande arbitraire.

19. Item, et pour ce qu'il s'est trouvé que plusieurs faultes et exactions ont esté faictes et commises par les commissaires qui par cy-devant ont esté commis à lever les chevaulx pour la conduicte de nostre artillerie et que par argent et faveur en ont exempté qui bon leur a semblé en prenant lesdictz chevaulx sur aucuns particuliers seullement, avons voulu et ordonné, voulons et ordonnons que les commissions qui doresnavant seront par nous dicernées pour ledict faict soient adressées à nosdictz esleuz chacun en leur ellection, lesquelz avec le commissaire qui en icelles commissions sera nommé feront lever lesdictz chevaulx, dont lesdictz esleuz feront le despartement sur les paroisses moins foullées de leurdicte élection, le fort portant le foible et ainsi qu'ilz verront estre affaire en leurs consciences, à la moindre foulle que faire se pourra.

20. Item, deffendons que noz fermes ne soient baillées à aucuns de noz officiers, gens de noz guerres et qui sont à nostre soulde ne à officiers de haulx justiciers en leur haulte justice, et n'ayent les dessusdictz aucune association ou compaignie avec les fermiers de nosdictes fermes, et si par inadvertance ou ignorance ilz en prenoient aucunes, nous voullons qu'elles leur puissent estre ostées par une simple enchère, en quelque temps que ce soit[1].

1. A rappr. des art. 6 des Instr. du 28 février 1436, *Ord.*, XIII, 211, 14 de celles du 11 mars 1389, *Ibid.*, VII, 248, et 6 de celles de février 1384, *Ibid.*, VII, 53.

21. Item, et pour ce que par l'ancienne ordonnance est statué et ordonné que nosdictz fermiers seront tenuz nommer leurs pleiges dedans le jour que la ferme leur est demourée, qui est une chose assez rigoreuse, car il pourroit advenir que celluy qu'ilz auroient nommé ne les vouldroit caucionner, à ceste cause avons ordonné et ordonnons que, dedans trois jours après ladicte ferme demourée, lesdictz fermiers seront tenuz nommer leursdictz pleiges et iceulx amener dedans la huitaine, sur les peines et ainsi qu'il est contenu en ladicte ancienne ordonnance, laquelle quant à ce demoure en sa force et vertu[1].

22. Item, pour ce que, par la multitude des ouvriers des monnoyes[2] de nostre royaume, grant perte et diminucion est advenue et advient journellement ès deniers de nosdictz aydes, ainsi que nous avons esté advertiz, parce que les plus riches marchans et autres de divers estatz, qui devroient payer grans deniers à cause de leurs vins et autres denrées qu'ilz vendent et font vendre de leur creu, trouvent façon par faveurs, amys, argent ou autrement d'estre receuz en noz monnoyes, combien qu'ilz soient purs ignorans et non congnoissans ou faict de nosdictes monnoyes et ne soient de vaccacion, estat et qualité conforme à l'estat de monnoyer, car le plus souvent sont gens de praticque et autrement, tellement qu'il est vraysemblable qu'ilz ne se font recepvoir en nosdictes monnoyes que pour deffraulder noz deniers et estre exemps de nosdictes aides et tailles, à ceste cause, avons ordonné et ordonnons que doresnavant aucun soy disant monnoyer ne joyra des previlléges et exemptions octroyez ausdictz monnoyers sinon qu'il soit vray monnoyer, de mestier, qualité et vaccacion conforme audict estat, homme ydoine, expérimenté et congnoissant au faict de monnoyer,

1. Cf. XIII, 23.

2. Le manuscrit porte *des ouvriers de monnoyers*, mais ce passage est surchargé. Il est probable que la leçon primitive était celle que nous adoptons.

besongnant actuellement en noz monnoyes, demeurant et résident en la ville et lieu où sera la monnoye dont il est monnoyer et sans fraulde, et ne voulons que aucune translation de monnoyer soit faicte de monnoye à autre, et si aucunes en ont esté faictes [par cy-devant], les avons révocquées [et révocquons] par cesdictes présentes.

23. Item, quant aucuns fermiers ont esté trouvez redevables envers nous à cause de leurs fermes et que noz receveurs ont voulu contraindre leursdictz pleiges et compaignons, iceulx pleiges et compaignons l'ont voulu empescher soubz coulleur de ce qu'ilz ont voulu dire que on ne se povoit adresser à eulx que préalablement le fermier principal preneur de ladicte ferme ne fust rendu non solvable et que nosdictz receveurs eussent faict dilligence à l'encontre de luy et de ses biens tant meubles, immeubles que debtes à luy deues, qui a esté et pourroit cy-après estre cause du retardement et recullement des deniers de nosdictes fermes; pour à quoy obvier avons ordonné et ordonnons que doresnavant, quant aucun fermier sera demouré en reste à cause de nosdictes fermes, nosdictz receveurs de nosdictz aydes se pourront adresser en premier lieu audict fermier principal et à ses pleiges qui sont compaignons en la ferme dont il sera demouré redevable, et où lesdictz pleiges ne seront compaignons en icelle ferme, en ce cas nosdictz receveurs, après ce qu'ilz auront faict dilligence contre ledict fermier et ses biens meubles exploictables seullement, se pourront adresser à l'encontre desdictz pleiges et iceulx contraindre et faire contraindre, sans ce que nosdictz receveurs soient tenuz faire autres ne plus amples dilligences contre ledict fermier en ses biens immeubles et debtes ni iceulx faire crier.

24. Item, et combien que par infinies ordonnances, arrestz et [jugemens] donnez en nostredicte Court des aydes ayt esté deffendu à nosdictz esleuz, procureurs, receveurs, greffiers et autres officiers de nosdictz aydes de ne prendre

aucun droit de vinaige ou autres prouffictz sur les fermiers à cause de leursdictes fermes, néanmoins, pour ce que en aucunes de noz élections lesdictz fermiers par aucun temps et par quelque honnesteté et gracieuseté ont donné à nosdictz esleuz et autres officiers quelques petitz présens, comme ung plat de poisson aux festes annuelles, des chappeaulx de rose au moys de may et autres petiz dons gracieulx, iceulx esleuz ont voulu tirer cecy à conséquence et convertir lesdictz présens en argent, tellement que de présent ilz contraignent lesdictz fermiers à leur bailler par chacun an en argent contant, l'un vingt livres, l'autre dix, plus ou moins selon la qualité de leurs fermes, et qui plus est, quant lesdictz fermiers ont esté reffusans de les payer, leur ont iceulx esleuz faict et faict faire de grosses menasses, qui pourroit estre cause de desmouvoir lesdictz fermiers de prendre nosdictz fermes, quoy que soit, de les mectre à si hault pris qu'ilz feroient ; à ceste cause, inhibons et deffendons à nosdictz esleuz, receveurs, greffiers, procureurs et autres officiers de nosdictz aides de ne contraindre ou exiger desdictz fermiers directement ou indirectement aucune somme d'argent, vinages ou autre prouffict quel qu'il soit pour raison desdictz fermes et commissions d'icelles, fors ce qui est ordonné par les anciennes ordonnances, et ausdictz fermiers de ne leur en bailler aucune chose, sur peine à iceulx fermiers d'amande arbitraire et ausdictz esleuz, receveurs, greffiers, procureurs et autres officiers de privacion de leurs offices et d'amande arbitraire[1].

25. Item, et pour ce que nous avons esté advertiz que noz receveurs, tant des tailles par nous mises sus que des amandes à nous adjugées, baillent ordinairement leurs roolles et escroues pour exécuter et faire venir noz deniers ens à plusieurs sergens de leur congnoissance, lesquelz pour défraulder nostre droit et en exigeant de noz subgectz

1. Cf. XIII, 32, et VII, 26.

quelque somme de deniers apportent le plus souvent à nosdictz receveurs certificacion de non-valoir, lesquelles nosdictz receveurs emploient à la redicion de leurs comptes, qui nous viennent à grosse perte et diminucion de noz deniers et à la grant charge et foulle de nostre peuple et subgectz, pour à ce obvier, nous avons ordonné et voulons que doresnavant lesdictz sergens qui apporteront lesdictes certificacions de non-valoirs les facent signer, séeller et certiffier par noz esleuz, chacun en son esgart et élection, et touchant lesdictes amendes par lesdictz esleuz, grenetiers et contrerolleurs dont sera appel intergecté, chacun en son esgard, sur peine à noz receveurs de les recouvrer sur eulx.

26. Item, et en ensuivant ce que par noz prédeccesseurs a esté par cy-devant statué et ordonné, voulons et nous plaist que les grenetiers, contrerolleurs et mesureurs par nous establiz ès greniers à sel de nostre royaume excercent et soient tenuz excercer leurs offices en personnes sans lieutenant, pour faire leur résidence et demourance continuelle en la ville et lieu où est estably le grenier dont ilz sont officiers, dedans trois moys après la publicacion de ces présentes, sur peine de privacion de leurs offices et d'amande arbitraire, non obstant les lectres de non-résidence qu'ils pourroient avoir eues ou auroient cy-après par importunité, faveur ou autrement, ausquelles ne voulons estre obtempéré et les avons cassées, adnullées et révocquées, cassons, adnullons et révocquons par cesdictes présentes[1].

27. Item, et enjoignons à nosdictz grenectiers et contrerolleurs que, par chacun an, à commancer à la fin du moys de février, ilz voisent visiter et reserchér les paroisses assises au dedans des fins et limites de leurs greniers eulx enquérir des faultes commises par les subgectz de leursdictz greniers ou faict de nosdictes gabelles, et en icelles, s'ilz voyent que

1. Cf. XIII, 51.

bon soit, facent lire et publier les ordonnances anciennes faictes par nosdictz prédécesseurs concernans le faict et entretènement d'icelles gabelles, en enjoignant à toutes gens, de quelque estat ou condicion qu'ilz soient, aller ou envoyer quérir et prendre sel esdictz greniers dont ilz sont du ressort[1], en leur faisant inhibicions et deffenses de n'en prendre ou achapter des faulx saulniers ne ailleurs, sur peine de confiscacion dudict sel et des chairs qui en seroient sallées et d'amende arbitraire.

28. Item, et où nosdictz grenetiers et contrerolleurs trouveroient aucuns faulx saulniers, leurs alliez, facteurs et recelleurs, procèdent iceulx grenetiers et chacun d'eulx par prinse de corps et saisissement dudict sel, chairs ou voictures, adjournemens personnelz, condampnacions ou autrement, selon l'exigence des cas et en ensuivant lesdictes anciennes ordonnances faictes par nosdictz prédécesseurs concernans le faict desdictz faulx saulniers usans de sel non gabellé, lesquelles voulons estre et demourer en leur force et vertu, et icelles enjoignons à nosdictz grenetiers et contrerolleurs garder et observer de point en point selon leur forme et teneur[2].

29. Item, et, pour plus facillement veoir et congnoistre ceulx qui auront prins sel en nosdictz greniers et ceulx qui n'y en ont prins, enjoignons à nosdictz grenectiers et contrerolleurs faire bons papiers et registres de ceulx qui viendront prendre sel en leursdictz greniers séparément par paroisses.

30. Item, enjoignons aux collecteurs qui seront commis pour lever les deniers du sel baillé par impost que, dedans

1. A rappr. des art. 7 des Instr. de 1372, *Ord.*, V, 577, 28 de celles de 1379, *Ibid.*, VI, 447, et 16 de celles de 1383, *Ibid.*, VII, 751.

2. Cf. art. 29 à 32 de l'Ord. de 1379, *ut sup.*, et 6 des Instr. du 6 juillet 1388, *Ord.*, VII, 766.

trois sepmaines après le rolle dudict impost faict, ilz apportent ung double signé et autentique par devers nosdictz grenetiers et contrerolleurs, chacun en sa limite, ouquel soient escriptz les noms et surnoms de tous les habitans de la paroisse, leur impost et le nombre de leurs gens et famille[1].

31. Item, et en faisant par nosdictz grenectiers et contrerolleurs leurs visitacions et recherches, portent le double de leursdictz papiers et rolles, et en chacune paroisse, s'ilz voient que bon soit, envoyent quérir le papier et rolle de la taille, auquel exhiber voulons les collecteurs d'icelle estre contrainets par toutes voyes deues et raisonnables, non obstant opposicions ou appellacions quelzconques et sans préjudice d'icelles, pareillement voient le roolle de l'impost, si c'est en lieu où ledict impost ayt cours ; et où, par l'inspection desdictz pappiers et roolles, informacion, confession de partie, et autrement deuement, ilz trouvent aucuns des habitans, de quelque estat, qualité ou condicion qu'ilz soient, n'avoir prins sel ou grenier dont ilz sont du ressort ou n'en avoir eu à souffisance pour leur user, eu esgard à leur faculté, famille, gens, serviteurs et mesnage, les condampnent, eulx sur ce préalablement et sommairement ouyz, en amendes envers nous, restitucion de noz droitz de gabelle et autres peines, ainsi qu'ilz verront estre affaire par raison.

32. Item, ordonnons que ès greniers esquelz le sel se baille par impost noz grenetiers au commancement de l'année envoyront aux paroisses de leursdictz greniers une commission pour toute l'année, par laquelle soit mandé imposer leur entier impost pour icelle année, laquelle commission sera signée desdictz grenetiers et contrerolleurs et séellée de leurs séelz, pour laquelle ilz prendront douze deniers et non plus, lesquelz seront divisez entre eulx par esgalle porcion,

1. Cf., pour cet art. et les suiv., XIII, 63.

et deffendons à nosdictz grenectiers de ne envoyer aucunes desdictes commissions que préalablement elles ne soient signées desdictz contrerolleurs et séellées de leur séel, le tout sur peine d'amende arbitraire.

33. ITEM, inhibons et deffendons à nosdictz grenectiers de ne contraindre ou induire les subgectz de leursdictz greniers à prendre billet ou quictance d'eulx du sel qu'ilz prendront en gabelle ainsi qu'il s'est trouvé qu'ilz font en aucuns de nosdictz greniers, mais leur remonstrent qu'ilz ne sont point tenuz en prendre, et néantmoins, où ilz en vouldront avoir, lesdictz grenectiers n'en pourront avoir ou prendre que deux deniers pour billet, le tout sur peine de privacion de leurs offices et d'amende arbitraire.

34. ITEM, ne pourront nosdictz grenectiers et contrerolleurs commectre collecteurs pour lever ledict impost, mais seront esleuz par les habitans desdictes paroisses à leurs périlz et fortunes, lesquelz collecteurs auront tel et pareil sallaire qu'il a esté par nous ordonné pour les collecteurs de nosdictes tailles et non plus, sur peine d'amende arbitraire.

35. ITEM, et pour ce que aucuns marchans fournissans de sel nosdictz greniers sont par cy-devant venuz à plaincte à nous et à nosdictz généraulx de ce que en aucuns de nosdictz greniers où le sel se mect en garde et dépost, lesdictz grenectiers et contrerolleurs font séjourner et longuement actendre les chartiers et voituriers qui viennent quérir le sel pour estre mené au grenier où il a esté présenté affin de exiger d'eulx, comme il est à présumer, quelque somme d'argent ou autre propine, nous enjoignons à nosdictz grenectiers et contrerolleurs sur peine de privacion de leurs offices, que le plus dilligemment que faire se pourra ilz depeschent lesdictz charestiers et voicturiers sans les faire indeuement séjourner, et pour chacun billet que nosdictz grenetiers et contrerolleurs bailleront signé d'eux, ilz en prendront deux

deniers chacun pour moictié et non plus, sur la peine que dessus et d'amende arbitraire.

36. Item, deffendons à nosdictz grenectiers de excercer seulx et sans leurs contrerolleurs la juridicion de nosdictes gabelles, sur peine d'amende arbitraire et de payer les dommaiges et intérestz des parties plaidans par devant eulx.

37. Item, enjoignons à nosdictz contrerolleurs de assister et eulx trouver avec nosdictz grenectiers à l'expédicion de la juridicion et autres actes concernans le faict de nosdictes gabelles, en manière que par leur faulte, coulpe ou négligence les parties ne soient aucunement intéressées et noz autres affaires recullées, sur peine d'amende envers nous et des dommaiges et intérestz envers lès parties intéressées.

38. Item, et pour ce que aucuns, acusez d'avoir prins sel ailleurs que ou grenier dont ilz sont du ressort, se sont excusez disant en avoir prins des regratiers, pour la multitude desquelz l'on n'en a peu savoir la vérité, nous avons ordonné et ordonnons le nombre excessif desdictz regratiers estre réduict et restrainct par nosdictz grenectiers et contrerolleurs à petit nombre en chacune ville, lieu ou burgade où par cy-devant a acoustumé avoir regratiers, lesquelz, en ensuivant l'ancienne ordonnance, seront tenuz faire le serment par devant nosdictz grenetiers et contrerolleurs et en prendront lectre et commission dont ilz payeront quatre solz parisiz pour la première et deux solz parisiz pour chacune commission ou lectres des années subséquantes, et ne vendront sel que à petites mesures ainsi que contenu est en ladicte ancienne ordonnance[1].

39. Item, en ensuivant les ordonnances anciennes, inhibons et deffendons à noz grenetiers et contrerolleurs

1. A rappr. l'art. 22 de l'Ord. du 21 novembre 1379, *Ord.*, VI, 447.

de ne excercer par eulx ne par autre aucun faict de marchandise et n'avoir part ne société avec autres marchans, et mesmement en marchandise de sel, en leurs greniers ne ailleurs en quelque manière que ce soit, sur peine de privacion d'office et d'amende arbitraire.

40. Item, prohibons et deffendons à nosdictz grenetiers et contrerolleurs de ne prendre de leur auctorité ne autrement aucun droit de sel, et aussi aux marchans de ne [en] donner aux mesureurs, porteurs ne autres quelz qu'ilz soient, et ne leur permectent ou souffrent en prendre ou emporter, soit en mesurant aux bapteaulx, en allégeant ou autrement en quelque sorte que ce soit, fors de celluy qui est en noz greniers et en payant nostre droit de gabelle ; toutesfois nous n'entendons pas comprendre en ceste présente nostre ordonnance ceulx qui ont droit de péages et autres tribuz de sel, lesquelz pourront avoir de leur sel par les mains de noz grenetiers et contrerolleurs franchement et quictement pour leur user et despense, et le reste, s'aucun en y a, sera vendu en nosdictz greniers selon et ainsi que contenu est en l'ordonnance sur ce faicte par nosdictz prédécesseurs, laquelle voulons estre et demourer en sa force et vertu [1].

41. Item, voulons et ordonnons aux marchans fournissans nosdictz greniers faire mectre et descendre en iceulx greniers si grande quantité de sel qu'il n'y en soit vendu qui ne soit sec et esgouté et qui n'ayt esté deux ans au grenier pour le moins, sur peine d'amende arbitraire, et enjoignons à nosdictz grenectiers et contrerolleurs garder et faire garder et observer ceste présente ordonnance de point en point sans enfraindre, sur peine de suspencion d'offices et d'amende arbitraire.

42. Item, seront tenuz lesdictz marchans bailler par décla-

1. Cf. XIII, 56.

racion par le menu aux généraulx de nosdictes finances, chacun en sa charge, les fraiz par eulx faictz pour raison du sel par eulx faict descendre en nosdictz greniers et iceulx souffisamment justifier estre véritables, lesquelz fraiz seront atachez à la lectre de pris qui sur iceulx leur sera baillée par ledict général, et le tout apporter et bailler à nosdictz grenectiers et contrerolleurs avant que commancer la vente de leurdict sel ; ausquelz grenectiers et contrerolleurs nous enjoignons veoir et visiter lesdictz fraiz qui seront, comme dit est, atachez audict pris, et où ilz trouveront aucune chose avoir esté mal et contre vérité justifiée par lesdictz marchans, avant que mectre ledict sel en vente, en advertiront nosdictz généraulx de nosdictes finances pour réformer ledict pris et de la justice pour les pugnir, si pugnicion y eschet, et ce sur peine à nosdictz grenetiers et contrerolleurs de nous en prendre à eulx et d'amende arbitraire.

43. Item, et ne pourront lesdictz marchans commectre ou faire recevoir leurs deniers procédans de la vente de leurdict sel par les contrerolleurs ou mesureurs de nosdictz greniers, et leur deffendons de leur bailler la garde de la clef du marchant, mais pourront iceulx marchans recevoir leursdictz deniers par leurs mains ou iceulx faire recevoir par les grenectiers ou par autre personne que bon leur semblera, mais ne pourront bailler à garder leur clef du grenier ausdictz contrerolleurs, mesureurs, ne autre qui soit parent ou affin desdictz grenectiers, sur peine d'amende arbitraire.

44. Item, en nous conformant ausdictes anciennes ordonnances, enjoignons à nosdictz grenectiers, contrerolleurs et marchans ou leurs commis faire si bonne garde du sel descendu en nosdictz greniers que, quant ce viendra à la vente, il ne se y trouve plus grant deschet que le deschet ordinaire au muy la myne, sur peine de recouvrer sur eulx l'excessif déchet et d'amende arbitraire.

45. ITEM, et pour ce que par cy-devant les mesureurs de sel de nostre ville de Paris ont esté acusez d'avoir prins et emporté du sel des bateaulx mesurez en nostre ville de Paris, et quant on les a voulu poursuir, se sont excusez sur le petit et moins que souffisant sallaire qu'ilz dient avoir pour leur mesuraige, à ceste cause, et affin qu'ilz n'ayent plus matière de prandre dudict sel ne eulx plaindre, avons voulu et ordonné, voulons et ordonnons par ces présentes que doresnavant les mesureurs de sel de nostredicte ville de Paris auront et leur sera payé pour leur sallaire et droit de mesurage ung denier tournois pour mynot de sel, ainsi qu'il a esté par cy-devant ordonné pour les autres mesureurs de nostre roiaume; et moyennant ce, seront tenuz iceulx mesureurs faire le serment ès mains des grenectiers et contrerolleurs de Paris qu'ilz ne prendront ou souffreront prendre et emporter sel des bateaulx et que, s'ilz savent aucuns qui en ayent mal prins ou emporté, le revéleront à nosdictz grenectier et contrerolleur ou à nostredicte Court des aydes pour en faire la pugnicion et correction; et où lesdictz mesureurs ou aucun d'eulx seront trouvez faisant ou avoir faict le contraire, nous voullons qu'ilz soient privez de leurdict sallaire et condampnez en amende envers nous.

46. ITEM, pour obvier à la diminucion et perte qui par cy-devant a esté trouvée ès deniers procédans desdictes gabelles au moyen des faulx saulniers qui au dedans des fins et limittes de nosdictz greniers ont vendu et distribué sel non gabellé, et quant on les a voulu prendre, se sont assemblez en grant nombre et à port d'armes se sont mys en deffense contre noz commissaires et officiers, avons voulu et ordonné, voulons et ordonnons par cesdictes présentes que noz généraulx des finances, chacun en sa charge, s'enquièrent ou facent enquérir des lieux, portz et passages par lesquelz lesdictz faulx saulniers passent et entrent ès limites de nosdictz greniers, tant du costé de Bretaigne que de Poictou, et nous en advertissent, pour et en chacun

desdictz lieux, ports, passaiges et ailleurs où il sera advisé estre par nous commis et establiz commissaires et gardes, gens de deffence de noz ordonnances, mortes payes ou autres en tel nombre qu'on verra estre nécessaires; ausquelz commissaires qui ainsi seront par nous commis ordonnons et enjoignons faire si bonne garde que lesdictz faulx saulniers n'entrent en nosdictz pays subgectz à gabelle; et si aucuns desdictz faulx saulniers se mectoient en deffense, tellement que lesdits commissaires et gardes eussent besoing de secours et ayde, ilz en advertiront les nobles du pays, noz officiers et autres, ausquelz et chacun d'eulx nous enjoignons, sur tant qu'ilz craignent nous désobéyr, leur donner secours, conseil, confort, ayde et prisons, si mestier est, en manière que soyons obéys et que la force nous en demeure.

47. Item, et, où lesdictz sergens et commissaires trouveront aucuns desdictz faulx saulniers le long ou au dedans des fins et limites de nosdictz greniers, [ou qui s'efforçassent y entrer,] nous voulons que iceulx gardes les puissent prendre réaument et de faict, par ceste nostre présente ordonnance, sans autre commission ou mandement et sans demander aucune assistance, et pareillement leurs recelleurs, et iceulx amener ensemble leur sel, chevaulx et voictures par devers noz grenectiers ou contrerolleurs ès limites desquelz aura esté faicte ladicte prinse si elle a esté faicte en pays de gabelle, sinon, au plus prouchain de noz greniers, pour par nosdictz grenectiers et contrerolleurs estre procédé à l'encontre d'eulx sommairement et sans figure de procès par déclaracion de confiscacion dudict sel, chevaulx et voictures et autrement, selon et en ensuivant l'ordonnance ancienne faicte par nosdictz prédéccesseurs touchant le faict desdictz faulx saulniers et leurs recelleurs.

48. Item, voulons et ordonnons que tout le sel qui sera amené de Bretaigne, Poictou et Xaintonge pour estre mené

et descendu en noz greniers soit mesuré[1], c'est assavoir celluy qui sera tyré contremont la rivière de Loire au Pont-de-Scé, et celuy qui sera tiré par les autres rivières comme Mayenne[2], Sarte, le Loir et autres descendans en ladicte rivière de Loyre, à Angiers[3].

49. ITEM, deffendons à nosdictz grenectiers et contrerolleurs d'Angers, garde, contregarde et contrerolleur dudict Pont-de-Scé de ne prandre ou exiger aucun nouveau droict ou proufficst sur les bateaulx et sel passant par leurs destroitz, soit pour le bateau vieil, hault boys ou autrement en quelque manière que se soit, fors ce que par les anciennes ordonnances leur est ordonné et permis prandre, sur peine de suspencion de leurs offices et d'amende arbitraire.

50. ITEM, que les marchans qui mèneront ou feront mener sel contremont ladicte rivière de Loire et autres fleuves et rivières descendans en icelle seront tenuz nommer et déclairer ausdictz garde et contregarde dudict Pont-de-Scé, grenectier et contrerolleur dudict Angers, chacun en son regard, le grenier où ilz veullent et entendent mener et faire descendre leur sel et en prendre rescription en la manière acoustumée, et faire si bonne garde d'icelluy sel que, quant ce viendra à la descente en grenier, il revienne à la quantité qui aura esté trouvée au mesurage faict audict Pont-de-Scé ou à Angers sans aucun deschet ou diminucion, fors le déchet ordinaire seullement, sur peine de nous payer nostre droit de gabelle du déchet extraordinaire qui y seroit trouvé et d'amande arbitraire ; et de ce faire et aussi de rapporter certifficacion ou rescription par devers lesdictz grenectier et contrerolleur d'Angers, garde et contregarde dudict Pont-de-Scé respectivement dedans le temps qui pour ce faire

1. Le ms. fr. 5297 porte *descendu*.
2. Le ms. fr. 5297 porte *Mayne*.
3. A rappr. des art. 35 et 36 de l'Ord. du 21 novembre 1379, *Ord.*, VI, 448-449.

leur sera préfix se obligeront et bailleront caucion lesdictz marchans avant que partir dudict Pont-de-Scé ou dudict Angers[1].

51. Item, semblablement les marchans qui feront charger sel à Rouan pour mener en noz greniers seront tenuz et leur enjoignons avant que partir prendre rescription du grenectier dudict Rouan adressant aux grenectier et contrerolleur de Paris ou autres qui [ne] montent au dessus de Paris contenant au vray la quantité du sel qui aura esté mesuré et chargé audict Rouan ; et se obligeront et bailleront caucion iceulx marchans de faire amener et conduire ladicte quantité de sel jusques en nostre ville de Paris ou autres greniers sans aucun déchet extraordinaire, sur peine de nous payer nostre droit de gabelle du déchet extraordinaire, pareillement de rapporter par devers ledict grenectier de Rouan certifficacion de la descente faicte à Paris en la manière acoustumée ; et oultre, seront iceulx marchans tenuz faire le semblable en nostredicte ville de Paris avant que partir d'icelle.

52. Item, enjoignons à nosdicts grenectiers et contrerolleurs de Paris, Rouen et Angers, garde et contregarde dudict Pont-de-Scé que doresnavant par chacun an ilz envoyent par devers les généraulx de nosdictes finances, chacun en sa charge, le double au vray signé et collacionné desdictz mesuraiges, certificacions, rescriptions et obligacions, et avec ce contraindre par chacun an lesdictz marchans à nous payer nostre droit de gabelle desdictz déchetz extraordinaires s'aucun y en est trouvé et nous en tenir compte, le tout sur peine de nous en prendre à eulx, de suspencion de leurs offices et d'amande arbitraire.

1. Aux termes de l'art. 14 des Instr. du 21 janvier 1382, devaient déjà donner « caucion les marchans de tout le sel qui sera prins à Paris ou ailleurs pour le mener de grenier en autre. » (*Ord.*, VII, 751).

53. ITEM, et n'entendons par ces présentes desroguer aux anciennes ordonnances faictes par nosdictz prédécesseurs roys sur le faict desdictz aydes, tailles et gabelles et mesmement par feu nostre très cher seigneur et beau-père le roy Loys, dernier déceddé, en l'an mil cinq cens et huit, lesquelles nous voulons estre et demourer en leur force et vertu ès choses auxquelles par cesdictes présentes n'a esté par nous pourveu.

Si donnons en mandement par cesdictes présentes à noz amez et féaulx les généraulx conseillers par nous ordonnez sur le faict de la justice de nosdictz aydes, esleuz sur ledict faict ès élections de nostre royaume, grenectiers et contrerolleurs par nous establiz ès greniers à sel de nostredict royaume et à chacun d'eulx si comme à luy appartiendra que noz présentes ordonnances ilz facent lire, publier et enregistrer en leurs cours, jurisdicions et audictoires et le contenu en icelles gardent et observent, facent garder et observer de point en point selon leur forme et teneur ; et pour ce que de cesdites présentes l'on pourra avoir affaire en plusieurs lieux, nous voulons que au *vidimus* d'icelles faict soubz séel royal ou extraict des registres de nostredicte Court des aydes à Paris signé du greffier d'icelle plaine foy soit adjoustée comme à ce présent original. En tesmoing de ce, nous avons faict mectre nostre séel à ces présentes.

Donné à Monstereul, le dernier jour de juing, l'an de grâce mil cinq cens dix sept, et de nostre règne le troisiesme.

Ainsi signé sur le reply : Par le roy, Vous, les sires de Boisy, grant maistre de France, de Sainct Blanssay et de Chivergny, général des finances, et autres présens, Robertet.

Et séellées en double queue de cire jaune.

Et au dessoubz dudict séel estoit escript ce qui s'ensuit : Leues, publiées et enregistrées en la Court de la justice des aydes à Paris, le dixiesme jour de juillet l'an mil cinq cens et dix sept. Ainsi signé : Brinon.

XVII

Amboise, 27 janvier 1518. — *Commission conférant à Jacques de Beaune des pouvoirs semblables à ceux des Trésoriers et des Généraux.*

Publ. A. de Boislisle, *Annuaire-Bulletin de la Société de l'Histoire de France*, XVIII, 228.

François, par la grâce de Dieu roi de France, à tous ceux qui ces présentes lettres verront, salut. Comme pour la grande loyauté et fidélité que de longtemps avons trouvées en la personne de notre amé et féal conseiller et chambellan Jacques de Beaune, chevalier, sieur de Saint-Blançay, et l'expérience qu'il a eue au fait de nos finances, dont il a exercé l'état et office de général tant des temps et vivant de feus nos très chers seigneurs et prédécesseurs les rois Charles VIII, Louis XI[I]e et nostre beau-père dernier décédé, que Dieu absolve, et de nous depuis notre avénement à la couronne jusques à depuis un an en çà ou environ que l'avons retenu auprès de nous audit état et office de chambellan et de son consentement donné entièrement la charge de sondit office de général à notre amé et féal conseiller Guillaume de Beaune son fils, nous eussions dès ledit temps, pour les raisons dessusdites et considérant que nos amés et féaux les trésoriers de France et généraux de nos finances ne sont et ne peuvent être ordinairement devers nous, pour les chevauchées et visitations de leurs charges et autres nos affaires qui leur convient et avons ordonné qu'ils fassent et aussi pour besogner et entendre au fait de leursdits états, voulu, ordonné et commandé à nostredit conseiller et chambellan le sieur de Saint-Blançay qu'il prît la charge, connoissance et intendance du fait et maniement de toutes nosdites finances, tant ordinaires qu'extraordinaires, et, pour ce faire, soit trouvé ensemble et avec nosdits trésoriers de France et généraux de nosdites finances, et aussi pour avoir et garder en ses mains l'état général d'icelui[1] et de nosdites finances, ensemble les états particuliers qui sont par nous faits auxdits trésoriers de France et généraux de nosdites finances, et prendre d'eux au vrai les valeurs de leursdites charges pour par nous en faire chacun an les états, et pareillement voir les états des officiers comptables de notre maison, de notre très chère et très amée compagne la reine et de nos enfants, entendre aux voyages et ambassades qui se font journellement pour nos affaires, récompenses et dons, et aux acquits qui en sont expédiés, et iceux pour plus grande sûreté apostiller de sa main, et faire payer les deniers par le receveur général de nos finances de la charge de Languedoil ou autres qu'il avisera qui mieux le pourront porter, et généralement de besogner, vaquer et entendre en toutes les autres choses qui touchent et concernent et dépendent du fait de nosdites finances; et, en ensuivant lequel commandement, et pour nous obéir et faire service, il ait depuis exercé ladite charge au mieux de son pouvoir, et fait encore de présent en grand soin, labeur, sollicitude et diligence, sans qu'il ait pris de nous pour ce faire aucune lettre de pouvoir. Et pour ce qu'à l'avenir l'on pourroit demander en vertu de quoi il a vaqué, vaque, entend et s'entremet esdites affaires de nos finances en la forme que dessus, est bien requis pour sa décharge lui donner nos lettres de pouvoir, pour en faire apparoir si besoin est.

Savoir faisons que nous, les choses dessusdites considérées, voulant comme dit est nostredit conseiller et chambellan ledit sieur de Saint-Blançay avoir la connoissance et intendance de nosdites finances ordinaires et extraordinaires, afin que d'icelles il nous avertisse et communique pour lui en déclarer notre vouloir, plaisir et intention,

1. *Sic* ; il faut entendre sans doute *d'icellui fait et maniement.*

icelui notre conseiller et chambellan, pour ces causes et pour la confiance qu'avons de sa personne et de ses sens, prud'hommie, loyauté, conduite, expérience et diligence, avons commis, député et ordonné, commettons, députons et ordonnons par ces présentes, et lui avons donné et donnons plain pouvoir et autorité de besogner et vaquer au fait de nosdites finances ordinaires et extraordinaires, et avoir l'œil et intendance sur le fait d'icelles et aux dépêches desdits voyages et ambassades, dons, présents et récompenses que faisons, et afin que le tout soit mieux calculé et entendu, et pour plus grande sûreté, postiller les acquits que nous en commanderons et qui en seront expédiés par les secrétaires de nos finances en la forme et manière que dessus est déclaré, lesquelles dépêches et expéditions qui ont été ainsi faites par notredit chambellan depuis que lui donnâmes ladite charge et celles qu'il fera ci-après, nous avons validées et autorisées, validons et autorisons tout ainsi que si dès ledit temps il eût obtenu le présent pouvoir.

Si donnons en mandement à nos amés et féaux chancelier, gens de nos Comptes, trésoriers de France et généraux de nos finances, et à chacun d'eux à son égard comme à lui appartiendra, qu'icelui notre conseiller et chambellan ledit sieur de Saint-Blançay, duquel avons toute plaine et entière confiance, en exerçant ladite charge et pouvoir ils aient à faire entendre et obéir tous ceux et ainsi qu'il appartiendra. Car tel est notre plaisir, non obstant quelconques ordonnances et restrictions, mandements ou défenses à ce contraires. En témoin de ce, nous avons signé ces présentes de notre main et à icelles fait mettre notre scel.

Donné à Amboise, le vingt-septième janvier, l'an de grâce mil cinq cent vingt un [1].

1. Cette date est certainement erronée. La commission ci-dessus a été délivrée à n'en pas douter en 1517 (a. s.), c'est-à-dire en 1518 (n. s.). Voir là-dessus les raisons données par M. de Boislisle, *loc. cit.*, p. 230.

DEUXIÈME PARTIE

TRAITÉS ET FORMULAIRES

XVIII

Traité sur les Finances

Bibl. Nat., ms. fr. 647, fol. 1 r° à 4 v°.

ABRÉGÉ DE FINANCES

Les finances sont devisées et appellées ordinaires et extraordinaires.

Les ordinaires sont les dommaines, terres et seigneuries appertenant au roy nostre sire comme Paris, Le Mans, Anjou, Touraine et ainsi des aultres.

Les extraordinaires sont gabelles, aydes, tailles et aultres impositions qui sont mises par l'ordonnance du roy.

Lesquelles, pour ce qu'elles sont divisées, sont ainsi gouvernées soubz le roy par diverses gens.

Car les ordinaires sont administrées et régies par les trésoriers de France, qui sont quatre en nombre, qui ont l'œil et regard sur lesdictes finances ; aussy sont les terres, chasteaulx, domicilles et aultres choses qui ne tumbent en ruyne ou décadance. Et lesquelx trésoriers, combien qu'ilz soient ordonnez sur toutes icelles finances, toutesfoys l'ung d'entre eulx a plus grand esgard en ung lieu que en l'aultre, car ilz sont chacun en ung pays limitté, si comme il y en a ung en Languedoit, ung aultre en Languedoc, le troisiesme en Normandie et le quart

Oultre-Seyne qui se nomme le pays de France. Et, à chacun d'iceulx pays, a officiers ordonnez de par le roy nostre sire ordonnez à faire justice; aussy a recepveurs particuliers qui recoipvent tout ce qui vient au roy à cause de ses seigneuries, tant en argent, bled que aultrement; lesquelx recepveurs particuliers doibvent venir chacun an devers mesdits sieurs les trésoriers pour faire leur estat de la recepte et despence de leur office et entremise; lesquelx trésoriers voyans et regardant la recepte pour les choses qui sont dessus, et, s'ilz voyent que lesdictes choses ne soient raisonnables, ilz les rayent ou dyminuent ainsi que de raison[1]. Et ne doibvent lesdits receveurs particuliers payer aulcune chose sinon par l'ordonnance desdits trésoriers, mesmement choses extraordinaires comme dons, pentions et aultres choses sans avoir lectres patentes du roy expédiées desdits trésoriers quant aux menuz voiaiges et tauxations[2]. Et lesquelx trésoriers expédient toutes lectres du roy touchant les finances ordinaires où il y a comme des aliénations, lectres d'office pour ordonner au recepveur de payer les gaiges aux officiers pourveuz par lesdictes lectres, lesquelles quant aux dons, pensions et aliénations ilz ne peuvent ne doibvent expédier quant ils passent deux[3] ans, car, par ce moyen, fault que les lectres soient expédiées par Messieurs des Comptes.

Item, est assavoir que, pour recepvoir les deniers que restent desdictes receptes particulières, les choses ordinaires payées, est ung recepveur général qui se nomme le changeur du trésor qui les reçoit par descharge; laquelle descharge est levée par l'ordonnance d'ung desdits trésoriers et est signée de luy et dudit changeur et du contrerolleur dudit

1. *Sic;* La phrase serait plus compréhensible en supprimant la conjonction *et*.
2. *Sic;* il manque évidemment quelques mots, après *trésoriers*, par exemple *et d'iceulx trésoriers seulement*.
3. *Sic;* peut-être faut-il lire *dix*.

trésor ; lequel contrerolleur ne doibt signer qu'il n'ayt cédulle que l'on nomme escroue dudit changeur ; laquelle escroue sert pour vériffier ladicte recepte dudit changeur, car icelle escroue est comme certiffication d'avoir receu la somme de l. tz.; ainsi se vériffye par le contrerolleur comme dit sera cy-après [1].

Item, ledit changeur distribue l'argent qu'il a receu par les mandemens et rolles signez du roy et de l'ung de ses secrétaires en finances, et, quant aux menuz voiaiges par les mandemens desdits trésoriers jusques à la somme de vingt-cinq livres, et doibt apporter quictance des parties.

Item, est assavoir que le roy signe toutes lectres où il y a don d'argent, pension ou aliénacion ou qu'elles portent grand conséquence, pour plus grande aprobation ; et pour ce qu'il luy seroit tropt grand peine de signer, il y a un cachet semblable à son seing qu'il baille à garder à ung de ses féaulx conseillers qui en use quant il en est mestier ; lesquelles lectres de don, pension ou aliénation sont signées de l'ung desdits secrétaires qui les signe, ce que ne pourroient faire les aultres, et, au contraire, iceulx peuvent signer ou signent tous les aultres.

LES EXTRAORDINAIRES

Et quant aux finances extraordinaires, il y a quatre généraulx des finances, qui se nomment ainsi qui ont regard sur icelles ainsi qu'ont lesdits trésoriers sur lesdictes ordinaires et sont ainsi départies en chacune généralité comme les trésoriers, combien qu'ils ayent regard partout, mais en ung lieu plus qu'en l'aultre. Et ont recepveurs particuliers qui doibvent venir faire leurs estatz par devers mesdits sieurs

1. *Sic* : il n'y a rien plus loin qui se rapporte au contrôleur du Trésor.

les généraulx ainsi que les ordinaires. Lesquelx recepveurs particuliers baillent leur argent par descharge levée par ordonnance desdits généraulx aux recepveurs généraux des finances qui sont ordonnez par le roy ainsi que le changeur, mais en plus grand nombre, car en chacune généralité en y a ung, pour ce que ung tout seul aurait tropt grand charge; laquelle descharge est signée d'ung desdits généraulx [et] dudit recepveur général, pour servir ainsi que dessus est dit sur le changeur du trésor[1].

Item, lesdits généraulx expédient les lectres d'offices, dons et aliénations en leur ressort et touchant lesdictes finances extraordinaires ainsi que lesdits trésoriers jusques à dix ans et non plus et peuvent ordonner jusques à la somme de XXV l. tz. pour les voiaiges et tauxations ; aussi font distribuer du sel sans gabeller aux officiers du roy et de ce baillent leur mandement.

Item, et lesquelx recepveurs généraulx baillent et distribuent leur argent par mandement et rolle du roy signez et expédiez ainsi que dessus est dict dudit changeur, en rapportant quictance des parties.

Item, et pour soullager de peine lesdits recepveurs généraulx et changeur et évicter coustz pour le roy, quant le roy ordonne quelque somme tant à pension que don ou pour bailler ausdits officiers, ilz ont accoustumé de leur bailler une descharge qui monte la somme, levée sur ung recepveur particulier par le nom de celluy à qui elle sera ordonnée, dont ledit recepveur général fera recepte et depuis despence ainsi que s'il avoit receu l'argent et puis payé.

1. Il est à remarquer que chaque décharge des finances extraordinaires porte aussi la signature du contrôleur de la recette générale, fonctionnaire dont il n'est pas question ici, bien qu'il ait été parlé plus haut du contrôleur du trésor.

Item, et est assavoir que tous officiers comptables, tant généraulx que particuliers, doibvent apporter quictances des parties couchées en leur despence, excepté d'aulcunes parties où il n'en fault poinct comme pour les gaiges d'iceulx officiers comptables qui retiennent par leurs mains ; aussi, quant ilz baillent argent comptant au roy, ilz ne rapportent que les lectres patentes.

Item, lesdits recepveurs généraulx et changeurs [sont] repputez comme ayant toutes les finances qu'ilz distribuent ainsi que par le roy est ordonné, c'est assavoir les dons, pensions et choses nécessaires aux aultres officiers comptables comme trésoriers des guerres, argentier, maistre de la chambre aux deniers et aultres pour employer ou faict de leur commission ainsi que en sera ordonné par le roy, desquelx lesdits officiers comptables lesdits recepveurs généraulx doibvent apporter leurs quictances, et par vertu desquelles quictances et lectres patentes du roy par lesquelles il mande leur bailler quelque somme, ilz sont renduz comptables, la recepte desquelx se vériffye par les comptables [1].

Item, ès aultres pays comme Picardye, Bourgongne, le roy commect généraulx qui ont regard des finances ordinaires et extraordinaires, lesquelles se distribuent comme dessus.

Item, est assavoir qu'il y a deux trésoriers des guerres qui sont dictz ordinaires, lesquelx payent les lances fournies et gendarmes des ordonnances et [2] sont tousjours mis sus pour entretenir la deffense et tuition du royaulme sans guerre ; qui ont clers soubz eulx aux gaiges qui leur sont tauxez et ordonnez par le roy ; lesquelx trésoriers des guerres font le

1. *Sic ;* il faudrait sans doute restituer, *desquelx officiers comptables la recepte se vériffye par les comptes.*
2. *Sic ;* la phrase se comprendrait mieux en lisant *qui* au lieu de *et.*

payement desdits gendarmes par les rolles des monstres; lesquelx rolles sont signez de l'ung des mareschaulx de France ou de l'ung de leur commis et les quictances contrerollées du contrerolleur des guerres ou de ses clers et commis; et apportent les rolles signez de la main du roy.

Item, et est assavoir que les mareschaulx de France sont ordonnez par le roy pour faire recepvoir les monstres des gendarmes; lesquelx mareschaulx, quant ilz sont occuppez en aultres lieux, peuvent commectre gens soubz eulx à faire lesdits monstres.

Item, est aussy assavoir qu'il y a ung contrerolleur général des guerres commis par le roy pour contreroller le payement desdits gendarmes et passer leurs quictances; et lequel contrerolleur peult commectre clers soubz luy pour contreroller lesdits payemens et passer leurs quictances.

Item, plus est assavoir que, quant le roy tient camp ou a gendarmes outre ceulx de l'ordonnance, ledict seigneur commect ung trésorier que l'on appelle le trésorier extraordinaire des guerres qui faict le payement des gendarmes ainsi que lesdits ordinaires, excepté que les gaiges ne sont baillez aux clers par le roy, et aussi que en lieu de rolle ilz rapportent les mandemens patens expédiés des généraulx.

Item, y a aussi trésorier d'artillerye qui compte par rolle du roy et ne paye aultre chose que les choses touchant l'artillerye; où pareillement comme[1] a ung trésorier de l'extraordinaire quand il y a camp ou que l'on maine l'artillerye oultre l'ordinaire.

Item, est assavoir qu'il y a diverses gens commis à faire

1. *Sic*; la phrase est évidemment incomplète; on pourrait lire *comme dessus*.

les payemens des choses nécessaires du Roy et de son estat, comme il y a le maistre de la chambre aux deniers, qui paye la despence de bouche, l'argentier, qui paye les habillemens, le commis au payement des officiers, les commis aux menuz plaisirs, les commis des choses nécessaires de la chambre du roy, le commis des offrandes et aumosnes, les aultres à payer l'escuyrie, les aultres la vénerye et faulconnerye et plusieurs aultres.

XIX

Traité imprimé à la suite du « Grant Stille et Prothocolle de la Chancellerie » sous le titre de « Vestige des Finances. »

C'EST LE VESTIGE DES FINANCES

Et premièrement.

Je demande : Qu'esse que finances du royaulme ?

Responce : Il y a deux manières de finance, assavoir finances ordinaires et finances extraordinaires.

D. Quelles sont les finances ordinaires ?

R. C'est le dommaine du roy, qui est gouverné et administré par les quatre trésoriers de France, l'ung en la charge de Languedoil, l'autre en Oultre-Seine, l'autre en Normandie et l'autre en Languedoc.

D. Comme se reçoit le dommaine ?

R. Il se reçoit particulièrement par les receveurs ordinaires des bailliages, séneschaussées et vicontez des charges desditz trésoriers de France, et en général par le changeur du Trésor, qui est seul receveur général dudit dommaine, pour les quatre charges desditz quatre trésoriers.

D. En quoy consiste la recepte que font les recepveurs ordinaires[1] ?

R. Elle consiste en deux choses, l'une en dommaine immuable et l'autre en domaine muable.

D. Qu'esse que dommaine immuable ?

R. Dommaine immuable sont censives et rentes foncières et perpétuelles appartenans au roy à prendre sur aucuns héritaiges du bailliage ou de la prévosté du lieu de la recepte.

Nota que le chapitre du dommaine immuable c'est le premier chapitre en une recepte du dommaine.

D. Pourquoy se nomme il le dommaine immuable ?

R. Pour ce qu'il ne doit muer, mais doit monter autant une année que autre.

D. Comme se vérifie sur le compte du receveur la recepte dudit dommaine immuable ?

R. Elle se vérifie par les comptes précédens receuz de la recepte par les parties qui en sont escriptes par lesditz comptes précédans semblables aux parties du compte que on rend.

Toutesvoyes, ledit dommaine immuable peult diminuer, assavoir quant une maison ou autre lieu sur lequel le roy prent censive ou rente foncière tumbe en ruyne et déca-

1. On peut compléter ce qui est dit ici des receveurs ordinaires à l'aide de deux petits traités contenus dans le ms. fr. 4526, l'un (fol. 1 r° à 6 v°) qui est une « Instruction de ce qui est à faire pour un receveur du domaine, » et l'autre (fol. 9° r à 10 v°) un mémoire sur ce qu'est une « Recepte du domaine » ; sans compter ce qu'on trouve dans le *Guidon des Finances*, pp. 1 et suiv., dans Le Grand, fol. 12 et suiv., et ci-dessous dans le Formulaire des ms. 4526 et 5118 (n° XX).

dance et que nulluy ne la tient et occuppe ; en ce cas, ladicte censive ou rente ne se peult recevoir ; dont il fault que le receveur face apparoir en la reddicion de son compte, par certiffication des officiers du lieu et le procureur du roy pour en estre deschargé en sondit compte. Aussi, ledict dommaine immuable peult augmenter quant les lieux ainsi tumbez en ruyne ou autres lieux et places vacquans sont de nouvel baillez à quelques personnes qui y font édiffier et bastir à la charge de payer à ladicte recepte quelque censive ou rente par an. Nota que si ledit bail est à perpétuité, qui est lors dommaine immuable, doit estre fait par Messieurs des Comptes, car le trésorier de la charge ne pourroit faire ledit bail que pour dix ans, qui seroit lors muable ; et sur ce y a ordonnance faicte par les roys. Et pour la vérification desdictes parties augmentées, il fault que le receveur apporte les bailz qui en ont esté faitz.

Le second chapitre est le dommaine muable.

D. Qu'esse que dommaine muable ?

R. C'est une partie du revenu dudit dommaine muable, greffes, seaulx, tabellionnages et autres choses qui sont baillez à fermes pour ung an ou deux ou trois ans ; et sont lesdites fermes aucunes fois à plus hault pris que autres, par quoy elles sont du dommaine muable.

Et pour la vériffication de la recepte, fault que le receveur apporte sur son compte les lettres ou le papier du bail faict d'icelles fermes, signées du procureur du roy et officiers des lieux, lesquelles fermes sont baillées par lesdictz officiers à chandelle d'estaignant au plus offrant et derrenier enchérisseur ; ainsi se baillent les fermes du royaulme par les officiers, appellé le procureur du roy.

D. Qu'esse que lotz et ventes ?

R. Lotz et ventes sont droitz qui sont deubz au roy pour les héritages tenuz en censive de luy, dont est deu par l'achapteur seize deniers parisis pour chascun franc d'autant que monte l'achapt dudit héritage, ou il en est deu plus ou moins selon les coustumes. Nota qu'il y a amende deue au roy par ledit achapteur quant il demeure plus de quarante jours sans soy faire ensaisiner par le receveur ou s'il ne luy vient réveller ou déclarer ledit achapt dedans ledit temps de quarante jours ou le prier pour quelque temps.

Et se vériffie la recepte desdictz lotz et ventes sur le compte du receveur par les coppies et extraictz des lettres desdictes venditions d'iceulx héritaiges signez des notaires ou tabellions qui les ont receuz et passez où est contenu le pris de la vente desdictz héritaiges.

D. Qu'esse de reliefz, quintz et requintz deniers ?

R. Ce sont droitz seigneuriaulx qui sont deubz au roy à cause des fiefz tenuz et mouvans de luy et se doivent payer lesdits droictz à mutation de ceulx qui tiennent lesdits fiefz soit par mort ou autrement selon les coustumes des pays.

D. Qu'esse que fiefz et terres tenues en la main du roy par deffault d'homme ?

R. Ce sont fiefz tenuz du roy, desquelz il n'y a homme qui luy ayt faict la foy et hommaige et payé les droictz [et] devoirs; par quoy, comme seigneur féodal, il prent lesdictz fiefz, les met en sa main et en sont les fruictz et revenuz siens, jusques à ce qu'il y ait homme qui luy face ledit hommage et paye lesditz droitz et devoirs. Et aussi, sont terres en rotture tenues en censive du roy qui demeurent par faulte que nul ne les tient et occupe; et à ceste cause, en appartiennent au roy, comme seigneur censivier.

D. Qu'esse que forfaictures et confiscations ?

R. Forfaictures et confiscations advenues au roy sont quant aucun son vassal ou subgect tient de luy en fief ou en rotture en sa justice ou censive auquel lieu est commis aucun délict, et que, au moyen de ce, ses biens sont déclarez confisquez ; en ce cas, ilz sont et appartiennent au roy, tant meubles que immeubles, toutesvoyes les coustumes des pays observées.

Nota que pour la vérification de la recepte desdites confiscations, il fault que les recepveurs apportent vériffications des officiers du lieu et du procureur du roy.

D. Qu'esse que exploitz ?

R. Ce sont deniers venans à cause des amendes en quoy aucunes personnes sont condempnées par les prévostz et baillifz des lieux, tant pour aucuns délictz que pour sottes appellations par eulx interjectées des juges subalternes. Et aucunes fois sont baillées à fermes comme les fermes dessusdictes, où elles sont levées et receues particulièrement par le receveur qui est tenu pour la vérification d'icelles apporter ung roolle ouquel lesdictes amendes soient déclairez, signé et certiffié par le juge, prévost ou baillif, ou leurs lieuxtenans, et par le greffier.

D. Qu'esse que vente de boys ?

R. Les ventes des boys se font par les maistres des eaues et forestz ou leurs lieuxtenans du lieu où est la recepte des boys qui appartiennent au roy selon les couppes qui en doivent estre faictes; et sont faictes lesdictes ventes en la présence du procureur du roy sur le faict des eaux et forestz, ou de son substitud dudit lieu, aussi par le greffier desdites eaues et forestz, et sont baillées lesdites ventes aux plus offrans et derniers enchérisseurs comme les autres fermes; et y a temps et termes donnez ausditz achapteurs pour coupper lesdits boys et aussi pour faire le payement de la somme qu'ilz doyvent payer au roy.

Et pour certification de la recepte, il fault qu'il apporte la lettre de la vente signée ou faicte soubz le séel du maistre des eaues et forestz ou son lieutenant ou par le greffier.

Item, à cause desdits boys, il advient au roy les paissons et pennages quant on mect les bestes esditz boys durant qu'il y a du gland et herbes, et sont baillez à ferme ou venduz comme les autres fermes et ventes.

Item, à cause desditz boys, il advient des amendes et forfaictures qui sont receues particulièrement par le receveur et certiffiez par le maistre des eaues et forestz ou son lieutenant et son greffier.

Item, il y a du revenu des eaues à cause des pesches des rivières ou estangs appartenans au roy qui sont venduz et baillez comme les boys en la manière dessusdicte. Aussi, à cause desdictes eaues advient des amendes et forfaictures, lesquelles se vériffient comme dessus.

Nota que en aucunes receptes y a des prez appartenans au roy dont l'herbe et tonsure est baillée pour ung, deux ou trois ans par le receveur et les officiers du roy au plus offrant et dernier enchérisseur comme les fermes dessusdictes.

D. Qu'esse que vente de grains ?

R. Ce sont grains appartenans au roy à cause des fermes et terres qu'il a en une recepte et qui se reçoit en grain comme bled, froment, avoyne et autres grains qui sont venduz selon la saison.

Et pour vériffication de la recepte qui est faicte par le receveur, il fault qu'il apporte certiffication ou appréciation des officiers du roy ou lieu du plus hault prix que semblable grain aura esté vendu.

D. En quoy consiste la despence ordinaire du dommaine?

R. Elle consiste en plusieurs chapitres, dont communément le chapitre premier est des fiefz, aulmosnes et rentes à héritages.

D. Qu'esse que fiefz, aulmosnes et rentes à héritages ?

R. Ce sont dons, laigz testamentaires, qui ont esté et sont faictz par les roys de France ou aultres seigneurs lesquelz ont tenu et possédez les lieux sur lesquelz lesdictz fiefz et aulmosnes sont assignez et qui sont depuis advenuz en la main du roy. Et communément sont lesditz fiefz et aulmosnes faictz et ordonnez à gens d'église, collèges et communaultez, à la charge de quelque divin service à l'intention des testateurs et fondateurs ; et aussi sont fondations de chappelles dont les chappelains pour leur entretènement sont fondez et assignez sur aucun revenu de la recepte.

D. Comme se payent les fiefz, aulmosnes et rentes à héritages.

R. Ilz se payent en ensuyvant les comptes précédens et selon ce qui en est ordonné et couché par l'estat du trésorier de la charge, et aussi par certification que le service divin que sont tenuz de faire ceulx qui reçoivent lesditz fiefz, aulmosnes et rentes à héritages a esté par eulx solennellement et deuement faict, ensemble les quictances des parties assignez.

Et quant il advient quelque fondation, don ou legz nouvellement faict, il fault que le receveur apporte les lettres de fondation, don ou legz pour veoir les charges qui y sont et pour veoir de quelle somme ilz sont fondez sur le particulier de la recepte ou sur tout le revenu en général : car, quant c'est à prendre sur un revenu particulier, comme une ferme ou autre chose, il fault veoir si la recepte que en faict le receveur monte autant que ce qui en est assigné ou payé pour fondation, pour ce qu'il ne doit estre payé pour plus grant somme que monte ledit revenu de ladicte ferme ou autre chose sur quoy il est assigné, combien que la fondation soit plus grande.

Le second chapitre sont gaiges d'officiers qui sont assignez et payez des deniers de la recepte, comme les gaiges de baillifz, prévostz ou leurs lieuxtenans, des procureur et advocat du roy et du receveur et autres.

D. Comme se payent les gaiges des officiers susditz ?

R. Ilz sont payez et allouez en la despence du compte du receveur en ensuyvant les parties des comptes précédens, mesmement quant sont gaiges ordinaires et selon ce qui leur en est couché et ordonné par l'estat du trésorier de la charge et par les quictances.

Et quant il vient ung officier nouveau pourveu de l'office par la mort ou par la résignation de son prédécesseur, il fault apporter la coppie de ses lettres d'office, collationnées en la Chambre des Comptes, contenant certiffication de l'ung des auditeurs de ladicte Chambre des gaiges ordinaires appartenans oudit office ; et se faict ladicte certiffication par ledit auditeur sur les parties qui en sont couchées et allouez aux comptes renduz de la recepte. Et avec ladite certiffication, y a mandement de Messeigneurs des Comptes adressant au receveur pour payer lesditz gaiges ainsi qu'ilz sont certiffiez aux termes acoustumez en la recepte.

Le tiers chapitre sont ouvrages et réparations qui sont faictz aux lieux, maisons et autres appartenances au roy en la recepte.

D. Comme se font et payent lesditz ouvrages et réparations ?

R. Il fault faire ung devys par escript des ouvrages et réparations qui sont nécessaires aux lieux et faire proclamer et publier lesditz ouvrages estre à bailler aux moins disans par les officiers du roy ; et après lesditz ouvrages faitz, il fault qu'ilz soient visitez par le maistre des œuvres du roy, tant de massonnerie que de charpenterie, pour congnoistre si iceulx ouvrages sont bien et deuement faictz selon le devys qui en a esté faict.

Dont il fault apporter par le receveur sur son compte ledit devys, et le bail faict par les officiers du roy au moins disant, avec la certiffication du maistre des œuvres de la visitation par luy faicte desditz ouvrages et qu'ilz sont bien et deuement faitz, ensemble la quictance de celluy ou ceulx qui ont faict lesditz ouvrages. Et fault expressément que la partie soit couchée et employée à l'estat du trésorier de la charge.

Le quart chapitre sont fraiz de justice qui sont parties payées pour la poursuyte d'aucuns criminelz ou des procès qui sont faictz pour soustenir les droictz du roy.

D. Comme se payent les fraiz de justice ?

R. Lesditz fraiz de justice sont payez par le mandement ou la lettre de tauxations de Messieurs des Comptes et trésoriers de France, et aucunes fois par ordonnance du bailly ou de son lieutenant et des procureurs et advocatz du roy, mesmement quant les sommes ne sont grandes.

Et quant ce sont parties payées pour avoir amené des prisonniers appellans du lieu de la recepte en la conciergerie du Palais à Paris ou autre lieu où l'appel est ressortissant, il fault qu'ilz soient baillez à mener aux moins disans par les officiers dudit lieu ; et fault apporter le bail qui en est faict, avec certiffication du procureur général du roy comme ledit prisonnier aura esté mené en ladicte conciergerie, ensemble le mandement sur ce de Messieurs des Comptes addressant au receveur particulier pour payer les sergens ou autres qui ont amené ledit prisonnier de la somme en quoy il aura esté baillé, avec les quictances.

Et quant ce sont voyages faitz par le procureur du roy ou autres officiers pour apporter les charges et informations et autres procès concernans les droictz du roy au procureur général en la Court, il fault qu'il y ait certiffication dudit procureur général comme le voyage a esté fait, contenant les causes d'icelluy, le temps et journées que l'on a vacqué à faire ledit voyage, et, sur ce, fault avoir ung mandement de Messieurs des Comptes addressant au receveur pour estre payé dudit voyage, avec la quictance de la partie.

Nota que, quant sont fraiz qui sont payez pour aucuns prisonniers criminelz qui sont exécutez à mort, dont leurs biens sont déclairez confisquez au roy, il fault expressément que le receveur face apparoir par certiffication desditz officiers et du procureur du roy si ledit prisonnier avoit aucuns biens meubles ou immeubles ou non ; affin que, s'il en avoit aucuns, veoir si le receveur en faict recepte, par ce que lesditz fraiz doivent estre payez des biens desditz délinquans prisonniers, quant il en y a ; et, s'ils n'en ont aucuns, il les fault payer des deniers de la recepte selon l'ordre dessusdict.

Et fault que toutes les parties payez pour lesditz fraiz de justice soient couchez et employez en l'estat du trésorier.

Item, nota que les parties des quatre chapitres dessusditz, qui sont fiefz et aulmosnes, gaiges d'officiers, œuvres, réparations et fraiz de justice, doivent estre payez avant que dons, tauxations et autres parties extraordinaires qui sont ordonnez et assignez sur la recepte ; et y a sur ce ordonnance.

Le cinquiesme chapitre sont deniers payez au Trésor[1], qui sont communément les deniers clers de recepte après les quatre chapitres payez, ou aucuns dons faitz par le roy qui sont payez par descharges, comme dons de rachaptz, reliefz, quintz, lotz et ventes et autres droitz seigneuriaulx appartenans au roy, dont il fault que recepte en soit faicte par le receveur quant il en est faict despense par descharge ou autrement.

D. Comme se payent les deniers baillez au Trésor ?

R. Ilz sont payez par vertu d'une descharge dudit Trésor qui doit estre signée et expédiée par l'ung des trésoriers de France, mesmement d'icelluy de la charge, par le changeur dudit Trésor et par le contreroulleur d'icelluy. Il fault aussi que ladicte descharge soit couchée et employée en l'estat que fait le trésorier de la charge au receveur particulier.

Et nota que lesdictes descharges doivent faire mencion

1. Les diverses éditions donnent *trésorier*, mais il faut évidemment lire *Trésor*.

de l'année et des termes[1] sur quoy elles sont levées, affin qu'elles soient couchées au compte ou selon ledit terme sur quoy elles sont levées, par ce que aucunes foiz lesdictes descharges sont levez devant ou après les années sur quoi elles se doivent prendre et payer.

Item, nota que, quant lesdites descharges font mencion contant par le Trésor, ce sont deniers qui demeurent ès mains du changeur du Trésor pour convertir et employer aux charges et affaires d'icelluy Trésor ; et quant lesdites descharges[2] font mention contant par ung trésorier des guerres ou autres officiers comptables ou par aucuns pensionnaires pour leurs pensions ou aussi par autres pensionnaires pour dons qui leurs sont faitz par le roi, le changeur du Trésor n'en reçoit les deniers, mais baille seullement les descharges ausdictz officiers comptables, pensionnaires et à ceulx à qui ont esté faitz lesditz dons, desquelz il prent leurs quictances et acquitz nécessaires pour recouvrer par eulx des receveurs particuliers les sommes contenues esdictes descharges[3].

Item, quant ce sont descharges levez à prendre sur aucuns droitz seigneuriaulx appartenans au roy, il fault expressément que le receveur face recepte en son compte du revenu desditz droitz seigneuriaulx pour autant ou plus que monte ladicte descharge.

Le sixiesme chapitre sont dons de deniers contans, qui sont faictz par le roy, les ungz à la vie de ceux à qui lesditz dons sont faitz, et les autres à temps, comme pour dix ans plus ou moins, et les autres pour une fois. Et quant lesdictz dons sont à vie ou qu'ilz excèdent le temps de dix ans, il fault qu'ilz soient vériffiez par Messieurs des Comptes

1. Il y avait deux termes pour les recettes domaniales, la Saint-Jean et la Saint-Michel.

2. Les éditions portent *charges*, faute d'impression évidente pour *descharges*.

3. Même observation que ci-dessus.

et trésoriers de France ; et quant iceulx dons sont pour dix ans ou pour une foiz, ilz pevent estre seullement expédiez par lesdictz trésoriers de France ; toutesvoyes quant ce sont dons faitz du dommaine du roy ou d'aucuns droictz seigneuriaulx qui luy sont deubz, ilz doivent estre expédiez et vériffiez par nosditz Seigneurs des Comptes et trésoriers de France et pour la moytié seullement, en ensuyvant l'ordonnance sur ce faicte.

D. Comme sont payez lesditz dons ?

R. Ilz sont payez par vertu des lettres patentes du roy expédiées et vériffiées comme dit est avec les quictances des parties. Et fault que lesdictes parties en soient couchées et employées en l'estat que faict le trésorier de ladicte charge au receveur ; et aussi quant lesditz dons sont d'aucuns droitz seigneuriaulx ou à prendre sur une ferme ou revenu particulier du dommaine de ladite recepte, d'autant ou plus que montent lesdits dons.

Et nota que communément telz et semblables dons sont payez par descharges du Trésor qui en sont levées selon et en ensuyvant les lettres patentes du roy pour lesdictz dons, dont le changeur du Trésor doit faire recepte d'autant que montent lesdictes descharges ; et aussi il en fait despence en son compte ou chapitre de dons par vertu des lettres du roy desditz dons et quictances des parties. Et pareillement, le recepveur particulier en fait despence en son compte en vertu desdictes descharges au chapitre payé au Trésor.

Le septiesme chapitre sont voyages et tauxations.

D. Que sont ce que voyages et tauxations ?

R. Ce sont parties payez par ordonnances et tauxations de Messieurs des Comptes et des trésoriers de France pour[1] aucuns voyages qu'ilz font faire pour les affaires du roy ou pour quelques escriptures comme extraictz, coppie d'es-

1. *Par*, édition de 1527.

criptures, lettres patentes et missives qu'il convient faire et bailler aux gens du roy, de la Court et des autres justices pour produire en certains procès qui sont pendans pour les droictz et dommaine du roy nostre sire, et pour autres causes touchant le fait dudit dommaine.

Et fault que le receveur apporte sur son compte les tauxacions ou mandemens de mesditz Seigneurs des Comptes ou des trésoriers de France avec les quictances des parties, et fault aussi que lesdictes parties soient couchées et employées en l'estat que fait le trésorier au receveur.

Et nota que Messieurs des Comptes pevent tauxer et ordonner jusques à telle somme raisonnable qui leur semble, et lesditz trésoriers de France ne pevent tauxer que jusques à vingt-cinq livres tournois, mais ilz pevent bien faire plusieurs tauxations de vingt-cinq livres tournois et au dessoubz à plusieurs personnes.

Et nota que, quant lesdites tauxacions sont pour voyages, il fault déclarer en la tauxation les journées que l'on a vacqué et à quelle raison ilz sont tauxez et payez pour chacun jour, sinon que ce fussent grans voyages qui sont faictz en postes dont les journées ne se pevent déclairer et sont allouez sans aucune déclaration.

Le huytiesme chapitre sont deniers rendus et non receuz.

D. Qu'esse que deniers renduz et non receuz ?

R. Ce sont parties dont le recepveur a esté chargé en la recepte de son compte lesquelles il n'a néantmoins receues. Et fault pour la vériffication et acquit dudict recepveur qu'il apporte certiffication des officiers du roy du lieu, et des[1] causes pour lesquelles lesdictes parties n'ont esté receues et des diligences que ledict receveur en a faictes, *tempore et loco;* pour ce que aucunes fois par la négligence du receveur les fermiers ou autres qui sont reddevables au roy se absentent et sont fugitifz ou viennent à povreté, par quoy on ne peult

1. Les éditions donnent *les*.

recouvrer d'eulx ce qu'ilz doibvent ; et, si ledit receveur les eust contrainctz payer au jour et terme que escheoit le payement, ilz eussent peu mieulx payer ; à ceste cause, par la négligence dudict receveur, lesdictes parties ne sont receues et partant les certiffications des dilligences qu'il en a faictes aussi long temps après les termes desdictz payemens escheuz ne sont trouvées bonnes, par ce qu'elles ne sont faictes en temps et lieu comme dit est.

Et fault aussi que les parties desdictz deniers renduz et non receuz soient[1] couchées et employées en l'estat que fait le trésorier de la charge quant la recepte en est faicte oudit estat[2].

Le derrenier chapitre est la despence commune, qui est la façon et reddicion du compte et se alloue selon ce que le compte contient de cédulles ; et aussi la vaccation du procureur et les voyages du receveur qui vient rendre son compte, lequel voyage doit estre tauxé par Messieurs des Comptes en la closture dudit compte.

C'EST LE FAICT D'UNG CHANGEUR DU TRÉSOR, RECEVEUR GÉNÉRAL DU DOMMAINE[3]

D. En quoy consiste la recepte que fait le changeur du Trésor ?

R. Ledict changeur reçoit des receveurs particuliers d'icelluy dommaine les deniers qu'ilz pevent debvoir de leur recepte, les charges ordinaires estans sur leursdictes re-

1. L'édition de 1527 porte *en soient couchées*.
2. L'édition de 1527 porte *quant par la recepte en est faicte audit estat*.
3. Jusqu'en 1460, le compte du Trésor fut rendu à la Chambre des Comptes non par le changeur, mais par le clerc du Trésor ; des lettres du 21 janvier 1460 (*Ord.*, XIV, 482) enlevèrent au clerc cette attribution et enjoignirent au changeur de rendre le compte du Trésor soit en personne, soit par procureur.

ceptes, qui sont fiefz et aulmosnes, gaiges d'officiers, œuvres et réparacions, fraiz de justice, premièrement payez.

Et sont receuz lesditz deniers par ledict changeur par les descharges dudict Trésor qui en sont pour ce levées sur lesditz receveurs particuliers qui doibvent estre expédiées et signées par l'ung des trésoriers de France et ledict changeur et par le clerc contrerolleur dudict Trésor; auquel controlleur en signant lesdictes descharges sont baillées les escroues signées de la main dudict changeur seullement, sur lesquelles escroues, ensemble sur le contrerolle ou journal dudict contrerolleur d'icelluy Trésor est vériffiée la recepte du compte dudict changeur.

Nota que, quant lesdictes descharges font mencion comptant par le Trésor, ce sont deniers qui demeurent ès mains du changeur du Trésor pour convertir et employer aux charges et affaires d'icelluy Trésor. Et quant lesdites descharges font mentiõn comptant par ung trésorier des guerres ou autres officiers comptables ou par aucuns pensionnaires pour leurs pensions ou aussi par aucuns autres pensionnaires[1] pour dons qui leur sont faictz par le roy, le changeur du Trésor n'en reçoit les deniers, mais baille seulement les descharges ausditz officiers comptables, pensionnaires et à ceulx à qui ont esté faictz les dons, desquelz il prent leurs quictances et acquistz nécessaires pour recouvrer par eulx des receveurs particuliers les sommes contenues esdictes descharges.

Et nota que icelles descharges doivent estre signées et expédiées par le trésorier de la charge dont est la recepte sur quoy est levée ladicte descharge; toutesfois, en l'absence ou infirmité de maladie, l'ung des trésoriers des autres charges peult signer ladicte descharge.

Item, ledit changeur reçoit par descharges expédiées comme dessus les deniers des finances et compositions

1. L'édition de 1527 porte *pour aucunes autres pensions*.

faictes par Messeigneurs des Comptes à cause des naturalitez, légitimations et nobilitations données et octroyées par le roy à plusieurs personnes par ses lettres patentes en forme de chartre ; et est vériffiée la recepte par les escroues qui sont baillées au contrerolleur en signant lesdictes descharges comme dessus.

Item, ledit changeur reçoit pareillement par descharges qui doivent estre expédiées comme devant les restes des comptes en quoy sont demourez redevables aucuns receveurs, trésoriers et tous autres officiers comptables par la fin et closture de leurs comptes, renduz, cloz et affinez en la Chambre des Comptes, dont la recepte se vériffie pareillement sur les escroues qui en sont baillées au contrerolleur du Trésor en signant les descharges comme dessus.

D. En quoy consiste la despense du compte du changeur du Trésor ?

R. Elle consiste en plusieurs chapitres, dont le premier chapitre sont rentes amorties, qui sont fondations et dons faictz à gens d'Église par les roys de France pour quelque service qu'ilz sont tenuz de faire, en ensuyvant les semblables parties des comptes précédens et par les cédulles de[1] *debentur* du Trésor, qui sont seulement expédiées et signées par le clerc et contrerolleur du Trésor, lequel en tient registre par devers luy et aussi par les quictances desdictes parties.

Le second chapitre de despence sont rentes à héritages, qui sont deues et assignées à plusieurs personnes pour quelques terres ou héritaiges estans du dommaine du roy sur lesquelles ilz ont droict de prendre lesdictes rentes par constitutions qui leur ont esté faictes ou autrement. Et sont

1. *Du*, édition de 1527.

payez les parties dudit chapitre en ensuyvant les semblables parties des comptes précédens et par les cédulles de *debentur* du cler et contrerolleur du Trésor, et aussi par les quictances des parties comme le chapitre précédent.

Le troisiesme chapitre sont pensions à volunté, qui sont données et ordonnées par le roy à plusieurs personnes jusques à son bon plaisir et vouloir seulement ; ou sont gaiges d'officiers qui ne sont ordinaires, mais sont seulement à plaisir et vouloir, comme dit est. Et sont payées lesdictes pensions en ensuyvant les comptes précédens et par les quictances des parties.

Le quatriesme chapitre sont gaiges pour le Trésor qui sont les gaiges pour les quatre trésoriers de France, du contrerolleur du Trésor, de deux clercs dudit Trésor, du changeur et de l'huyssier d'icelluy Trésor. Et sont payez lesditz gaiges en ensuyvant les comptes précédens et par les quictances des parties, excepté les gaiges dudit huyssier qui sont payez de *debentur* par cédulles d'icelluy Trésor.

Le cinquiesme chapitre sont les gaiges d'officiers de la Chancellerie et seulement pour les quatre chauffecires et varlet de chauffecyre de ladite Chancellerie. Et sont payez lesditz gaiges en ensuivant les comptes précédens et les quictances des parties. Nota que les gaiges de Monseigneur le chancellier luy sont payez du revenu du seau par les mains de l'audiencier d'icelle Chancellerie.

Les six, sept, huyt, neuf et dixiesmes chapitres sont arréraiges de rentes amorties, rentes à héritages, gaiges des gens des Comptes, du Trésor et des Monnoyes, des gens de la Chancellerie. Et sont parties qui n'ont esté payez ès années précédentes tant pour[1] lesdictes rentes que gaiges et

1. Les éditions donnent *par*.

qui leur sont deubz d'arréraiges, dont ilz sont payez par les cédulles du Trésor et par les quictances des parties, selon l'ordre qu'ilz sont payez ordinairement, les ungs par cédulles de *debentur* et les autres par simples quictances. Et fault regarder aux comptes précédens des années dont lesditz arréraiges sont deubz s'il n'y en est faicte despence, car, si despence en estoit faicte, il n'en seroit riens alloué en arréraiges, combien qu'il y eust cédulle de *debentur* et quictance, à cause qu'il se trouveroit n'estre riens deu desditz arréraiges.

Le unziesme chappitre sont deniers baillez à gens et officiers qui en doivent compte, comme aux trésoriers des guerres, maistre de la chambre aux deniers, à l'argentier du roy, au receveur de l'escuyerie et aux receveurs et payeurs des gaiges des Cours des Parlemens, des Comptes et autres officiers comptables ; à quoy sont ordonnez par le roy plusieurs parties pour convertir et employer au faict de leurs charges et offices. Et leur sont payez lesdictes parties par le changeur en descharges qui en sont par luy levées sur les receveurs particuliers du dommaine par vertu des mandements du roy ou de son estat général et roolle signé de sa main et expédié par Messieurs les trésoriers de France, ensemble par quictance desditz officiers comptables signez de leurs mains.

Et nota que ledit changeur du Trésor ne doit payer contant lesdites parties ordonnées ausditz officiers comptables, mais les doit payer en descharges comme dit est, sinon qu'il feust mandé par mandement patent du roy payer aucunes desdictes parties contant ; en ce cas, se doit payer par ledit changeur des deniers qu'il a receuz pour convertir et employer aux charges et affaires d'icelluy Trésor, par la quictance de l'officier comptable à qui en est faict le payement.

Item, nota qu'il se paye aucunes parties à quelques officiers comptables par mandement et ordonnance de Messieurs des Comptes et par les quictances desditz officiers comptables.

Et nota que les quictances de tous les officiers comptables doivent estre signées de leurs mains.

Le douziesme chapitre est despence commune, auquel sont couchées les parties payées pour la façon et escripture du compte dudit Trésor, du journal de la recepte d'icelluy[1], ensemble les parties payées pour plusieurs menues nécessitez dudit Trésor, comme pappier, parchemin, boys à brusler et autres choses nécessaires pour ledit Trésor, qui sont payez en vertu des cédulles de *debentur* d'icelluy Trésor avec les quictances des parties.

Le treiziesme chapitre sont deniers payez en acquitz du roy, ausquelz sont contenuz et couchées les parties payées à aucunes personnes pour leurs remboursemens de certains prestz qu'ilz ont faictz au roy, tant pour subvenir aux affaires de ses guerres que pour autres ses affaires ; lesquelz deniers desditz prestz sont baillez et mis par ceulx qui font iceulx prestz entre les mains des trésoriers extraordinaires de la guerre ou autres de leur charge. Et sont allouez lesdictes parties aux comptes dudit Trésor en vertu du roolle ou estat général du roy qui doit estre rendu et transcript au commencement dudit compte, ou par vertu des lettres patentes dudit seigneur deuement expédiées, avec les quictances desditz officiers comptables ausquelz les deniers desditz prestz ont esté baillez, ou aussi par les quictances des parties qui ont faict lesditz prestz pour leurs remboursemens. Et nota que lesditz officiers comptables sont tenuz et chargez par lesdictes parties de tenir et rendre compte au roy des sommes de deniers qu'ilz ont receuz desditz prestz par leurs quictances qui en sont rendues sur icelles parties.

Item, oudit chapitre sont aucunesfois couchées et em-

1. Il existe pour notre période un exemplaire d'un Journal du Trésor ; il est de l'année 1476 et conservé aux Arch. Nat. sous la cote KK 57 ; non indiqué dans l'*Inventaire*, il a été signalé par M. Moranvillé dans la *Bibl. de l'École des Chartes*, t. XLIX, p. 135.

ployez les parties deues à aucuns officiers comptables rendues à la Chambre des Comptes[1] ; et sont payées et allouez icelles parties au compte dudit Trésor par vertu des lettres patentes du roy et des lettres de *debentur* de ladicte Chambre des Comptes avec les quictances des parties. Et fault faire apparoir oudit compte dudit Trésor que les comptes desditz officiers comptables dont procédent leurs deubz ne sont chargez d'aucunes quictances, certiffications ne autres charges quelzconques, par ce que, s'il y avoit aucunes charges, la partie pourroit estre tenue en souffrance oudit compte d'icelluy Trésor jusques à ce que lesditz comptes feussent deschargez desdictes charges.

Le quatorziesme chapitre sont pensions extraordinaires, qui sont parties de plusieurs personnes ausquelz le roy donne des pensions en faveur des services qu'ilz luy font ou ont faictz. Et sont payées lesdictes parties par vertu du roolle et estat général du roy ou de ses lettres patentes et quictances des parties.

Le quinziesme chapitre sont dons et récompenses, qui sont parties payées à plusieurs personnes ausquelz le roy en fait don pour aucunes récompenses ou plusieurs autres causes. Et sont payées lesdictes parties par vertu des lettres patentes dudit seigneur deument expédiées par les trésoriers de France et par les quictances des parties.

Nota que lesdictes parties doivent estre payées en descharges, sinon qu'il feust mandé par lettres patentes de les payer contant. Et y a ordonnance que lesdictes parties ne doivent estre payées ne allouées premièrement que les fiefz, aulmosnes et autres charges ordinaires qui sont sur les receptes particulières sur quoy lesdictes descharges[2] sont

1. *Sic;* il faut sans doute restituer : *les parties deues à aucuns officiers comptables de comptes renduz à la Chambre des Comptes.*

2. Les éditions donnent *charges*, ce qui rend la phrase incompréhensible.

levées par lesditz dons, et aussi pour les rentes admorties estans sur le Trésor, soient payez et préférez avant tous dons.

Le seiziesme et dernier chapitre sont voyages et tauxacions, ouquel chapitre sont couchez et employez les voyages et chevauchées des quatre trésoriers de France qui leur sont payez par vertu du roolle du roy et par leurs quictances. Et pareillement, oudit chapitre sont couchées et employées pensions, parties payées par ordonnances et tauxations de Messieurs des Comptes et trésoriers de France pour aucuns voyages et autres causes pour les affaires du roy, ainsi qu'il est contenu cy-devant ès semblables chapitres des receptes[1] particulières. Et sont allouées lesdictes parties au compte dudit Trésor par vertu des mandemens et tauxacions de Messieurs des Comptes et trésoriers de France avec les quictances des parties seullement.

C'EST LE FAICT DES FINANCES EXTRAORDINAIRES

D. En quoy consistent les finances extraordinaires ?

R. C'est le revenu des greniers[2], aides et tailles du royaulme.

D. Comme se reçoyvent lesdictes finances extraordinaires ?

R. Elles sont receues particulièrement par les grenetiers et receveurs desdictes aydes et tailles dudit royaulme, et en général par les quattre receveurs généraulx de cedit royaulme.

Et sont lesdictes finances extraordinaires gouvernées et administrées par les généraulx desdictes finances, l'ung a la

1. L'édition de 1527 porte *rentes.*
2. L'édition de 1527 porte *grenetiers.*

charge de Languedoc, et soubz chascun desditz généraulx y a ung receveur général desdictes finances.

D. En quoy consiste la charge et recepte d'un grenier ?

R. Ung grenetier a la charge de recevoir particulièrement le droict de gabelle qui appartient au roy à cause du sel qui est présentement vendu et distribué aux greniers, ensemble les creues qui sont ordonnées et mises sur le sel par le roy oultre sondit droict de gabelle et aussi les amendes, forfaictures et confiscations qui adviennent en icelluy grenier.

D. Qu'esse que présentation et descente de sel ?

R. Présentation et descente de sel sont à cause du sel qui est présenté et descendu en ung grenier par chascun marchant pour y estre vendu à tour et à ranc du papier en ensuyvant les ordonnances royaulx, et fault que ledit sel soit présenté par ledit marchant ou son facteur au grenetier et contrerolleur du grenier, lesquelz le doivent faire mesurer par le mesureur juré dudit grenier[1], et le nombre à quoy se monte ledit sel doit estre escript et enregistré par ledict contrerolleur en son contrerolle avec les jours, moys et an de ladicte présentacion ; et sur ce, fault que ledit grenetier en face chapitre et mencion en son compte de l'année dont ladicte présentation et descente de sel est faicte.

Et, après que ledit sel a esté troys ans du moins oudit grenier et que son tour de vente est venu, il fault que le marchant obtienne de Messieurs les généraulx des finances, c'est assavoir le général de la charge dont est le grenier, lettres de pris adressant audit grenetier et contrerolleur pour mettre et exposer en vente ledit sel au feur et pris de vingt livres, XXX livres, ou plus ou moins, selon les lettres, chascun muy pour le droit dudit marchant.

1. *Grenetier*, édition de 1527.

Et, pour obtenir lesdictes lettres, fault que le marchant présente sa requeste à mesditz Seigneurs les généraulx, à laquelle soit attachée la déclaration de l'achapt et fraiz qui ont esté faiz par ledict marchant à cause dudict sel et combien luy revient chascun muy d'icelluy rendu dedans ledict grenier, ensemble une certifficacion desdictz grenetier et contrerolleur de la présentacion et descente que a faict ledict marchant dudict sel contenant le pris que se vent ledict sel oudict grenier et dacte de la certiffication pour le droict du marchant, affin que, sur ce, ledict général luy octroye tel pris qu'il verra et congnoistra estre raisonnable.

Et, quant le tour ou ranc de la vente dudict sel est venu, lesdictz grenetier, contrerolleur et aussi ledict marchant doivent avoir chascun une clef diverse dudict grenier affin qu'ilz n'y puissent entrer l'ung sans l'autre, facent ouverture dudict grenier, baillent et distribuent ledict sel à toutes personnes qui sont du ressort dudict grenier tel nombre et quantité qu'ilz en vouldront avoir selon leur facultez en payant le droict du marchant en ensuyvant le pris qu'il luy en a esté ordonné et octroyé, comme dit est dessus, et aussi en payant le droict de gabelle ordinaire du roy, qui est de trente livres tournoys pour chascun muy de sel vendu et distribué en tous les greniers du royaulme, ensemble les creues qui sont ordonnées sur ledict sel oultre ledict droict de gabelle du roy et celluy du marchant, c'est assavoir : la creue de cent solz tournoys prinse et levée sur chascun muy de sel pour les[1] deniers venans d'icelle creue estre convertiz et employez au payement des gaiges de Messieurs les présidens, conseilliers et autres officiers de la Court de Parlement ; ITEM, une autre semblable creue de quarante soulz tournoys prinse et levée aussi sur chascun muy de sel pour convertir et employer au payement des gaiges des présidens, généraulx, conseilliers et autres officiers de la justice des aides ; ITEM, une autre creue de certaine et déterminée

1. Les éditions portent *des*.

somme, ordonnée estre levée sur chascun muy de sel pour les deniers venans d'icelle creue estre convertiz et employez aux réparacions, fortiffications, emparemens des villes où sont establies et ordonnez les greniers.

D. Comme se vériffie le compte d'ung grenetier à cause des ventes du sel, tant pour[1] le droict du marchant que pour le droict de gabelle du roy, ensemble les creues, forfaictures et confiscations ?

R. Le tout se vériffie par le contrerolle du contrerolleur dudict grenier ouquel sont particulièrement déclairez les ventes dudict sel selon les jours qu'elles ont esté faictes et les noms et surnoms des personnes ausquelz ledict sel a esté vendu et distribué et le nombre et quantité qui leur en a esté baillé et délivré ; et pareillement sont contenues et déclarées par parties les noms et surnoms, les sommes et les causes des confiscations et forfaictures. Et fault que ledict contrerolle soit signé et certiffié en la fin estre véritable par ledict contrerolleur.

D. Comme sont receuz les deniers du droict que le marchant prent sur ledict sel ?

R. Ledict marchant peult, se bon luy semble, recepvoir et prendre par ses mains ou faire recepvoir par autre son procureur ou commis les deniers de sondit droict. Et en ce faisant, fault que le grenetier preigne et recouvre une certiffication d'icelluy marchant ou de sondit procureur et commis comme ilz ont entièrement prins et receu les deniers dudit droict de marchant pour toutes les ventes qui ont esté faictes du sel appartenant à icelluy marchant et que ladicte certiffication contienne le nombre et quantité de la présentation ou des ventes dudict sel et aussi que ledict grenetier n'en a aucune chose receu. Et nota que, quant lesdictz deniers sont receuz par le procureur ou commis dudict mar-

1. *Par*, édit. de 1527.

chant, il fault avoir avec sa certiffication ou ung *vidimus* ou coppie de sa procuration ou que ladicte certiffication soit faicte ou passée par devant notaires ou tabellions royaulx, en laquelle soit expressément noté et déclairé la dacte de la procuration et la clause du procureur de recevoir lesdictz deniers.

Et si ledit marchant veult, lesdictz deniers de son droit seront receuz par le grenetier dudit sel ; il les recevra puis après en luy fournissant et baillant quictance qu'il fault que ledict grenetier rende et apporte sur son compte selon les ventes du sel qui en seront faictes.

D. Comme se reçoivent les deniers du droict de la gabelle du roy ?

R. Ilz sont receuz par le grenetier selon les distributions dudit sel et dont il fault qu'il face recepte en ensuyvant le contrerolle comme dessus.

D. Comme se vériffie la fin de vente d'une présentation de sel et le déchet ordinaire ou extraordinaire qui peult estre sur les ventes de ladicte présentation ?

R. Quant on commence à mettre en vente une présentation de sel, il est dit et déclairé sur le compte par la première vente qui en est faicte à laquelle quantité se monte ladicte présentation de sel, laquelle se vériffie par le chapitre des présentations du compte de l'année dont ladicte présentation a esté faicte, et par la dernière vente qui est faicte dudit sel, fault gecter et calculer combien montent toutes les ventes d'icelluy, et le surplus que monte ladicte présentation estre tenue en déchet, sur lequel on doit allouer au grenetier le déchet ordinaire, qui est d'une myne de sel pour chascun muy selon la présentation.

Et s'il se treuve oultre ledit déchet ordinaire, l'autre déchet est nommé et appellé déchet extraordinaire, qui est oultre la myne pour muy, dont il fault que le grenetier face apparoir par certiffication faicte en la présence du procureur du roy sur le faict de la gabelle et du marchant auquel appartient ledit sel, des causes pour lesquelles est advenu ledit déchet extraordinaire. Et si lesdictes causes sont souffisantes et raisonnables, veuz lesdictes certiffication et contrerolle dont il n'est aucunement chargé dudit déchet extraordinaire, ledit grenetier en doit pareillement estre deschargé sur son compte. Et si ledit grenetier ne faict apparoir de ladicte certiffication, on le contrainct faire recepte en son compte pour le droict de gabelle et des creues d'autant que se monte ledit déchet extraordinaire. Mais communément, attendu que par le contrerolle il n'est chargé dudit déchet et que sur ledit contrerolle se vériffie la recepte dudit grenetier, on luy permet[1] de rendre en deniers renduz et non receuz en son compte les sommes dont il a esté contrainct faire recepte à cause d'icelluy déchet, lesquelles luy sont rayées par faulte de faire apparoir par ladicte certiffication des causes dudit déchet. Et néantmoins, il est tenu d'autant en souffrance jusques à certain temps, pendant lequel il est tenu d'apporter et fournir ladicte certiffication, ou on le peult contraindre à payer au roy ce que monte ladicte souffrance.

D. Comme se vériffie la recepte que faict ung grenetier à cause des amendes, forfaictures et confiscations qui adviennent et eschéent en son grenier? Et dont procèdent lesdictes amendes, forfaictures et confiscations?

R. Lesdictes amendes, forfaictures et confiscations sont adjugées au roy par les grenetiers et contrerolleurs à l'instance du procureur dudit seigneur sur le faict des aydes et gabelles du lieu où est estably le grenier contre aucuns larrons de sel, faulx saulniers, gens qui vendent le sel sans congé et pour autres causes, selon les ordonnances sur ce faictes. Et sont vériffiées lesdictes amendes, forfaictures et confiscations par le contrerolle auquel les parties doivent estre particulièrement déclairées.

1. *Et luy promect*, édit. de 1527.

Et, quant il se treuve du sel qui est confisqué, il est vendu au grenier et prent le droict le marchant[1] et les autres droictz des gabelles et creues, dont le grenetier doit faire recepte en son compte au chapitre de forfaictures, et se vériffie sur le contrerolle.

Item, quant il n'y a aucunes forfaictures, amendes ne confiscations, le contrerolleur en doit faire mention par son contrerolle et y mettre néant par ce que n'en sont aucunes choses advenues ne escheues en l'année ; et sur ce, le grenetier en est deschargé en son compte.

Item, nota que les gaiges du procureur du roy sur le faict de la gabelle se doivent prendre sur lesdictes amendes, forfaictures et confiscations ; et quant il n'y en a point, il ne doit[2] avoir aucuns gaiges.

D. En quoy consiste la despence du compte du grenetier?

R. Le premier chapitre de ladicte despence sont les deniers baillez et délivrez au receveur général de la charge[3] dont est le grenier par les descharges des généraulx des finances qui en sont levez sur lesditz grenetiers et sur ce qu'ilz pevent et pourront debvoir à cause du revenu, prouffit et esmolument du grenier ou de la creue qui est ordonnée pour le payement de Messeigneurs de Parlement ou des généraulx de la justice pour icelle[4] année.

Et que lesdictes descharges soyent signées par l'ung des généraulx des finances, mesmement par le général de la charge dont est le grenetier, par le receveur général desdictes finances en ladicte charge et par le contrerolleur général d'icelle charge. Auquel contrerolleur général est baillée escroue signée dudit receveur général qui demeure par

1. *Sic;* édit. de 1527 ; il faut sans doute lire : *et prent l'on le droict du marchant.*
2. *Ils ne doivent*, édit. de 1527.
3. *Descharge*, édit. de 1527.
4. *Telle*, édit. de 1527.

devers luy en signant ladicte descharge, pour, sur ce, faire dresser[1] son contrerolle.

Nota, quant ladicte descharge faict mention par ledit receveur général pour convertir au faict de son office, les deniers en demeurent ès mains dudit receveur général pour employer au payement des parties qui sont ordonnées estre payées comptant par luy à cause de sondit office; mais, quant il est faict mention en icelle descharge par ung trésorier des guerres, par le receveur et payeur des gaiges de Messieurs de la Court, de Messieurs des Comptes ou des généraulx de la justice ou d'autres officiers comptables, en ce cas, lesdites descharges[2] leur sont baillez par le receveur général pour deniers comptables pour leur assignation ou partie de ce dont ilz sont assignez sur ledit receveur général, lequel en prent quictance d'eulx.

Item, fault en payant par ledit grenetier le contenu desdictes descharges que on luy baille avec icelles descharges lettres de temps du général de la charge[3] par lesquelles soit mandé audit grenetier les termes des payemens d'icelle descharge.

Fault aussi, pour allouer ladicte descharge oudit compte du grenetier, qu'elle soit employée en l'estat qui luy est faict par le général du revenu dudit grenier et des charges de despence qui sont sur icelluy grenier. Et, en raportant ledit estat, ladicte descharge qui y est employée est allouée[4] oudit compte sans ce qu'il soit besoing rapporter ladicte lettre d'estat.

Le second chapitre de despence sont les gaiges des grenetiers et contrerolleurs du grenier et du procureur du roy sur le faict de la gabelle, lesquelz gaiges leur sont payez selon les comptes précédens en ensuyvant ce qui leur en est

1. *Adresser*, édit. de 1527.
2. *Charges*, édit. de 1527.
3. *Descharge*, édit. de 1527.
4. *Elle est allouée*, édit. de 1527.

ordonné en l'estat du général par les quictances desditz contrerolleur et procureur du roy; excepté, quant il y a nouveaulx officiers, il fault avoir la coppie de leurs lettres d'office collationez en la Chambre des Comptes pour veoir le jour de leur institution en office, affin de leur allouer les gaiges à commencer dudit jour de ladicte institution seulement.

Et nota que les gaiges desditz procureurs du roy sur le faict de la gabelle ne sont communément couchez oudit chapitre des gaiges d'officiers, par ce que ce ne sont gaiges ordinaires, mais leur doivent estre payez par tauxations du général et couchez au compte au chapitre de tauxations.

Item, nota que lesditz procureurs[1] du roy sont et doivent estre assignez et payez de leursditz gaiges sur les amendes, forfaictures et confiscations qui adviennent au grenier, et, s'il n'y en advenoit[2] aucunes, ilz ne doivent avoir aucuns gaiges.

Le troisiesme chapitre sont les dons qui sont faictz par le roy : c'est assavoir le roy faict aucunes fois don du revenu d'un grenier aux seigneurs de son sang ou autres à l'avoir et prendre par leurs simples quictances par les mains des grenetiers; et, en ce cas, en vertu dudit don, le grenetier doit apporter les lettres originalles ou coppie d'icelles s'il est dit par ledit don, avec les quictances, pour luy allouer le revenu dudit grenier, les charges ordinaires estans sur icelluy grenier déduictes, c'est assavoir les gaiges d'officiers, les dons faictz aux églises, les tauxations, le sel délivré sans gabelle et les parties de despence commune.

Item, communément sur lesditz greniers y a des parties de dons faictz par le roy pour certain temps aux habitans d'Orléans et à aucunes[3] églises de ce royaulme à prendre sur son droict de gabelle pour convertir aux réparations des villes

1. Edit. de 1527; certaines éditions donnent *officiers et procureurs*.
2. *Amenoit*, édit. de 1527.
3. *Sic;* il faut sans doute restituer, *à aucunes villes et églises*.

et églises à qui sont lesditz dons, lesquelz leur sont payez ou à leurs procureurs en vertu d'iceulx dons, dont il fault rapporter les *vidimus* avec les quictances des parties ou leursditz procureurs pour eulx. Et fault veoir que le temps contenu esditz dons ne soit expiré, car, s'il estoit expiré, il fauldroit avoir nouvel don. Et fault que les lettres de tous dons soient signez de la main du roy et d'ung de ses secrétaires signant en finances, expédiées et vériffiées par un général des finances, mesmement du général de la charge, pourveu que ledit don ne excède le temps de dix ans, pour ce que, s'il excédoit, il fauldroit qu'il feust expédié par Messieurs des Comptes.

Et fault, pour allouer les parties desdictz dons ou compte d'ung grenetier, qu'elles soient employez en son estat que luy faict le général de la charge[1].

Le quatriesme chapitre sont les voyages et tauxations qui sont payez par lettres de tauxations du général de la charge, tant pour le voyage que faict le grenetier pour le recouvrement de son estat, comme pour autres voyages et causes nécessaires du roy [et] de ses finances. Et fault que lesdictes tauxations soient employez oudit estat et autres quictances des parties. Et fault, quant sont tauxations pour voyages, que les journées soient déclairez et la somme qu'ilz doivent avoir par jour.

Le cinquiesme chapitre est du[2] sel délivré sans gabelle, qui est distribué à aucuns officiers du roy, gens d'église, aux péagiers ou rentiers qui prennent droict du sel sur les basteaulx passans aux lieux où leur sont deubz lesdictz péages. Et fault qu'il y ait mandement du roy [et] de Messieurs des Comptes ou des généraulx des finances pour leur délivrer ledit sel sans gabelle ne payer aucun droit de creue,

1. *Le receveur général de la descharge*, édit. de 1527.
2. *Le*, édit. de 1527.

mais seullement le droit du marchant, avec quictance des parties. Et fault que recepte en soit faicte par les ventes du sel et que les parties en soient couchées au contrerolle, car, s'il n'en estoit faicte aucune recepte, n'en seroit aucune chose alloué. Nota que il y a plusieurs officiers qui en preignent par leurs simples quictances selon ce qu'ilz ont acoustumé en avoir par les comptes précédens.

Le sixiesme chapitre sont deniers renduz et non receuz qui sont parties reprinses en despence à cause de semblables parties dont ledict grenetier a esté contrainct à faire recepte pour aucuns déchetz extraordinaires ainsi qu'il est déclairé cy-devant. Et pour allouer lesdictes parties ou compte du grenetier, fault qu'il rapporte certiffication faicte en la présence du procureur du roy sur le faict de la gabelle et du marchant auquel appartient ledit sel des causes pour lesquelles est advenu ledit déchet.

Le septiesme chapitre et dernier est la despence commune où sont employées les parties pour la façon du compte, les droictz et espices de Messieurs des Comptes et le voyage du grenetier pour venir à rendre son compte.

C'EST LE FAICT DE LA RECEPTE DES AYDES

La recepte que faict ung receveur des aydes sont fermes du huytiesme, vingtiesme de vin, impositions selon les coustumes des lieux; et sont baillées lesdictes fermes chascun an par les esleuz de l'élection dont est la recepte et par le greffier desdictz esleuz. Et se vériffie la recepte que fait ledit receveur, c'est assavoir: quant aux parroisses qui sont soubz ladicte recepte, sur les comptes précédans; et quant aux fermes des fermiers et aux sommes que se montent lesdictes fermes, sur les papiers ou cayer du bail d'icelles fermes qui doit estre signé en la fin par lesditz esleuz et leur greffier.

Item, lesditz receveurs des aydes reçoivent par les mains des receveurs des tailles de ladicte eslection l'esquivallant ayant cours aux lieux des impositions d'icelle eslection, selon les comptes précédens. Nota, que aucunes fois le receveur des aydes reçoit particulièrement [l']esquivallant en ensuyvant l'assiete qui est faicte par les esleuz et leurs greffiers. Et est ledit équivallant comme une recepte ordinaire, à cause qu'il n'augmente ne diminue, et ne doit monter ne diminuer une année plus que l'autre.

Item, ledit receveur reçoit les amendes qui sont adjugées par les esleuz contre aucune personne délinquant ou reffusant de payer ce qu'ilz[1] doivent à cause desdictes aydes et sont vériffiées lesdictes parties desdictes amendes sur le compte du receveur par ung roolle ou cayer de papier signé et certiffié par lesditz esleuz et leur greffier.

DESPENCE DU COMPTE DES AYDES

Le premier chapitre de la despense du compte d'ung receveur des aydes sont les deniers baillez au receveur général de la charge par les descharges qui sont levées selon et ainsi qu'il est dit cy-devant sur le compte du grenetier. Et sont allouées lesdictes parties en vertu desdictes descharges et de l'estat qui en est faict par le général audit receveur des aydes, ouquel icelles parties doivent estre couchées et employées.

Le deuxiesme chapitre sont les gaiges des officiers, qui sont les gaiges des esleuz, de leur greffier et du receveur. Et sont allouez lesditz gaiges selon les comptes précédens et ce qui leur est couché et ordonné par l'estat du général et par leurs quictances, excepté du receveur qui prent ses gaiges par ses mains et sans quictance. Nota qu'il a seulle-

1. *Et qui*, édit. de 1527.

ment les gaiges du procureur du roy aux aydes qui soient payez selon l'estat à prendre sur les amendes.

Le troisiesme chapitre sont les chevauchées des esleuz, qui leur sont payez pour leur sallaires et voyages d'avoir esté par les villages et parroisses de leur eslection scavoir et congnoistre les fortunes qui pevent estre survenues affin de les charger ou descharger de la taille ou esquivallant selon raison, par vertu de l'estat du général[1] et de leur quictance.

Le quatriesme chapitre sont les voyages et tauxacions qui sont payez par mandement du général de la charge pour aucuns voyages et affaires du roy. Et sont allouez lesdictes parties par vertu desdictz mandemens et estat dudit général où elles sont employées [et] par les quictances des parties.

Le cinquiesme chapitre sont les deniers renduz et non receuz qui sont à cause des parties que le receveur n'a peu recevoir d'aucuns fermiers pour leurs fermes : dont il fault que ledit receveur face apparoir par certiffication desdictz esleuz et du procureur du roy sur le faict desdictes aydes des diligences par lui faictes en temps et lieu sur lesditz fermiers et leurs pleiges et caucions pour le recouvrement desdictes parties, ainsi qu'il a esté dit cy-devant en semblable chapitre sur le compte d'ung receveur ordinaire du dommaine.

Le sixiesme et dernier chapitre est la despence commune, où sont les parties de la façon et reddition du compte, les droicts et espices de Messieurs des Comptes et le voyage du receveur pour venir rendre ledit compte.

C'EST LE FAICT DE LA RECEPTE DES TAILLES

Ung receveur des tailles reçoit particulièrement des col-

1. *Compte général*, édit. de 1527.

lecteurs de chascune paroisse ou village estant du ressort de l'élection dont la recepte est les deniers à quoy ilz ont esté assis[1] par les esleuz de ladite élection tant pour la taille que pour les fraiz, en ensuyvant le mandement et commission addressant ausditz esleuz, par lequel il leur est mandé mettre sus[2], asseoir et imposer en leurdicte élection certaine somme de deniers pour leur part et portion de la somme à quoy se monte la taille par tout le royaulme, en laquelle commission sont contenuz et déclairez les payemens de ladicte taille, et aussi est mandé par icelle asseoir certaine autre somme pour lesditz fraiz, qui sont les gaiges et salaires desditz esleuz et de leur greffier pour faire ladicte assiete et du receveur pour le recouvrement des deniers.

Et se vériffie la recepte que faict ledit receveur sur son compte, c'est assavoir : quant aux parroisses selon les comptes précédens, et quant aux sommes sur le papier de l'assiete qui en est faicte par lesditz esleuz qui doit estre signée par iceulx esleuz et leurdit greffier.

Et fault que ladicte assiete reviengne et monte à la somme qui leur est mandé asseoir et imposer par la commission du roy tant pour ladicte taille que pour lesditz frais, dont, pour la vériffication de ce, ledit receveur doit rapporter le mandement et commission ou ung *vidimus* qui doit estre rendu et transcript au commencement de son compte. Nota que lesditz esleuz ne doivent ne plus ne moins asseoir que ce qu'il leur est mandé par ladicte commission, car, s'ilz avoient trop ou trop peu assis, il en fauldroit faire difficulté par Messieurs des Comptes, et quant il se treuve qu'ilz ont trop assis en une année, il leur est enjoint en diminuer autant sur l'année ensuyvant.

Item, aucunes fois il survient des creues de tailles qui sont levées par commission ou mandement du roy addres-

1. *Assis moytié par les esleuz*, édit. de 1527.
2. *Sans*, édit. de 1527.

sant aux esleuz, lesquelz en font une assiette sur les habitans des paroisses de ladicte eslection ainsi qu'il est dit devant pour la taille ordinaire. Et fault pour la vériffication d'icelle creue semblablement apporter ledit mandement et commission du roy ou le *vidimus* avec ladicte assiete signée desditz esleuz et de leur greffier.

Nota, que nul ne peult mettre sus, asseoir ne lever aucunes aydes ne tailles sans commission du roy.

Item, lesditz receveurs des tailles reçoivent l'équivalant qui a cours ou lieu des impositions en leur recepte et élection selon l'assiete qui est pareillement faicte par lesditz esleuz et leur greffier, en ensuyvant le mandement du roy pour asseoir taille, auquel la somme à quoy se monte l'équivallant est déclairée, et est une somme ordinaire qui se monte autant une année que l'autre.

DESPENCE DU COMPTE DES TAILLES

Le premier chapitre de despence du compte d'ung receveur des tailles sont les deniers baillez au receveur général de la charge par les descharges qui en sont levées, selon et ainsi qu'il est déclairé cy-devant en semblable chapitre d'ung compte d'ung grenetier. Et fault que ledit receveur apporte sur son compte lesdictes descharges avec l'estat qui luy est faict par le général de ladicte charge, ouquel icelles descharges doivent estre couchées et employées.

Le second chapitre de despence est à cause de l'équivallant qui a esté receu par ledit receveur des tailles, lequel il baille au receveur des aydes par sa simple quictance, dont il faict despence en son compte en vertu de ladicte quictance dudit receveur des aydes seulement.

Le troisiesme chapitre sont les gaiges et salaires des esleuz et de leur greffier pour avoir vacqué à faire l'assiete et cottisation de la taille et des creues et puis en tenir et rendre compte. Lesquelz gaiges se doivent prendre des deniers des fraiz qui sont assis et imposez oultre la taille selon le mandement du roy. Et sont iceulx gaiges payez ausditz esleuz et leur greffier en ensuyvant l'estat du général de la charge et par leurs quictances, et ceulx du receveur sont allouez en son compte selon ledit estat.

Le quatriesme chapitre sont voyages et tauxations qui sont payez par mandemens du général de la charge pour aucuns voyages et affaires du roy. Et fault apporter lesdictes tauxations qui soient employées et couchées oudit estat du général auec les quictances des parties.

Le cinquiesme et dernier chapitre est la despence commune, où est seullement allouée la partie des droictz et espices de Messieurs des Comptes, pour ce que façon et reddicion du compte se doibt payer par le receveur et prendre sur ses gaiges et n'en doit on aucune chose allouer en ladicte despence commune.

C'EST LA CHARGE D'UNG RECEVEUR GÉNÉRAL DES FINANCES EXTRAORDINAIRES POUR SA RECEPTE

Ung receveur général fait recepte du revenu des greniers, aydes et tailles de sa charge selon les descharges qui en ont esté levées durant l'année sur les grenetiers et receveurs desdictes aydes et tailles. Et se vériffie ladicte recepte par le contrerolle du contrerolleur général de ladicte charge et sur les escroues qui luy ont esté baillées par ledit receveur général, signées de sa main, lesquelles on rapporte avec ledit contrerolle pour la vériffication de ladicte recepte[1].

. . . .

. . . .

Et s'il y a autres parties à payer oultre celles dudit roolle, il faut qu'elles soient payées par vertu des mandemens patens du roy signez de sa main et d'ung secrétaire de ses finances, et sur tout les quictances desdictes parties.

Nota que ung receveur général ne doit payer aucunes parties en deniers contans s'il n'y a mandement exprès du roy pour ce faire, mais il doibt payer les parties assignez sur luy en descharges qui en sont levez sur les grenetiers et receveurs d'aydes et tailles de la charge, desquelz lesdictes parties doivent faire le recouvrement à leurs despens, pour obvier aux fraitz qui seroient s'il en estoit fait par le receveur général et que lesdictes parties fussent payées en deniers contans par luy.

Item, ledit receveur général paye plusieurs autres parties, comme deniers payez contans au roy, les gaiges et chevauchées du général et contrerolleur général de la charge; et pareillement, il prent et retient par ses mains les gaiges de luy receveur général; le tout en vertu dudit roolle et estat général du roy ou des mandemens[2] patens dudict seigneur avec les quictances des parties, selon et ainsi qu'il a esté déclairé cy-devant sur le compte du changeur du Trésor.

Item, au compte d'ung receveur général il y peult avoir quelques autres chapitres suyvans; néantmoins la somme

1. Il y a certainement ici une lacune dans le traité, qui se retrouve exactement la même dans toutes les éditions que nous en connaissons. Il manque en effet toute la fin de la recette à peine commencée cidessus et tout le commencement de la dépense, dont il est question dans les paragraphes qui suivent. Pour suppléer cette lacune, on peut consulter le modèle de compte de recette générale donné dans les *Extraits du Formulaire du ms. fr.* 647, ci-dessous, n° XXI.

2. *Commandemens*, édit. de 1527.

du compte du Trésor[1] et mesmement les chapitres de voyages et tauxations qui sont payez par vertu des mandemens et tauxations de Messieurs des Comptes et des généraulx des finances, c'est assavoir, par l'ordonnance de mesditz Seigneurs des Comptes jusques à icelle somme raisonnable que bon leur semble, et par l'ordonnance desdictz généraulx jusques à vingt-cinq livres tournoys et au dessoubz pour une foys, tant pour voyages qui sont faitz pour le recouvrement des deniers qui sont receuz par le receveur général pour employer au faict de son office que pour autres affaires du roy ; et sur ce fault avoir les quictances des parties, ainsi qu'il est plus à plain déclairé en semblable chapitre du compte du changeur du Trésor.

XX

Extraits du Formulaire des Mss. fr. 4526 *et* 5118.

Les roys de France ont fait et constitué plusieurs belles ordonnances sur le fait de leurs finances tant ordinaires que extraordinaires ; et mesmement le roi Charles de bonne mémoire septième de ce nom feit plusieurs ordonnances à Saumur ou mois de décembre mil quatre cens quarante trois[2], les autres à Nancy en Lorraine ou moys de févricr l'an mil quatre cens quarante quatre[3], les autres à Bourges ou mois de novembre mil IIII c XLVII[4], les autres à Meung-sur-Yèvre ou mois de décembre mil IIII c LIIII[5] et les autres

1. Membre de phrase incompréhensible, le même dans toutes les éditions. Il s'agit sans doute d'un renvoi pour ces autres chapitres à ce qui a été dit plus haut de chapitres analogues au paragraphe du compte du changeur.

2. *Sic*, sans doute les nos I et II ci-dessus, l'un de septembre, et l'autre de novembre 1443.

3. Ci-dessus, no III.

4. Ci-dessus, no VI.

5. Ci-dessus, no VIII.

au Bouchart près Sainct-Poursain ou mois de janvier mil IIII c LV[1], tant sur le fait de ses finances ordinaires et extraordinaires que de la manière de procéder par les gens des Comptes, trésoriers de France et généraulx des finances touchant la distribucion desdites finances chacun en son regard et selon son povoir.

Et, pour entendre que c'est de matière de finance, il est premièrement assavoir que le roy et Messrs de ses finances font chacun an ung estat général de toutes les finances tant ordinaires que extraordinaires. Ouquel estat est fait recepte de la valleur de tout le dommaine du roy en ce royaulme et pays adjacens et aussi y est fait recepte de la valleur de tous les greniers, aydes et équivallent, imposicion foraine, quart ou quint de sel, tailles, creues et autres subsides. Et, en despense, sont couchées les parties ordonnées par le roy, tant aux trésoriers des guerres, commis à l'extraordinaire desdites guerres, argentier, chambre aux deniers, commis au payement des cappitaines et archiers de la garde, gaiges d'escuirie, commis au payement des gaiges des Cours souveraines, commis aux réparacions des places et chasteaulx, et autres parties comptables. Pareillement sont couchées oudit estat : les parties et sommes de deniers baillées comptant au roy ; les pensions et entretènemens des princes, seigneurs, princesses, dames et gentilzhommes ; les dons et récompenses faiz par le roy ; gaiges, chevauchées, droiz, pensions et bienffaiz de Messrs les trésoriers de France, généraulx des finances, changeur du Trésor et receveurs généraulx avec aucunes parties pour leurs clercs.

Et, après que ledit estat général est fait, signé et arresté, le département en est fait par mesdits Srs des finances en

1. Publ. *Ord.*, XIV, 370 ; ces lettres, sans intérêt, ordonnent le paiement avant toutes choses des charges ordinaires domaniales, fiefs et aumônes, gages d'officiers, etc....

divers estatz généraulx, c'est assavoir, quatre estatz du dommaine pour les charges des quatre trésoriers de France, et à chacun des receveurs généraulx de Languedoil, Languedoc, Normandie, Oultre-Seyne, Picardie et Bourgongne chacun son estat. Lesquelz quatre estatz du dommaine servent au changeur du Trésor, qui est receveur général dudit dommaine, pour lever les descharges de son office des parties emploiées esdits quatre estatz ; en chacun desquelz estatz est fait recepte, et employées ès charges d'iceulx les parties de derniers comptables, pensions, dons, récompenses, deniers baillez comptant au roy, et deniers paiez en acquict, et voyaiges de trésoriers. Et, par semblable, [ès] estatz desdits receveurs généraulx *mutatis mutandis.*

Et est assavoir que au long de l'année par vertu desdits estatz sont levées les descharges dudit Trésor, qui sont signées du trésorier de la charge, du changeur et du contrerolleur dudit Trésor, en la manière qui s'ensuit :

Thesaurus domini nostri regis recepit et eidem reddidit a ...., receptore ordinario parisiensi, summam VI^c l. t. super hoc quod debet aut debere poterit ob causam sue recepte anni presentis incepti, *vel* finientis, tali die, *vel* anni preteriti finiti tali die, *aut* anni proxime venturi incepturi tali die, comptant per magistrum Johannem de Poncher, consiliarium domini nostri regis et thesaurarium guerrarum, pro parte majoris summe sibi per predictum dominum ordinate super suum domanium oneris de Ultra-Secanam partem facientis summe eidem ordinate pro convertendo et implicando in facto sui officii durante anno presenti incepto prima die januarii novissime lapsi. Scriptum in eodem Thesauro, tali die et anno[1].

Et, en signant et expédiant ladite descharge par ledict changeur du Trésor, il en fait son escroe signée de sa main,

1. Les décharges sont sur parchemin.

qui est baillée au contrerolleur dudit Trésor, en signant pour contrerolle ladite descharge, de laquelle la teneur s'ensuit :

Baillez escroe à....., receveur ordinaire de Paris, de la somme de tant sur ce qu'il peut et pourra devoir à cause de sa recepte de ceste présente année, *ou* de telle année, commançant et finissant tel jour, comptant par Me Jehan de Poncher, trésorier des guerres, faisant partie de la somme de tant à luy ordonnée par le roy nostre sire sur son dommaine de la charge d'Oultre-Seine pour partie de plus grant somme que icelluy sire luy a ordonnée pour convertir et emploier ou fait de son office durant ceste présente année, commançant le premier jour de janvier derrenier passé. Escript audit Trésor, tel jour[1]...

Communément, on liève plusieurs descharges et sur plusieurs receveurs faisant mencion *par les trésoriers des guerres :* aucunesfois une descharge fait mencion d'un trésorier des guerres seul, et aucunesfois des deux trésoriers quant l'article de l'estat général les mect tous deux ensemble.

Et, après l'expédicion desdites descharges, ledit trésorier des guerres baille sa quictance au changeur du Trésor contenant ceste forme :

Je, Jehan de Poncher, conseiller du roy nostre sire et trésorier de ses guerres, confesse avoir eu et receu de maistre Jaques Charmolue, notaire et secrétaire du roy nostre sire et changeur de son Trésor, la somme de tant en tant de descharges levées sur les receveurs du dommaine du roy en la charge d'Oultre-Seine qui s'ensuivent, c'est assavoir, sur le receveur de tel lieu telle somme..., et sur tel autre receveur telle somme..., lesquelles descharges montent ensemble à la somme de tant, de laquelle je me tiens pour content et en

1. Les écrous sont aussi sur parchemin.

quicte ledit changeur, tesmoing mon seing manuel cy mis tel jour et an[1].

Ou chappitre de deniers comptables de l'estat sont couchées plusieurs autres parties comptables, dont des aucunes sont levées descharges en la manière que cy-dessus est déclaré *mutatis mutandis*, tant desdites descharges, escroes que quictances, et aucunes parties paiées comptant par vertu de l'estat général du roy et des quictances seullement; mais il est à noter qui bien peu y a de parties comptables dont ne sont levées descharges pour ce que communément chacun officier comptable recouvre les deniers de son assignacion sur ses gaiges, et, s'il estoit paié comptant, le recouvrement qui en seroit fait par ledit changeur du Trésor seroit aux despens du roy[2].

Item, et par semblable de toutes les autres parties emploiées oudit estat général, soient pensions, dons ou récompenses. Et des descharges levées pour pensions par ledit changeur du Trésor la teneur s'ensuit :

Thesaurus domini nostri regis recepit et eidem reddidit a..., receptore ordinario aurelianensi, summam *tant* super hoc quod debet aut debere poterit ob causam sue recepte anni presentis incepti tali die, comptant per dominum Stephanum de Poncher, consiliarium domini nostri regis et parisiensem episcopum, sibi ordinatam per dominum nostrum regem pro sua pensione et intertenamento in servicio ipsius domini anno durante incepto prima die januarii ultimate

1. Pièce également sur parchemin.

2. « Ne sont tenuz [receveurs] généraulx bailler l'argent comtant, mais seullement bailler descharges, sinon au trésorier de l'extraordinaire, qui ne reçoit sinon comtant par mandement du roi et ses simples quictances, pour ce que ce n'est pas office, mais commission; car tous officiers à gaiges sont tenuz faire le recouvrement sur leurs gaiges, comme les trésoriers des guerres, argentier, recepveur d'escuirie, trésorier de la vennerie et faulconnerie qui a troys cens livres de pension pour le recouvrer, et autres officiers comptables. » Bib. Nat., ms. Dupuy 233, fol. 35.

lapsi, comprehensis IIm. l. pro crescentia sue pensionis et hoc ultra et insuper alia dona, pensiones et benefacta que habet et in futurum habere poterit ab eodem domino. Scriptum in Thesauro...

Ensuit la teneur de l'escroe :

Baillez escroe à..., receveur ordinaire d'Orléans, de la somme de tant sur ce qu'il peut et pourra devoir à cause de sa recepte de ceste présente année commancée tel jour, [comptant par Monsr l'évesque de Paris], et ce oultre et par dessus les autres dons, pensions et bienffaiz qu'il a et pourra avoir du roy nostre Se cy-après, comprins IIm l. t. de pension. Escript audit Trésor tel jour.

Et, pour ce que aucunesfoys l'estat général n'est fait au commancement de l'année, on peult lever descharges par vertu des mandemens patens et acquitz du roy, dont, pour la partie qui est cy-devant, a esté levé l'acquit qui s'ensuit :

François, par la grâce de Dieu roy de France, à noz amez et féaulx les trésoriers de France, salut et dillection. Nous voullons et vous mandons que par nostre amé et féal conseiller Me Jaques Charmolue, changeur de nostre Trésor, vous faictes lever descharges sur telz receveurs de nostre dommaine que adviserez, sur ce qu'ils pevent et pourront devoir à cause de leur recepte, de la somme de tant par nostre amé et féal conseiller l'évesque de Paris auquel nous l'avons ordonnée et ordonnons par ces présentes pour sa pension et entretènement en nostre service de ceste présente année commançant le premier jour de janvier derrenier passé et finissant ledit jour l'an révolu, c'est assavoir, IIm l. t. pour semblable somme qu'il avoit par cy-devant de pension, et autres IIm l. t. que luy avons baillée et baillons de creue pour luy parfaire ladite somme de IIIIm l. à ce qu'il ayt mieulx de quoy soy entretenir honorablement en nostre service durant cestedite année, et ce oultre et par dessus les autres dons, pensions et bienffaiz qu'il a et pourra avoir de nous cy-après; et, par rapportant cesdites présentes signées de nostre main et quictance de nostredit conseiller l'évesque de Paris sur ce suffisante, nous voullons ladite somme de IIII^{m} l. t. estre allouée ès comptes et rabatue de la recepte de nostre changeur par noz amez et féaulx les gens de noz Comptes, ausquelz nous mandons ainsi le faire sans difficulté, car tel est nostre plaisir, non obstant quelzconques ordonnances, restrinctions, mandemens ou deffences à ce contraires. Donné [1]...

Ensuit la teneur de l'atache sur lesdites lettres :

Les trésoriers de France à Me Jaques Charmoluc, changeur..., salut. En accomplissant le contenu ès lettres patentes dudit sire [2] signées de sa main ausquelles ces présentes sont atachées soubz l'un de noz signetz, levez descharge sur le receveur ordinaire d'Orléans sur ce qu'il peult et pourra devoir à cause de sa recepte de ceste présente année de la somme de IIII^{m} l. t. comptant par Monsr l'évesque de Paris, conseiller dudit sire, auquel ledit sire l'a ordonnée pour sa pension et entretènement en son service durant ceste présente année commançant tel jour et finissant tel jour, c'est assavoir, II^{m} l. t. pour semblable somme qu'il avoit de pension par cy-devant, et autres II^{m} l. t. que ledit sire luy a ordonnées de creue pour luy parfaire ladite somme de IIII^{m} l. t. à ce qu'il ayt myeulx de quoy soy entretenir honorablement en son service durant cestedicte année, et ce oultre et par dessus les autres dons, pensions et bienffaiz qu'il a et pourra cy-après avoir dudit sire, le tout ainsi et par la forme et manière qu'il est contenu esdites lectres et que le roy nostredit sire le veult et mande par icelles. Donné à Paris soubz l'un de noz signetz, le [3]...

1. Parchemin; scellé sur simple queue et contresigné d'un secrétaire des finances.

2. *Sic*; il vaudrait mieux rétablir *du roy nostre sire*.

3. Parchemin ; signé de l'un des trésoriers, autant que possible celui de la charge, c'est-à-dire en l'espèce celui de Languedoil.

Ensuit la teneur de la quictance servant sur lesdits acquit et descharge:

Nous, Estienne de Poncher, évesque de Paris, confessons avoir eu et receu de maistre Jaques Charmolue, conseiller du roy nostre S^{e} et changeur de son Trésor, la somme de IIII^{m} l. t. à nous ordonnée par le roy nostredit seigneur pour nostre pension de ceste présente année commançant le premier jour de janvier derrenier passé, comprins II^{m} l. t. de creue de pension qu'il nous a ordonnée oultre semblable somme que avions cy-devant de pension, en une descharge dudit Trésor ce jourduy levée sur le receveur ordinaire d'Orléans, de laquelle somme de IIII^{m} l. t. nous nous tenons contens et en quictons ledit maistre Jaques Charmolue, changeur du Trésor. En tesmoing de ce, nous avons signé ceste présente quictance de nostre main et fait séeller du séel de noz armes tel jour et an[1]...

Toutes quictances en matière de finances qui sont pour[2] officiers comptables doivent estre signées de leurs mains et en doivent retenir le double pour en faire registre par devers eulx, et ne doivent, si possible est, bailler aucuns blancs signez de leurs mains, mais doivent les quictances estre emplies et datées ; et y fault garder la forme comme elle est escripte cy-dessus du trésorier des guerres, *mutatis mutandis*.

Toutes autres quictances de pensions, dons ou récompenses emploiées en l'estat général ou dont aura esté levé acquits particulier doivent estre faictes comme celle de Monsr de Paris, *mutatis mutandis*.

Et est à noter que toutes quictances de princes ou seigneurs, soient chevaliers ou non, doivent commancer par *Nous*, ainsi que celle qui est cy-dessus; et toutes autres quictances de simples gentilzhommes ou autres personnaiges qui ne sont nobles doivent commancer *Je, tel,*

1. Parchemin.
2. *Sic* dans les deux mss.; *par* serait une meilleure leçon.

confesse, et en la fin, *tesmoing mon seing manuel;* mais, s'ilz ont seaulx, doivent dire *En tesmoing de ce, j'ay signé ceste quictance de ma main et séellée de mon séel* ou *du séel de mes armes tel jour;* ou doivent passer la quictance par devant notaire et secrétaire du roy en la manière qui s'ensuit :

En la présence de moy, tel, notaire et secrétaire du roy nostre S°, tel, escuier, S[r] de tel lieu, a confessé avoir eu et receu de tel, changeur du Trésor, *ou* receveur général, telle somme à luy ordonnée par le roy nostre S° pour sa pension, et ce en une descharge levée sur tel receveur, de laquelle somme de tant ledit tel s'en est tenu pour content et en a quicté ledit tel, changeur du Trésor, *ou* receveur général, tesmoing...[1]

Nota que le roy fait *aliquando* don de pension à temps qui ne sont couchez en son estat général[2].

Par ledit changeur du Trésor, et aussi par les receveurs généraulx, sont paiées plusieurs parties *en acquict du roy,* tant pour remboursement d'empruncts faiz par le roy pour affaires de ses guerres que pour l'achapt de bagues ou autrement en aucune manière que ce soit, dont les acquitz sont levez tant par la manière qui s'ensuit que celle qui sera cy-après déclarée avec les notables de la recepte généralle :

François..., à noz amez et féaulx les trésoriers de France, salut et dillection. Nous voulons et vous mandons que par

1. Parchemin.
2. Suit un exemple de lettres conférant un don de ce genre, que nous croyons inutile de reproduire : il s'agit d'une pension de 1200 l. attribuée pendant dix ans par Louis XII aux quatre trésoriers outre leurs gages et chevauchées. Dans le ms. 4526, on peut relever à ce propos les observations suivantes : « Telz dons et récompenses à dix ans doibvent estre expédiées par le trésorier de France et le général des finances chacun en son regard et charge... Lesdites lettres doibvent estre entérinées par les trésoriers de France et les descharges levées chacun an et les quictances pareillement *mutatis mutandis* ».

nostre amé et féal conseiller et changeur de nostre Trésor Me Jaques Charmolue et des deniers qui luy ont esté ou seront ordonnez pour convertir et emploier ou fait de son office, vous faictes paier, bailler et délivrer comptant à nostre amé et féal conseiller tel, chevalier, la somme de tant en tant d'escuz soleil que luy avons ordonnée et ordonnons par ces présentes pour son remboursement de semblable somme qu'il nous a par cy-devant auparavant nostre advènement à la couronne libéralement prestée et baillée comptant pour noz affaires, dont luy fut par nous faicte et baillée nostre cédulle signée de nostre main tel jour et an ; en rapportant laquelle, avec ces présentes signées de nostre main et quictance de nostredit conseiller sur ce seullement, nous voulons ladite somme de tant estre allouée ès comptes et rabattue de la recepte de nostredit changeur par noz amez et féaulx gens de noz Comptes, ausquelz nous mandons ainsi le faire sans difficulté, non obstant que ladicte somme ne soit couchée en l'estat général de noz finances et que descharge n'en soit levée en ensuivant l'ordre et distribucion d'icelles et quelzconques ordonnances, restrinctions, mandemens ou défences à ce contraires. Donné...

Les trésoriers de France à maistre Jaques Charmolue, changeur du Trésor du roy nostre Sire, salut. En accomplissant le contenu ès lectres patentes du roy nostre Sc signées de sa main, ausquelles ces présentes sont atachées soubz l'un de nos signetz, nous vous mandons, que, des deniers qui vous ont esté ou seront ordonnez pour convertir et emploier ou faict de vostre commission, paiez et baillez comptant à tel, conseiller dudit Sr, la somme, etc[1]...

1. La suite comme l'attache ci-dessus, *mutatis mutandis*. On voit qu'il s'agit ici d'un véritable paiement comptant par le changeur et qu'il n'est pas levé de décharge. Le caractère de remboursement de cette partie explique qu'on ait voulu éviter tous frais de recouvrement à l'intéressé. Nos mss. donnent à la suite la cédulle de François Ier encore simple duc de Valois et la quittance du personnage remboursé.

Au bout de l'année ou quant ledit changeur et aussi les receveurs généraulx veullent compter, ilz font et dressent leurs roolles sur l'estat général du roy, esquelz roolles ilz couchent et employent toutes les parties de despence et charges de l'estat général sans y mectre aucunement la recepte dudit estat général.

Roolle des parties et sommes de deniers que maistre Jaques Charmolue, notaire et secrétaire du roy et changeur de son Trésor, a paiées, baillées et délivrées ou assignées et appoinctées de l'ordonnance du roy des deniers de son dommaine durant l'année commançant tel jour et finissant tel jour.

Deniers baillez à gens qui en doivent compter.

A Me tel, notaire et secrétaire du roy et par luy commis à faire le paiement des gaiges des présidens, conseilliers et autres officiers de sa Court de Parlement à Paris, la somme de tant à luy ordonnée par ledit Sr à prendre sur tel receveur pour convertir et employer ou fait de sadite commission durant l'année de ce roolle, pour ce cy ladite somme de....

A telz, conseillers du roy nostredit Sr et trésoriers de ses guerres, la somme de tant, à eulx ordonnée par le roy nostredit Sr pour partie de leur assignacion de la somme de tant pour convertir et employer ou fait de ladite commission, pour ce cy ladite somme de...

En ce chappitre sont couchées toutes les parties comptables qui sont en l'estat général.

Deniers baillez comptant au roy.

En ce chappitre sont couchées les parties et sommes de deniers baillées comptant au roy et en ses mains, combien que à présent il ne s'en baille plus que par les mains du receveur général de Languedoil qui tient le compte des menus plaisirs et affaires de la chambre du roy, et, si aucunes en y a, on les couche comme en l'estat général, ainsi qu'il s'ensuit :

Au roy nostre Sr tel jour et an a esté baillé contant à Tours la somme de IIIIm l. ts. pour convertir à ses menus plaisirs, et à son plaisir et voullenté, et dont il ne veult autre déclaracion estre icy faite, pour ce cy ladite somme de...

Et sic de aliis.

Pensions, gaiges et entretènemens.

En ce chappitre sont couchez les parties de despense par article des quatre estatz généraulx du dommaine.

Dons et récompenses.

En ce chappitre sont couchez les dons et récompenses faiz par le roy à plusieurs seigneurs et dames, comme à Monsr d'Albret, sr d'Orval, pour le revenu de Sainte-Menehould, Vassi et Passavant, à Madame de Bourbon le revenu de Creil, Gouvyeulx et la Morlaye, et plusieurs semblables parties selon ledit estat général.

Deniers payez par ordonnance du roy.

En ce chappitre sont couchez les dons et aulmosnes faiz à églises, à la réparacion des places et plusieurs autres semblables parties.

Voiages et chevauchées.

En ce chappitre sont couchées les parties de chevauchées des quatre trésoriers et pareillement aucunes parties et fraiz de justices qui procèdent à cause des appellacions criminelles de l'eschiquier de Rouen.

Et, quant ledit roolle est fait sur ledit estat, on le baille à celuy qui est contrerolleur général pour y mettre le *bona,* et pareillement est faicte la certiffication du roy, son mandement patent et atache des trésoriers de France :

Nous, Françoys..., certiffions aux gens de noz Comptes et tous autres qu'il appartiendra que nostre amé et féal maistre Jaques Charmolue, changeur de nostre Trésor, des deniers de nostre dommaine a payé, baillé et délivré, assigné et appoincté par nostre ordonnance et commandement aux personnes, durant le temps et pour les causes contenues et déclairées en ce présent roolle les parties et sommes de deniers dessusdites, lesquelles montent ensemble à la somme de tant. En tesmoing de ce, nous avons signé ce présent roolle de nostre main, le jour...

François..., à nos amez et féaulx les trésoriers de France, salut et dillection. Sçavoir faisons que nous avons ordonné à tel, changeur de nostre Trésor, bailler, payer et délivrer, assigner et appoincter aux personnes, durant le temps et pour les causes contenues et déclairées au roolle de parchemin signé de nostre main auquel ces présentes sont attachées soubz nostre contre-séel, la somme de tant des deniers de nostre dommaine. Si vous mandons et enjoignons par cesdites présentes que ladite somme de tant vous permettez et consentez estre allouée à la despense de ses comptes et rabatue de sa recepte par noz amez et féaulx gens de noz Comptes, ausquelz nous mandons ainsi le faire sans difficulté, et par rapportant cesdites présentes et les quittances et recognoissances des parties y contenues seullement. Car tel est nostre plaisir. Donné...

Les trésoriers de France, en obtempérant aux lettres patentes du roy nostre S^{e} ausquelles ces présentes sont atachées soubz l'un de noz signetz, consentons que la somme de tant, laquelle tel, conseiller dudit S^{r} et changeur de son Trésor, a payée, baillée et appoinctée par son commandement et ordonnance des deniers de son dommaine aux personnes, durant le temps et pour les causes contenues et déclarées oudit roolle, soit allouée en ses comptes et rabatue de sa recepte tout ainsi et par la forme et manière que ledit S^{r} le veult et mande par sesdites lettres. Donné soubz l'un de noz signets, le tel jour[1]...

Le roy fait aucunesfoys des dons d'amendes, confiscations, forfaictures et rachaptz, reliefz, quints et requints deniers,

1. Tous ces actes étaient sur parchemin. D'ailleurs, nous ne connaissons aucun exemple, au moins en original, de ce genre de pièces. Nous pouvons seulement signaler deux transcriptions sur papier de rôles du Trésor, se rapportant aux premières années du XVIe siècle, Bibl. Nat. ms. fr. 2927 fol. 12-15, et 2930, fol. 117-133. Voy. ce que nous disons ci-dessous des rôles des recettes générales.

lotz, ventes et autres droiz et devoirs seigneuriaulx, de finances d'anoblissemens, légitimacions et autres choses casuelles et mande aux gens des Comptes et trésoriers vériffier et expédier lesdits dons et en faire joyr ceulx ausquelz ilz sont faiz. Mais, pour ce qu'il y a ordonnance au contraire[1], Messeigneurs des Comptes, après l'informacion sur ce faicte, ne expédient lesdits dons que pour la moictié seulement, dont ils font lever descharges sur le receveur ordinaire des lieux où sont situez les héritaiges à cause desquelz sont deuz lesdits droiz; et lors, quant vient à la reddicion des comptes du changeur du Trésor et du receveur particulier sur qui est levée la descharge, n'y a point de difficulté, mais sont passées telles parties purement et simplement. Et, quand telz dons sont adressans à Messrs les trésoriers de France seullement, ilz les entérinent et font lever descharges entièrement de tous lesdits droiz sans avoir esgard à ladicte ordonnance; et lors, à la closture des comptes dudit changeur, n'en est passé et alloué par nosdits Srs des Comptes pour la partie prenante que la moictié seullement, et est ordonné recouvrer sur luy l'autre moictié par le changeur du Trésor. Et lors, l'impétrant dudit don se retire devers le roy, ou avant la reddicion desdits comptes si l'expédicion luy est faicte par mesdits Srs des Comptes pour la moictié seullement, et, après qu'il a remonstré son cas au roy et que le roy veult qu'il joysse entièrement, il luy octroie autres lettres patentes telles qui s'ensuit, par vertu desquelles est levé descharge de ce que monte l'autre moictié desdits droiz :

François..., à noz amez et féaulx les trésoriers de France, salut et dilection. Nous voulons et vous mandons que par nostre amé et féal notaire et secrétaire maistre Jacques Charmolue, changeur de nostre Trésor, vous faictes lever descharge de la somme de tant sur le receveur ordinaire de tel lieu, sur ce qu'il nous peult et pourra devoir à cause de

1. Cf. VI, 9, et la note.

sa recepte de ceste présente année, ou de l'année commençant tel jour, par nostre amé et féal conseiller tel, auquel, en faveur et considéracion des bons et agréables services qu'il nous a faiz par cy-devant ou fait et exercisse de son office, nous en avons fait et faisons don, à ce qu'il ait mieulx de quoy soy entretenir honnestement en nostre service, et ce oultre et par dessus les gaiges, pensions et autres dons et bienffaiz qu'il a euz par cy-devant et pourra avoir de nous cy-après et sans préjudice ne diminucion d'iceulx; et, par rapportant cesdites présentes signées de nostre main et quictance sur ce souffisante dudit tel seulement, nous voulons ladite somme de tant estre passée et allouée ès comptes de nostredit changeur et rabatue de sa recepte par noz amez et féaulx gens de noz Comptes, ausquelz nous mandons ainsi le faire sans difficulté, car ainsi nous plaist il estre fait, non obstant que ladite somme ne soit couchée en l'estat général de nos finances, l'ordonnance sur ce faicte par nos prédécesseurs roys et nous, mandemens ou défenses à ce contraires. Donné...

Après l'octroy de ladite lettre, fault recouvrer l'atache desdits trésoriers, faire lever la descharge par ledit changeur, laquelle et son escroe, ensemble la quictance, doivent estre consonans à la teneur dudit don et chacun selon son stille.

La manière de besoingner par les impétrants de telz dons avec le receveur du dommaine.

Premièrement, si son don n'est expédié que pour la moictié, avant que se retirer devers ledit receveur, il obtiendra ledit derrenier don, et puis par ledit changeur fera lever lesdites deux descharges, dont l'une fera mencion pour la moitié desdits droiz seigneuriaulx; et lors, se tirera devers ledit receveur, lequel luy fera sa quictance entière de tous iceulx droiz; et, en besoingnant avec luy, luy baillera ladite première descharge pour paiement de la moictié seullement, et, en lieu d'argent comptant pour l'autre moictié, luy baillera icelle derrenière descharge.

Messrs les trésoriers de France font à chacun receveur particulier du dommaine ung estat[1] par chacun an, ouquel ilz font particulièrement recepte du revenu des bledz et despence semblablement[2].

Item, y est faicte recepte du dommaine non muable qui sont cens et rentes perpétuelles.

Item, après y est faicte recepte du dommaine muable qui sont fermes baillées à ung an, à deux ou à trois ans.

Item, y est faicte recepte de l'émolument des seaulx et escriptures tant de bailliage, tabellionnage que de prévosté.

Item, des rachaptz, reliefz, quintz et requintz deniers, lotz et ventes de cens.

Item, des forfaictures, confiscations, espaves, aubeines et biens vaccans.

Item, de pesche d'estangs.

Item, des exploitz de prévostez.

Item, des amendes et exploictz de bailliage, tant en assise que hors assise, et de prévosté oultre le droit des fermes.

Item, des ventes de boys ordinaires et menues ventes, romptes et chabliz, paissons et passaiges.

Item, des ventes et voiries.

Item, des amendes et exploitz des eaues et forestz.

Item, des terres tenues en la main du Roy par faulte d'homme, droiz et devoirs non faiz et paiez.

Item, de vendicions de grains deuz et revenans bons au roy par la fin de la despense du compte en grains, la vérifcacion de laquelle se fait par certifficacion faicte en jugement, appellé le procureur du roy et marchans à ce congnoissans.

La despense dudit estat consiste en plusieurs chappitres, c'est assavoir :

1. A rappr. de ce qui est dit du compte d'un receveur ordinaire dans le *Vestige des Finances*, ci-dessus pp. 206-218.

2. A consulter un règlement du 1er mars 1521 fait par la Chambre des Comptes sur la forme que doivent garder les receveurs ordinaires en la recette et distribution des blés du Roi, publ. dans Fontanon, II, 616.

Fiefz et aumosnes.
Rentes et héritaiges.
Dons à vies.
Gaiges d'officiers ordinaires.
Gaiges d'officiers de forestz.
Gaiges à volunté.
Euvres et réparacions.
Despence commune de fraiz de justice.
Voyages et tauxacions.
Deniers renduz et non receuz.
Deniers paiez au Trésor.
Empoissonnement d'estangs.
Despense commune.

Ainsi qu'il est cy-dessus dit et déclaré, de l'estat général en sont faitz plusieurs de particuliers qui sont nommez estatz généraulx, c'est assavoir quatre pour le dommaine, dont cy-devant est faicte mencion, et les autres pour chacun des receveurs généraulx en la manière qui s'ensuit :

Estat fait par le roy nostre sire de ses finances de la charge et générallité de Languedoil pour une année commançant, quant aux aydes et greniers le premier jour d'octobre tel an, et quant aux tailles le premier jour de janvier, et finissant...

Et premièrement

Le revenu, prouffit et esmolument des greniers et chambres à sel pourront monter ainsi que l'année passée la somme de...

Le quart de sel de Poictou pourra monter ladite année ainsi que l'année passée la somme...

Les aydes, huictiesmes, assises, comprins les tiercemens et doublemens, pourront monter la somme de...

L'équivalent qui a acoustumé estre assis et imposé en chacune élection avec la taille, lequel ne haulse ne baisse, pourra monter la somme de tant.

Les tailles que le roy nostre S° a mandé mectre sus pour ladite année pourront monter tant.

L'imposicion foraine d'Anjou pourra monter à la somme de tant.

La traicte des vins d'Anjou [et de Thouars], qui a esté baillé à ferme, monte tant.

La creue de LX s. ts. pour muy de sel passant au Pont-de-Sée, ville et cloison d'Angiers montant par estimacion comme l'année précédente la somme de...

La plus-valleur desditz aydes et greniers pourra monter tant.

Somme toute de la recepte dudit estat, tant.

Charges sur ce et despence dudit estat.

Il est à noter que en la despense dudit estat sont couchées et escriptes toutes les parties que le roy veult et entend estre payées, passées et allouées sur les deniers de la recepte dudit estat.

Premièrement sont couchées toutes les parties des trésoriers des guerres pour leur assignacion ordinaire du nombre des lances qui pour lors sont mises sus.

Item, y est couchée la Chambre aux deniers et tous autres officiers comptables.

Item, des deniers baillez comptant au roy, s'aucuns y en a.

Item, les parties des cappitaines des places.

Item, pensions et entretènemens.

Dons, récompenses et bienffaiz.

Deniers paiez par ordonnance.

Gaiges d'officiers.

Deniers payez en acquict du roy.

Item, y est communément couché ung article pour les réparacions des places et chasteaulx de la charge, et est la somme dudit article distribuée par l'ordonnance du général à aucuns receveurs ou commis particulliers qu'ilz y commectent pour en tenir compte.

Item, y est aussi couché ung article pour les cas inoppinez en ladite charge, dont sont levez acquitz et mandemens patens après la closture dudit estat.

Et à la fin dudit estat est mis :

Somme totale desdites charges et despence de cedit estat, tant.

Et est assavoir que, si la somme de ladite despense est moindre que la recepte, est mis en la fin dudit estat :

Bon et la somme de tant qui sera distribuée par l'ordonnance du roy nostre S^e et par vertu de ses mandemens patens ou ainsi que par lui sera advisé.

Et, si la somme totalle de despence excède la recepte, sera mis à la fin dudit estat ce qui s'ensuit :

Ce présent estat est trop chargé de la somme de tant, qui se prendra sur la plus-valleur des aydes et greniers et autres parties baillées à ferme, ou d'autant seront recullées aucunes parties de pension et dons sur les finances de l'année advenir, ainsi que par les généraulx des finances ou leurs estatz particuliers sera ordonné.

Fait à Paris, tel jour et an...

Et, pour ce que aucunesfois l'estat général n'est fait dês le commencement de l'année, ou que aucunesfoys on ne fait que ung estat pour deux ans[1], et que, ce pendant, il est besoing et nécessaire bailler assignacion aux trésoriers des guerres, maistre de la Chambre aux deniers, receveurs des Cours souveraines et autres parties forcées et contrainctes, à ceste cause on liève et expédie des acquitz du roy pour lever descharges en actendant l'estat général, desquelz acquitz la teneur s'ensuit :

François..., à noz amez et féaulx les généraulx conseillers par nous ordonnez sur le fait et gouvernement de noz finances, salut et dilection. Nous voulons et vous mandons que par nostre amé et féal, aussi conseiller et receveur général

1. Par exemple pour 1517-1518, ainsi que nous le voyons dans le compte de Languedoil pour 1518, Arch. Nat. KK 289.

de nosdites finances, Me Jehan Brachet[1], vous faites paier et bailler à nostre amé et féal, aussi conseiller et trésorier de noz guerres, Me Jehan de Poncher, la somme de tant, auquel nous l'avons ordonnée et ordonnons par ces présentes pour convertir ou fait de son office, à icelle somme avoir et prendre sur les premiers et plus clers deniers tant du premier terme de la taille que du premier tiers de la creue de ceste présente année commançant le premier jour de janvier dernier passé, soit en descharges levées sur lesdits termes pour convertir ou fait de son office de receveur général ou en deniers comptans, et par rapportant seullement ces présentes signées de nostre main avec quictance dudit de Poncher, trésorier des guerres, nous voulons ladite somme de tant estre allouée ès comptes dudit Brachet, receveur général, par noz amez et féaulx gens de noz Comptes, ausquelz nous mandons ainsi le faire sans difficulté, non obstant quelzconques ordonnances, restrinctions, mandemens ou déffences à ce contraires. Donné...

Les généraulx conseilliers du roy nostre sire sur le fait et gouvernement de ses finances à maistre Jehan Brachet, aussi conseiller dudit Sr et receveur général desdites finances, salut. En ensuivant les lectres patentes dudit Sr, signées de sa main, ausquelles ces présentes sont atachés soubz l'un de noz signetz, paiez, baillez et délivrez à Me Jehan de Poncher, aussi conseillier dudit Sr et trésorier de ses guerres, la somme de XXIm l. t. que icelluy Sr luy a ordonnée pour convertir ou fait de son office, et ce des premiers et plus clers deniers tant du premier terme de la taille que du premier tiers de la creue mise sus en ceste présente année commançant le premier jour de janvier derrenier passé, soit en descharges levées sur lesdits termes pour convertir ou fait de vostre office ou en deniers comptans, et tout ainsi que les-

1. La charge du receveur général était ordinairement spécifiée. — Les acquits sur les quatre recettes générales étaient d'ailleurs identiques, sauf une seule exception : le receveur de Languedoc était toujours qualifié de *trésorier et receveur général*.

dites lectres le contiennent et que le roy nostredit S° le veult et mande par icelles. Donné[1]...

Je, Jehan de Poncher, conseiller du roy nostre S° et trésorier de ses guerres, confesse avoir receu de maistre Jehan Brachet, aussi conseiller dudit S^{r} et receveur général de ses finances, la somme de tant des deniers à moy ordonnez pour convertir et emploier ou fait de mon office, c'est assavoir en une descharge dactée de tel jour levée pour le fait de sondit office sur le receveur des tailles en Berry et sur les deniers du premier tiers de la creue de ceste présente année, montant la somme de tant, à moy ordonnée par le roy nostredit S^{r} pour convertir ou fait de mon office, de laquelle somme de tant je me tiens content et en quicte ledit maistre Jehan Brachet, receveur général, et tous autres. Tesmoing mon seing manuel cy mis...

Ensuit la teneur d'une quictance dudit trésorier des guerres pour partie de son assignacion ordonnée et emploiée en l'estat :

Je, Jehan de Poncher, conseiller du roy nostre S^{e} et trésorier de ses guerres, confesse avoir eu et receu de maistre Jehan Brachet, aussi conseiller dudit S^{e} et receveur général de ses finances, la somme de tant en tant de descharges du XXe jour d'aoust derrenier passé levées sur les receveurs des tailles de sa charge, c'est assavoir : les six descharges cy-après déclarées, du derrenier terme de la taille de ceste présente année et de la creue derrenière mise sus paiable au XVe jour de septembre, faisant mencion pour convertir ou fait de mon office de ce présent quartier de juillet, aoust et septembre, l'une desdites descharges sur le receveur des tailles à Orléans de la somme de tant, sur celluy d'Angier par une autre descharge de la somme de tant... *et sic de aliis quatuor;* les cinq autres descharges cy-après déclarées, sur les premiers et plus clers deniers dudit derrenier

1. Signé d'un des généraux. — Parchemin.

terme de la taille de ceste présente année seullement et pour convertir comme les précédentes, c'est assavoir sur le receveur des tailles ou hault pays d'Auvergne par une descharge la somme de tant, sur celluy de Rouergue la somme de tant .., *et sic de aliis tribus ;* et les XIII cy-après déclarées, sur les premiers et plus clers deniers du terme de ladicte taille de l'année prochaine, dont les XII sont pour convertir ou fait de mon office du quartier d'octobre, novembre et décembre prochainement venant, et l'autre de ceste présente année, c'est assavoir sur le receveur des tailles à Chasteaudun par une descharge sur ledict premier terme la somme de tant, sur celluy d'Orléans par une autre descharge id., sur celluy d'Angier par une autre descharge id.., *et sic de aliis decem sequentibus :* lesquelles tant de descharges font et montent ensemble à ladite somme de VI^{xx} XIX^{m} VI^{c} L. l. t. à moy ordonnée par le roy nostre S^{e} en ladite recepte généralle pour partie de plus grant somme pour convertir et emploier ou fait de mon office, tant du présent quartier de juillet, aoust et septembre, du quartier d'octobre, novembre et décembre prochain venant, que de ceste présente année, ainsi que dessus est déclaré, de laquelle somme de VI^{xx} XIX^{m} VII^{c} L. l. t. je me tiens content et en quicte ledict maistre Jehan Brachet, receveur général susdit. Tesmoing mon seing manuel cy mis...

Toutes autres quictances d'officiers comptables qui sont assignez par descharges sont faicte semblables *mutatis mutandis.*

Ensuit la teneur d'une descharge levée par ledit receveur général faisant mencion par ledit trésorier des guerres:

Les généraulx conseilliers du roy nostre S^{o} sur le fait et gouvernement de ses finances ont fait recevoir par Me Jehan Brachet, aussi conseiller du roy nostredit S^{r} et receveur général de sesdites finances [1], de tel, receveur des tailles ou hault

1. Même observation que ci-dessus : la recette générale est ordi-

pays d'Auvergne, sur ce qu'il peult et pourra devoir à cause de sa recepte de ceste présente année commançant le premier jour de janvier derrenier passé et des premiers et des plus clers deniers d'icelle et dont ledit receveur général a pour ce fait et baillé sa cédulle au contrerolleur général de ladite recepte généralle et en ceste mis son signé, par Me Jehan de Poncher, conseiller dudit Sr et trésorier de ses guerres, pour partie de plus grant somme à luy ordonnée par ledit Sr pour convertir et emploier ou fait de son office et mesmement à partie du paiement de certaines compaignies des ordonnances dudit Sr nouvellement mises sus pour le quartier d'octobre, novembre et décembre prochain venant. Escript le ... jour ...[1]

Baillez escroe à tel, receveur des tailles ou hault pays d'Auvergne, de la somme de tant sur ce qu'il peult et pourra devoir à cause de sa recepte de ceste présente année commancée le premier jour de janvier derrenier passée, *ou* de tel quartier, et des premiers et plus clers deniers d'icelle par Jehan de Poncher, conseiller du roy et l'un des trésoriers de ses guerres, pour partie de plus grant somme à luy ordonnée par ledit Sr pour convertir et emploier ou fait de son office et mesmement à partie du paiement de certaines compaignies des ordonnances dudit Sr nouvellement mises sus pour ledit quartier d'octobre, novembre et décembre prochainement venant. Escript le ... jour ...[2]

Après l'année escheue, on fait sur l'estat général ung roolle en parchemyn par chappitre, ainsi que cy-après sera

nairement spécifiée, *un tel, receveur général de ses finances en la charge et généralité de...*

1. Au-dessous, signature du général, du receveur général et du contrôleur général de la charge dont est la recette des tailles visée. Parchemin.

2. Au dessous, signature du receveur général. Parchemin. — A la suite, nos mss. contiennent un acquit en faveur de l'extraordinaire des guerres avec l'attache des généraux et la quittance du commis à l'extraordinaire ; ces pièces n'offrant d'autre particularité que de concerner un paiement fait comptant par le receveur général visé et non par décharges, nous avons cru inutile de les reproduire.

déclaré, lequel roolle est veu, collacionné et geeté par celluy qui est commis[1] à mectre le *bona*, signé après ledit *bona* de sa main et en la fin certiffié par le roy, auquel sont atachées les lettres patentes dudit Sr expédiées par Messrs les généraulx des finances comme il s'ensuit :

Roolle[2] des parties et sommes de deniers que Me Jehan Brachet, conseiller du roy nostre Sr et receveur général de ses finances, a par l'ordonnance dudit Sr paiées, baillées et délivrées, assignées et appoinctées, tant sur la valleur des assises, huitièmes et équivallent, prouffitz, revenuz et esmolumens des greniers à sel estans en sa charge que des deniers des tailles et creues et autres affaires du roy nostredit Se que aussi d'autres deniers, durant l'année commançant tel jour et finissant tel jour, aux personnes, pour les causes et ainsi qu'il s'ensuit[3].

Et premièrement.

Deniers paiez à gens et officiers qui en doibvent compter.

Nota que, en ce chappitre, sont couchées toutes les parties comptables, tant des trésoriers des guerres que autres, selon leur estat général[4].

1. Le contrôleur général.

2. Il existe dans les mss. fr. 23259 et suiv. un certain nombre de ces rôles se rapportant aux diverses recettes générales. Ce sont, pendant tout le xve siècle et les premières années du xvie, de véritables rouleaux de parchemin écrits d'un seul côté : vers la fin de la période qui nous occupe, on en vint, bien qu'on les intitulât toujours rôles, à écrire ces actes sur de simples cahiers de parchemin.

3. « Est à notter qu'il fault mectre toutes les parties qui auront estées payées par le recepveur général soubz leurs chappitres congrues, comme ilz sont contenues en la despence de chacun compte que le recepveur est tenu randre chacun an en la Chambre des Comptes. » Ms. fr. 647, fol. 5 vo.

4. « En ce chappitre se mectent les sommes de deniers que ledict recepveur général a payez aux trésoriers des guerres, tant de l'ordinaire que de l'extraordinaire. Toutesfois, le plus souvent, l'extraordinaire n'est point couché en l'estat, mais le trésorier liève les deniers par mandemens patens et en baille sa quictance : et, quant il prend des empruns, pareillement n'en baille ledit trésorier que ses simples quictances. L'extraordinaire a accoustumé estre couché en la despence dudit recepveur général ou chappitre des deniers payez et baillez par mandemens patens. » Ms. fr. 647, fos 5 vo et 6 ro.

Deniers baillez comptant au roy[1].

En ce chappitre sont couchez les deniers que ledit recepveur général a payez et baillez comptant au roy. Et fault que ledict recepveur mecte le lieu, le jour et en quelle espèce, aulcunefois pour quelle cause, ou pour mectre en ses coffres, ou de laquelle somme ledit Sr ne veult cy aultre déclaration estre faicte.

Gardes de places.

En ce chappitre sont couchées les parties ordonnées par le roy nostre Se aux cappitaines d'aucunes places et chasteaulx pour la garde d'iceulx.

Pensions et entretènemens.

En ce chappitre sont couchées les pensions ordonnées par le roy aux princes et Srs du sang et autres personnages ausquelz le roy donne et ordonne pensions par son estat général.

Dons, récompenses et bienffaiz.

En ce chappitre est couché le domaine de la royne ou porcion d'icelluy, les dons du revenu d'aucuns greniers scituez et assis en leurs terres[2], et autres parties de récompenses, ainsi que le cas advient, et, entre autres, les cent livres de creue du receveur général.

Deniers payez par nostre ordonnance.

En ce chappitre sont couchées autres parties diffuses qui ne sont dons ne pensions, et pareillement les rabaiz et aulmosnes que le roy fait chacun an aux plus pauvres habitans qui payent la taille, et les IIIIc l. ts. des aulmosnes et

1. Ce chapitre ne figure pas dans le modèle des ms. fr. 4526 et 5118 ; nous l'avons emprunté à celui du ms. fr. 647, fo 6 ro ; il existe d'ailleurs dans la plupart des rôles originaux.

2. Cette phrase restée incomplète est incompréhensible. Voici ce dont il s'agit. Les princes et princesses du sang et les grands seigneurs obtenaient assez fréquemment en don du roi le revenu des greniers situés dans les limites de leurs domaines ; ainsi, Louise de Savoie et sa fille la duchesse d'Alençon encaissaient le produit de tous les greniers de leurs apanages, c'est-à-dire la première de ceux du Maine, de l'Anjou et de Gien, et la seconde de ceux du Berry. Le *Grant stille de la Chancellerie* contient (fo 74 ro et vo de l'édit. de 1515) un modèle de lettres patentes pour un don de ce genre.

œuvres pitoiables dont les deniers sont distribuez par ordonnance et selon les mandemens du général de la charge[1].

Item, est couché audit chappitre communément l'article qui s'ensuit : Pour les parties qu'il plaira au roy appoincter après la closture de son estat de ceste présente année la somme de tant par quartiers ès quatre généralitez, cy tant.

Gaiges d'officiers.

En ce chappitre sont couchés les gaiges du général de la charge, montant comme les autres généraulx la somme de IXm IXc XL l. ts, ceux du receveur général la somme de IIm LX l. ts. et ceulx du contrerolleur général XIIc XII l. ts[2].

Deniers payez en acquit du roy.

En ce chappitre sont couchées les parties de deniers payées en acquit du roy pour remboursemens d'emprunctz.

Somme toutes des parties contenues en ce présent roolle : XVIIIcIIIIxxXVIm I l. VII s. VI d. t. Bona. J. Le Roy.

Ensuit la teneur de la certifficacion du roy escripte à la fin dudit roolle :

Nous, François... certiffions à nos amez et féaulx les gens de noz Comptes et autres qu'il appartiendra que nous avons ordonné à nostre amé et féal conseiller et receveur général de noz finances Me Jehan Brachet bailler, délivrer ou assigner des deniers de sa recepte de l'année de ce présent roolle commançant quant aux aydes, équivallent et greniers le premier jour d'octobre l'an mil Vc XI et finissant les dernier jour de septembre mil Vc XII, et quant aux tailles

1. En effet, dans chaque Généralité, 400 l.t. étaient affectées chaque année à ce que nous appellerions aujourd'hui l'assistance publique. On trouvera dans la série des Quittances à la Bibl. Nat. d'assez nombreux exemples de rôles de département de ces 400 l. t. dressés par les divers généraux. Il ne faut pas confondre ces charités faites par l'intermédiaire des généraux avec le service de l'aumônerie royale.

2. Il y a là des fautes de copies et il ne faut tenir aucun compte des chiffres donnés ici.

le premier jour de janvier mil V^c XI et finissant le dernier jour de décembre l'an révolu, la somme de tant aux personnes et pour les causes contenues et déclarées en chacune partie dudit roolle, en ce comprins la somme de II^m VII^c IX l. t. que luy avons ordonnée prendre et retenir par ses mains pour ses gaiges et pension durant ceste présente année commançant et finissant... En tesmoing de ce, nous avons signé ce présent roolle de nostre main. Donné à Paris, le jour...[1]

Le receveur général de la charge de Languedoil a plusieurs charges et commissions à cause de son office, c'est assavoir les payemens des :

Dons.

Voyaiges.

Ambassades.

Postes.

Chevaucheurs d'escuyrie.

Gaiges [des] chantres de la chapelle du roy.

Chevauchées [des] VIII [M^es des] requestes de l'ostel du roy.

Menuz plaisirs dudit S^r.

Menues affaires de la chambre d'icelluy S^r.

Pour lesquelles charges et commissions luy convient recouvrer diverses sortes d'estatz et d'acquictz[2].

En l'estat général et roolle conséquemment fait sur icelluy est employé au receveur général [de Languedoil] II^m l. t.

1. Nos mss. donnent à la suite les lettres-patentes du roi adressées aux généraux à l'appui du rôle ci-dessus et l'attache d'entérinement de ces derniers ; ces pièces sont, en la même forme, *mutatis mutandis*, que les lettres aux trésoriers et l'attache de ceux-ci rapportés à l'occasion du rôle de dépenses du changeur : elles n'apprendraient donc rien de nouveau ; aussi bien, nous abstenons-nous de les donner. Il en est de même des formalités à remplir au cas du décès du roi au moment où se dresse le rôle, sur lesquelles s'étendent nos mss. : elles ne présentent aucun intérêt.

2. Nos mss. entrent alors dans le détail de ces états et ces acquits ; nous ne saurions les y suivre et nous nous bornerons à la transcription de quelques passages qui donnent des renseignements utiles.

pour les paiements des chevauchées des huit maistres des requestes ordinaires du roy, qui est à chacun IIcL l. t., lesquelz leur sont paiez par leurs quictances, en faisant apparoir de leurs lettres d'office et instruction sans autre acquict que ledit estat et roolle.

En icelluy estat général est couché quelque somme pour les menuz plaisirs du roy, et, du temps du feu roy Loys XIIe, y avoit en son estat pour ses menuz plaisirs Xm l. t. et menuz de la Chambre IIIIm l. t., que l'on a acoustumé paier par roolle du roy qui se fait de trois mois l'an.

Les receveurs généraulx et changeur du Trésor paient les gaiges des secrétaires du roy, aucunesfois en deniers comptans et des deniers à eulx ordonnez pour convertir ou fait de leur office, et aucunes fois en lièvent descharges sur aucuns receveurs particuliers, lesquelles descharges font mencion par lesdits secrétaires en la manière acoustumée, et, en paiant lesdits gaiges, retiennent pour leur acquit le *vidimus* et coppie signé d'un secrétaire des lettres d'office d'icelluy auquel ilz font le paiement et aussi une coppie des lettres du roy pour paier lesdits gaiges[1].

Les receveurs généraux paient et recouvrent des deniers à eulx ordonnez pour convertir ou fait de leur office menuz voyaiges et messaigeries de leur charge par l'ordonnance du général, lequel, à la fin de l'année, leur en signe et expédie ung roolle qui est fait sur les quictances qui au long de l'année en sont expédiez, et en a et recouvre le receveur général de la grant charge, qui est Languedoil[2], chacun an deux roolles[3] :

1. Ces lettres dont le modèle est donné dans nos mss. sont adressées à la fois aux gens des Comptes, aux trésoriers et aux généraux.

2. Ce membre de phrase manque dans le ms. fr. 5118 ; dans le ms fr. 4526, on lit Languedoc, erreur évidente pour Languedoil.

3. Nous donnons simplement les titres de ces deux rôles.

1° Roolle des parties et sommes de deniers que Me Jehan Prunier, conseiller du roy nostre S^r^ et receveur général de ses finances, a paiées, baillées et délivrées tant pour recouvrement des sommes de deniers à luy ordonnées pour convertir et emploier ou fait de son office et voicture d'iceulx que pour les menuz voyaiges et messaigeries de sadicte charge et recepte généralle concernans les deniers de son assignacion ordinaire, et ce pour l'année...

2° Roolle des parties et sommes de deniers que M° Jehan Prunier, conseiller du roy nostre S^e^..., a paiées, baillées et délivrées, tant pour le recouvrement des deniers à luy ordonnez pour convertir ou fait de son office et paiemens qu'il a fournis pour le fait de l'extraordinaire des guerres dudit S^r^ que pour les voictures et autres despenses faictes sur iceulx et pour avoir envoié à Lyon, à Bordeaulx et ailleurs partie d'iceulx deniers et iceulx avoir délivré pour le faict dudit extraordinaire, et ce durant l'année...

TRÉSORERIE DES GUERRES

Les trésoriers des guerres sont chacun an appoinctez des sommes qui leur sont nécessaires, tant sur les finances ordinaires que extraordinaires, et en sont levées par le changeur du Trésor et receveurs généraulx des finances les descharges en la forme et manière qu'il est dit cy-devant, du contenu esquelles descharges et des sommes de deniers qui leur sont paiées comptant ilz font et baillent leurs quictances, où sont déclarées par le menu les assignacions et appoinctemens tant en descharges que en deniers comptans, et dont ilz doivent retenir le double et faire bon registre affin de faire vraye et entière recepte consonnant à la despense faicte en leurs noms par lesdits changeur et receveurs généraulx, affin que Messrs les correcteurs n'y trouvent faulte et éviter l'amende en quoy lesdits trésoriers pourroient estre condamnez pour obmission de recepte.

Et ausquelz trésoriers des guerres le roy fait par chacun

quartier d'an ung estat signé de sa main, ouquel estat sont déclarées les compaignies des gens de guerre.

Et, à la fin de l'année, lesdits trésoriers des guerres chacun à part soy fait ung roolle sur les estatz des quatre quartiers de l'année, lequel roolle est signé et certiffié de la main du roy et à icelluy attachées ses lettres patentes et expédicions de Messrs les généraulx des finances[2].

Et, comme dit est cy-dessus, oudit roolle sont emploiez les quatre estatz faiz semblablement semblables pour les quatre quartiers, et, du temps passé, ne se faisoit que ung estat pour toute l'année sur lequel estoit fait ledit roolle.

Lesdits estatz et le roolle tout grossoyé sont baillez au commis à ce par le roy[3], qui gecte toutes les sommes par les chappitres et la totalle de sa main en la fin d'icellui et par les couleures ou au bout des feuilletz[4].

Les trésoriers des guerres ont plusieurs clercs, lesquelz sont par eulx commis aux paiemens des compaignies des gens d'armes dont ilz ont charge, ausquelz clercs ilz baillent assignacion pour faire les paiemens de chacune compaignie, et ce en descharges et contre-lettres[5] dont lesdits clercs font récépissé ausdits trésoriers[6].

Les clercs des trésoriers des guerres, quant ilz ont receu

1. Suit le modèle de cet état.
2. Suit le modèle de ce rôle.
3. Le secrétaire et contrôleur général des guerres.
4. Lorsqu'il s'agit d'un rôle véritable, le contrôleur inscrit les sommes particulières à chaque suture des feuilles de parchemin qui le constituent; lorsque le rôle n'est qu'un simple cahier, il les met au bas de chaque folio. — Suivent les modèles de la certiffication du roi aux gens des Comptes mise à la fin du rôle ci-dessus, de son mandement patent à lui attaché adressé aux généraux et de l'attache de ces derniers, le tout en la même forme, *mutatis mutandis*, que lorsqu'il s'agit d'un rôle de receveur général.
5. Tandis que les décharges dont il est ici question sont les pièces mêmes que le trésorier a reçues du Trésor ou des receveurs généraux et qu'il passe à ses commis pour les recouvrer, les contre-lettres sont des actes émanées du trésorier lui-même par lesquels il ordonne en son propre nom à un receveur particulier, sur lequel il a d'ailleurs une décharge régulière, de payer telle somme à son commis en déduction de la décharge restée entre ses mains.
6. Suit un modèle de ce récépissé.

les deniers de l'assignacion qui leur est baillée par leur maistre trésorier des guerres, et qui savent le temps de la monstre et que lesdits clercs se y doivent treuver, chacun desdits clercs se treuve au lieu, à la garnison si lesdits gens de guerre sont en garnison, ou, s'ilz sont en guerre, lesdits clercs y vont pareillement, et là, après la monstre faicte, font le paiement de la compaignie, dont ilz recouvrent le roolle signé et certiffié par le commissaire soubz son seing et séel de ses armes, à la fin duquel roolle est contenue et escripte leur quictance[1] signée du contrerolleur de la guerre ou de l'un de ses commis.

Et est à noter que à Messrs les mareschaux de France appartient à cause de leurs offices faire et recevoir les monstres et reveues des gens de guerre, tant des ordonnances que mortespaies, et, pour ce qu'ilz ne pevent estre partout, le roy ou lesdits mareschaux commectent aucuns notables personnages, anciens gens d'armes qui toute leur vie ont fréquenté la guerre, lesquelz commissaires font les monstres et reveues et en expédie les roolles, qui servent d'acquictz ausdits trésoriers des guerres comme dit est cydessus et à la reddicion de leurs comptes[2].

XXI

Extraits du Formulaire du ms. fr. 647

Formulaire pour faire registres et contrerolles tant de la

1. Celle des gens de guerre de la compagnie payée.
2. Suivent un modèle de ces rôles et quelques autres pièces relatives au paiement des gens de guerre, sans grand intérêt pour nous. — « Il est assavoir que, au payement des gens de guerre, y fault ung commissaire, ung contrerolleur qui est commis du secrétaire général de la guerre, et le payeur qui est ung des clercs des finances soubz le trésorier des guerres, et fault que ledit clerc apporte pour son acquit un rolle signé et certiffié du commissaire comme la monstre aura esté faicte et la quictance du contrerolleur commant lesdits gens de guerre auront esté payez : semblablement, ledit secrétère de la guerre doibt avoir pouvoir et commission du roy de pouvoir commectre commis audit contrerolle ». Ms. fr. 647, fol. 11 v°.

recepte généralle, trésoreryе des guerres que des recettes particulières, tant ordinaires que des aydes et tailles, qui est très exquis à tous recepveurs comptables affin que en examinant et affinant leurs comptes ilz ne soient reprins d'obmission de recepte et condempnez au quadruple selon et en ensuivant les ordonnances des finances gardées et observées en la Chambre des Comptes à Paris[1].

ET PREMIÈREMENT DES RECETTES GÉNÉRALES

Et est assavoir que, quant ung recepveur général veult compter, clorre et affiner son compte, il doibt premièrement inscripre son roolle et estat de recepte[2] et despence par luy faicte durant une année, demye année ou ung quartier ; après doibt faire recepte selon son registre et puis la despence en leurs chappitres congrues ainsi et par la forme et manière qu'il s'ensuyt[3].

Et, pour mieulx scavoir commant se dresse la recepte généralle et faire bon registre, fault notter la manière d'y procéder qui sera telle et servira pour dresser le compte de ladicte recepte[4] :

La recepte généralle de Me Jehan Ruzé, conseiller du roy nostre Se et recepveur général de ses finances en la charge d'Oultre-Seyne et Yonne, commançant quant aux aydes et greniers le premier jour d'octobre et quant aux tailles le premier jour de janvier.

1. On verra que le présent traité est loin de tenir tout ce que promet ce titre.
2. *Sic* ; ce mot de *recepte* est évidemment de trop.
3. Suit d'abord un modèle de rôle de dépense, dont nous avons déjà donné ci-dessus tout ce qui était intéressant ; nous y renvoyons.
4. Le *Vestige des finances* présentant précisément une lacune au chapitre du compte d'une recette générale, nous donnons l'essentiel du modèle inséré dans le présent traité. — Il n'existe plus, à notre connaissance, qu'un seul compte original d'une des quatre grandes recettes générales : c'est un énorme registre en parchemin conservé aux Archives Nationales sous la cote KK 289 et contenant le compte du receveur général de Languedoil pour l'année 1518.

Recepte.

Et premièrement.

Les aydes et équivallans.

Paris.

De tel, recepveur des aydes, huitiesmes et équivallent ès ville et eslection de Paris, par descharge escripte tel jour l'an mil V^{c} IX, sur ce qu'il peult et pourra debvoir à cause de sa recepte de ceste présente année commançant le premier jour d'octobre derrenier passé, *ou bien* prochain venant, la somme de tant, par Me Morelet du Museau, conseiller dudit S^{e} et son argentier, recepveur et payeur des gaiges et droictz de Messieurs les présidens, clercs et aultres officiers de la Chambre des Comptes à Paris, pour partye de tant dont il est appoincté en ceste charge et généralité sur tant à luy ordonné par ledit S^{r} pour convertir et employer ou faict de sondit office durant cestedite année, et du reste, montant tant, il est appoincté ès charges et généralitez de Languedoc et Normandye, pour ce, tant.

Et ainsi de tous les aultres pays subgectz en ladicte recepte générale.

Composition de Retheloys.

De tel, recepveur de la composition de Retheloys, par descharge, etc...

Imposicion foraine.

De tel, fermier de l'imposicion foraine de Brye, par descharge, etc...

Aultre recepte faicte par ledict recepveur général à cause du proffit, revenu et esmolument des greniers à sel de la recepte généralle.

Et premièrement.

Paris.

De Me Germain Vinan, grenetier du grenier à sel de Paris, par descharge escripte tel jour, etc...

Et ainsi des aultres pays dont ledit recepveur général aura reçu aulcungs deniers.

Aultre recepte faicte par ledit recepveur à cause des tailles levées en ladicte charge et généralité pour l'année commançant comme dessus.

Paris.

De tel, recepveur des tailles en l'eslection de Paris, par descharge escripte tel jour, etc...

Et ainsi des aultres pays et provinces comme en cedict article.

Aultre recepte faicte par ledict recepveur général à cause des descharges levées en ceste présente année par anticipation sur les deniers des finances de l'année prochain advenir commançant le premier jour de janvier...

Aydes, huictiesmes et équivallens.

De tel, recepveur des aydes, huictiesmes et équivallent ès ville et eslection de Paris, par descharge, etc...

Greniers.

Tailles.

Recepte commune.

Aydes et équivallens ordonnez pour la guerre.

De tel, recepveur des aydes et équivallens à Paris, par descharge escripte tel jour, sur ce qu'il peut et pourra debvoir à cause de sadite recepte sur le quartier de septembre derrenier passé, la somme de tant, etc...

Greniers.

De tel, recepveur du grenier à sel estably à tel lieu, par descharge escripte tel jour, sur ce qu'il peult et pourra debvoir, tant à cause du proffict, revenu et émolument dudict grenier que de la creue de C. s. ts. cuillye sur chacun muyd du sel vandu et distribué en icelluy durant l'année finye le derrenier jour de septembre derrenier passé, la somme de tant, etc...

Tailles.

De tel, recepveur des tailles en telle eslection, sur ce qu'il peut et pourra debvoir à cause de sadite recepte, tant du principal de la taille que des creues mises sus oultre icelle taille, durant l'année finye le derrenier jour de décembre derrenier passé, la somme de tant, etc...

Aultre recepte commune extraordinaire.

Et cy après fault coucher les prestz qu'on faictz au roy ou l'argent qu'on a receu de la vendition et engaigement du domaine et aultre chose du royaume.

La despence de ladite recepte généralle est couchée tout ainsi qu'elle est ou rolle du roy.

Et, premièrement, on couche les deniers à gens et officiers qui en doibvent compter ; et, premièrement, sont couchées les parties des deniers baillez aux trésoriers des guerres qui sont assignez sur les premiers et plus clers deniers ainsi qu'il s'ensuyt :

A Me Morelet du Museau, conseiller du roy nostre Se et trésorier de ses guerres, la somme de tant à luy ordonnée par le roy nostre Se.

Aucunesfois, c'est par l'estat général, aulcunesfois par mandemens patens[1], et mect l'on : par le roy et ses lectres patentes signées de sa main et de Me..., son secrétaire signant

1. Les parties comptables portées à l'estat général étaient le plus souvent réassignées aux officiers intéressés par lettres royales entérinées des généraux ; ces lettres avaient pour objet de régler le détail des assignations, dont l'état ne prévoyait que le total. Voy. là-dessus dans le KK 289 le premier chap. de dépense où il n'est question que de parties insérées à l'état et où cependant chaque article fait mention de lettres patentes spéciales.

en finances, données à tel lieu, tel jour, expédiées par Messrs les généraulx des finances tel jour, pour convertir et employer ou faict de son office de ceste présente année... et dont ledict Sr a voulu descharges estre levées, c'est assavoir, de tant sur les trois derniers termes de la taille, etc...., et de tant sur les premiers et plus clers deniers du premier terme de l'année prochaine, ainsi que lesdites lectres et expédition plus à plain le contiennent, en ensuyvant la teneur desquelles ont estées levées et expédiées tant de descharges dattées de tel jour sur les recepveurs cy-après déclarez, sur ce qu'ils pourront, etc..., c'est assavoir, sur tel recepveur des tailles en telle eslection, par tant de descharges tant, etc...., lesquelles tant de descharges font et montent ensemble à la somme de tant, qui payée a esté par ledit recepveur général, etc...., audict trésorier par vertu desdictes lectres-patentes et expéditions, descharges et assignations, comme par deux quictances signées de son seing tel jour cy rendues appert, pour ce cy...

Et ainsi des aultres assignez par l'estat général sur ledit recepveur.

Autres deniers comptables par vertu de mandemens patens[1].

Au trésorier commis aux frais extraordinaires de la guerre par mandement patent signé, etc...., et expédié, etc...., comptant par les mains dudit recepveur général et par sa quictance escripte et signée de sa main...

Tous les autres chappitres se couchent comme ou rolle que ledit recepveur général apporte signé de sa main[2], réservé les tauxations qu'il apporte aulcunefois par ung rolle signé et expédyé par le roy comme les aultres pour icelles qui excèdent XXV l.t., et, quant au dessoubz des XXV l.t., il apporte les mandemens et tauxations des générauIx des finances.

1. Ce sont les parties non prévues à l'état général.
2. Voy. ce rôle, ci-dessus, no XX.

Et ainsi de toutes aultres receptes générallles, tant Languedoil (qui s'appelle la grand charge, car il faict recepte de toutes les receptes générallles tant deçà que delà les monts, mais il mect néant par ce que ung tel recepveur de ladite charge en tient le compte[1]), comme du Daulphiné, Bourgongne, Oultre-Seyne, Languedoc et Normandye[2].

1. On peut vérifier ce fait dans le KK 289 où sont portés en recettes tous les greniers du corps du royaume (excepté ceux de Languedoc) et toutes les recettes des aides et tailles, sauf à mettre néant, lorsqu'il s'agit de circonscriptions attribuées à une autre recette générale.

2. La suite du ms. 647 ne présente aucun intérêt pour nous. On y trouve cependant (fol. 18 r°-35 v°) un mémoire sur la tenue des comptes des vicomtés (recettes ordinaires de Normandie) qu'on pourrait rapprocher de ce qui est dit des comptes particuliers du domaine dans le *Vestige des Finances*, et (fol. 116 r°-120 v°) une Instruction sur la manière de donner les fermes du domaines. Mais ce sont là points de détail auxquels nous ne saurions nous arrêter.

APPENDICE I

LISTE DES ÉLECTIONS ET DES RECETTES DES AIDES, TAILLES ET ÉQUIVALENT

En règle générale, les élections et les recettes ont les mêmes limites ; il peut arriver cependant que plusieurs élections soient comprises dans la même circonscription de recette, ou encore qu'il n'y ait que des recettes et pas d'élections ; nous aurons soin d'indiquer en leur lieu ces particularités.

Pour dresser cette liste, nous nous sommes surtout servis du compte de Languedoil en 1518 (Arch. Nat., KK 289), du contrôle d'Outre-Seine en 1500 (Bibl. Nat., ms. fr. 11092), de celui de Languedoc en 1473-4 (*Ibid.*, 24090), des extraits contenus dans le Vol. relié 685 du Cab. des titres, des instructions sur la forme des commissions des aides et des tailles sous Louis XII (Bib. Nat., ms. fr. 5500, fol. 53-64), enfin d'une liste des élections sous François Ier (*Ibid.*, 5503)[1].

GÉNÉRALITÉ DE LANGUEDOIL

Blois.
Châteaudun[2].
Vendôme.
Orléans[3].

1. A comparer la présente liste avec celle qui est donnée à la suite de l'ordonnance de décembre 1557, publiée telle quelle dans le *Guidon des Finances*, pp. 775 et suiv., et avec des modifications dans l'*Instruction* de Le Grant, fol. 171 et suiv.
2. Dite de *Châteaudun et Bonneval* en 1518.
3. Deux circonscriptions de recette à Orléans : 1° celle de la ville et faubourgs où l'assiette et le recouvrement d'une composition fixe de 1820 l. t. au lieu de la taille étaient laissés aux soins du corps de ville ; 2° celle du plat pays ou élection d'Orléans, soumise au régime de droit commun.

Nivernais.
Château-Chinon [1].
Poitou.
Châtellerault [2].
Saintonge, ville et gouvernement de la Rochelle [3].
Angoumois.
Touraine (hors la ville et faubourgs de Tours) [4].
Angers (hors la ville et faubourgs d'Angers) [5].
Chinon [6].
Loches [7].
Loudun.
Saumur.
Le Maine.
Laval [8].
Berry (hors les villes de Bourges et Issoudun) [9].
Beaumont-le-Vicomte [10].
Bourbonnais.
Haute Auvergne.
Basse Auvergne.
Haut Limousin.
Bas Limousin.
Marche.
Combraille [11].
Franc-alleu [12].
Haut Rouergue [13].
Bas Rouergue.
Comté de Rodez et quatre châtellenies.
Périgord.
Quercy.
Agénais.
Condomais, Astarac et Bazadais.
Armagnac.

1. Election détachée de celle de Bourbonnais le 7 juin 1462.
2. Semble n'avoir été qu'une simple recette de l'élection de Poitou, qui comprenait ainsi deux recettes, Poitiers et Châtellerault.
3. Cette circonscription comprenait les îles de Ré et Oléron, Marennes et Arvert.
4. Tours était exempt de taille, mais non des aides.
5. Même observation que pour Tours.
6. Election qui n'avait qu'une recette des tailles et dépendait pour les aides de la recette de Tours.
7. Simple élection sans recette d'aucune sorte ; dépendait sans doute de la recette de Tours à la fois pour les aides et pour les tailles.
8. Un seul élu à Laval.
9 Même observation pour Bourges et Issoudun que pour Tours.
10. Un seul élu et une recette des aides seulement; c'était, semble-t-il, une dépendance de l'élection de Loudun.
11. Un seul élu.
12. Pas d'élus; simple recette des tailles; les aides n'avaient pas cours dans ce petit pays, qui avait été détaché du Haut-Limousin sous Louis XI.
13. Les pays dont l'énumération suit sont ceux qui furent détachés en janvier 1523 de la Languedoil pour constituer la recette générale de Guyenne. Cf. lettres du 14 janvier 1523. Arch. Nat., P. 2304, fol. 829-833. Ces pays n'étaient pas à proprement parler des élections, mais de simples recettes des tailles ; il n'y avait pas d'élus, sauf un seul dans les Landes, et les aides n'avaient pas cours dans toute cette région ; quant aux tailles, elles y étaient assises, d'accord avec les États locaux, par des commissaires désignés chaque année par le roi. De plus, certains pays, tels que le Bigorre, Barousse, etc., s'étaient rédimés des tailles moyennant une composition annuelle fixe.

Comminges, Saint-Girons et Bigorre[1].

Les Landes.

Jugeries de Rivière et Verdun[2].

GÉNÉRALITÉ D'OUTRE-SEINE

Paris[3].
Senlis[4].
Beauvais.
Clermont.
Compiègne.
Noyon
Soissons.
Laon[5].
Reims[6].
Rethelais[7].
Châlons.
Troyes[8].
Tonnerre.
Vézelay[9].
Sens[10].
Melun.
Provins.
Nemours.
Meaux[11].
Mantes.
Etampes[12].
Montfort-l'Amaury[13].
Langres[14].
Gien et la Charité.

1. Cette recette et les trois précédentes ne dataient que de 1472 environ ; auparavant, il n'y avait qu'une recette unique d'Agénais et Gascogne.

2. Cette recette se composait de pays détachés de la généralité de Languedoc. Cf. l'art. de M. Spont sur la *Taille en Languedoc*, dans *Annales du Midi*, II, 365 et 478. — Pour connaître la composition de la généralité de Languedoil en 1455, on peut consulter une suite d'états des élections de cette charge publ. par P. Clément, *Trois drames historiques*, d'après Bibl. Nat., ms. fr. 2886, fol. 3-21.

3. Quatre élus à Paris. La ville ne payait pas la taille, mais seulement les aides ; le plat pays de l'élection payait à la fois les aides et la taille.

4. Outre les élus de Senlis, un élu commis à Crépy.

5. La ville de Laon ne payait pas la taille ; de plus, au moins jusqu'en 1519, le 8e du vin au détail levé dans ses murs lui était laissé par le roi.

6. Il en était de même de celle de Reims, à la fois pour la taille et pour le 8e, ce dernier jusqu'en 1519 seulement.

7. Le Rethelais ne payait pas d'aides, mais une composition, sans préjudice de la taille.

8. Même observation sur la taille que pour Paris, Laon, Reims. Outre les élus de Troyes, un élu commis à Sézanne.

9. Ne payait jusqu'en 1519, en fait d'aides, qu'une taxe sur le vin vendu au détail dans la ville de Vézelay.

10. Outre les élus de Sens, deux élus commis à Montereau, un à Montargis et un quatrième à Joigny.

11. Le marché de la ville de Meaux était exempt de la taille.

12. Un élu seulement.

13. Un élu seulement. — Arr. de Rambouillet, Seine-et-Oise,

14. Pas de taille dans la ville. De plus, les 12 d. pour livre levés sur toute denrée avaient été rachetés au prix d'une composition fixe par les gens de Langres ; ce traité fut observé au moins jusqu'en 1519.

Amiens deçà la Somme[1].
Chateau-Thierry[2].
Chartres[3].
Dreux.
Authon et Rochefort[4].
Loigny[5].

GÉNÉRALITÉ DE NORMANDIE

Rouen[6].
Caudebec.
Montivilliers[7].
Arques[8].
Gisors[9].
Evreux.
Bernay[10].
Caen.
Bayeux.
Falaise.
Vire et Condé.
Coutances et Carentan.
Valognes[11].
Avranches et Mortain.
Alençon.
Lisieux[12].

1. Pas de taille dans la ville.

2. Un élu seulement.

3. Cette élection et les trois suivantes avaient un régime particulier: ces quatre circonscriptions ne formaient qu'une seule recette, tant des aides que de la taille ; la ville de Chartres ne payait pas la taille ; il y avait deux élus à Chartres, un à Dreux, un à Authon et Rochefort, et un à Loigny.

4. Ce sont deux localités du canton de Dourdan, arr. de Rambouillet, Seine-et-Oise.

5. Commune du canton d'Orgères, arr. de Châteaudun, Eure-et-Loir. — Deux listes des élections de l'Outre-Seine portant les dates de 1460 (Arch. Nat., KK 246) et 1461-2 (Bibl. Nat., ms. fr. 20498, fol. 35) nous apprennent qu'elle ne comptait alors que vingt-deux élections au lieu de trente : il y manque les élections de Clermont, Nemours, Gien, Chartres, Dreux, Authon et Rochefort, Loigny. D'autre part, les états cités ci-dessus des élections de Languedoil en 1455 nous font connaître que les circonscriptions de Gien, Chartres, Dreux et Loigny, qui comprenaient sans doute les territoires de Nemours et d'Authon et Rochefort, relevaient alors de la Languedoil Voy. ce que nous disons ci-dessous sur Pontoise.

6. La ville de Rouen était exempte de taille.

7. Il en était de même de Harfleur.

8. Il en était de même de Dieppe. A noter que l'élection d'Arques, qui existait sous Louis XI (Bib. Nat., ms. fr. 20498, fol. 44-45), semble avoir disparu sous François Ier.

9. Cette élection fut augmentée vers 1474-8 de Pontoise et de son territoire enlevés à l'Outre-Seine.

10. Formée vers 1478 d'un démembrement de l'élection de Lisieux (Bibl. Nat., ms. fr. 26097, nos 1738-9).

11. Cherbourg semble avoir été exempt de tailles.

12. Deux assiettes de tailles en Normandie se rapportant aux années 1471-2(Bibl. Nat., ms. fr. 20498, fol. 44-45) nous apprennent qu'on utilisait encore à cette époque les circonscriptions domaniales pour répartir la taille ; à côté des élections de Rouen, Caudebec, etc., nous y voyons figurer les vicomtés d'Orbec, d'Auge, du Pontaudemer, d'Alen-

RECETTE GÉNÉRALE DE PICARDIE[1]

Doullens et Amiens delà la Somme.

Ponthieu et Boullenois.

Péronne, Montdidier et Roye.

Saint-Quentin[2].

GÉNÉRALITÉ DE LANGUEDOC

Il n'y avait dans cette généralité que trois élections, qui avaient été détachées en 1476 de la Languedoil et qui étaient :

Lyonnais.

Forez.

Beaujolais.

Tout le reste de la généralité, c'est-à-dire ce qui était proprement Languedoc, jouissait d'un régime fiscal autonome. Les impôts y étaient levés par diocèses[3], dont voici la liste d'après le contrôle de 1473-4 (B. N., ms. fr. 24090) :

Toulouse[4].

Lavaur.

Saint Papoul.

Montauban.

Carcassonne.

Aleth et Limoux.

Mirepoix.

Albi.

Castres.

Saint Pons.

Narbonne.

Béziers.

Agde.

Lodève.

Maguelonne.

Nimes.

Uzès.

Viviers.

Le Puy.

Mende.

Auch et Lombez[5].

Rieux et Conserans.

Comminge.

çon, de Verneuil, de Domfront, d'Argentan, de Montreuil, de Saint-Sylvain, du Perche et la châtellenie de Nogent-le-Rotrou. — En 1475, ces circonscriptions domaniales ont disparu, sauf pour l'élection de Lisieux encore divisée en vicomté d'Auge et Pontaudemer et vicomté d'Orbec (Cab. des tit. Vol. rel. 685, fol. 356-7). La création de l'élection de Bernay fit disparaître ce dernier vestige de l'ancien ordre de choses.

1. On sait que la Picardie, organisée en recette générale en 1477, était soumise au même régime fiscal que le corps du royaume ; ce n'était en fait qu'une dépendance de la généralité d'Outre-Seine.

2. Un seul élu.

3. Voy. ce que nous avons dit, dans l'Introduction, d'une tentative de François Ier pour établir des élections en Languedoc.

4. La ville de Toulouse constituait, semble-t-il, une circonscription financière spéciale, distincte du diocèse.

5. Ces diocèses et les suivants étaient partie de Languedoc et partie de Guyenne ; à la suite d'une rectification de limites opérée vers 1469, qui enleva au Languedoc un certain nombre de paroisses dont on fit la circonscription des jugeries de Rivière et Verdun, la Garonne forma désormais la limite entre le Languedoc et la Guyenne. Cf. A. Spont, *art. cit.*

APPENDICE II

LISTE DES GRENIERS

Pour ce tableau, nous avons suivi surtout le compte de Languedoil et les contrôles d'Outre-Seine et de Languedoc indiqués ci-dessus.

GÉNÉRALITÉ DE LANGUEDOIL

Tours.
Chinon.
Loches.
Montrichard[1].
Vendôme.
Angers.
Saumur.
Loudun.
Le Mans.
Mayenne.
Château-Gontier.
La Ferté-Bernard.
La Flèche.
Laval.
Bourges.
Issoudun.
Buzançais[2].
Selles en Berry[3].
Vierzon
Romorantin.
Moulins.
Montluçon.
Château-Chinon[4].
Châteaudun.
Janville[5].
Orléans.
Blois.
Nevers.
Saint-Pierre le Moutier.
Moulins-les-Engilbert[6].
Decize.
Saint-Saulge[7].
Sully[8].
Sancerre.
La Charité.
Cosne-sur-Loire[9].

1. Cant. de l'arr. de Blois, Loir-et-Cher.
2. Cant. de l'arr. de Châteauroux, Indre.
3. Cant. de l'arr. de Romorantin, Loir-et-Cher.
4. A partir du 7 juin 1462 ; ce n'était auparavant qu'une chambre à sel.
5. Localité du cant. et de l'arr. de Chartres, Eure-et-Loir.
6. Cant. de l'arr. de Château-Chinon, Nièvre.
7. Cant. de l'arr. de Nevers, Nièvre.
8. Cant. de l'arr. de Gien, Loiret.
9. Sous Charles VII, on trouve dans cette généralité un grenier à Bourbon-Lancy et un autre à Châteauvillain. — De 1516 à 1519, on créa dans l'Ouest dix-huit chambres à sel (Beaufort, Chemillé, Chantocé, Baugé, le Lude, Bais (?), Saint-Denis-d'Anjou, Pouancé, Nogent-le-Rotrou, Montmirail, Ballon, Loiré, Sillé-le-Guillaume, Château-du-Loir, Gorron, Lassay, Montoire et Meyson (?).

GÉNÉRALITÉ D'OUTRE-SEINE

Paris.
Lagny[1].
Sens.
Joigny.
Montereau.
Provins.
Melun.
Nogent.
Montargis.
Chartres.
Dreux.
Montfort-l'Amaury.
Mantes.
Gien-sur-Loire.
Saint-Florentin[2].
Troyes.
Saint-Just[3].
Sézanne[4].
Arcis-sur-Aube.
Amiens[5].
Villemer[6].
Meaux.
Reims.
Cormicy[7].
Epernay.
Château-Porcien[8].
Châlons.
Saint-Dizier.
Noyon.
Compiègne.
Château-Thierry
La Ferté-Milon.
Bailly[9].
Soissons.
Thiérache.
Laon.
Janville[10].
Beauvais.
Senlis.
Bar-sur-Aube.
Beaufort[11].
Chaumont.
Coucy[12].
Clermont.
Creil.
Etampes.
Granville[13].
Joinville[14].
Langres.
Luzy[15].

1. Cant. de l'arr. de Meaux, Seine-et-Marne.
2. Cant. de l'arr. d'Auxerre, Yonne.
3. Com. du cant. d'Anglure, arr. d'Epernay, Marne. — Ne se trouve porté qu'en 1518 dans le KK 289 ; manque en 1500 dans le ms. fr. 11092.
4. Cant. de l'arr. d'Epernay, Marne.
5. Sous ce grenier, se trouvaient deux chambres à sel, celle de Seigneville et Sallevelt et celle de Mers (ms. fr. 11092).
6. Com. du cant. d'Aillant, arr. de Joigny, Yonne.
7. Com. du cant. de Bourgogne, arr. de Reims, Marne.
8. Cant. de l'arr. de Rethel, Ardennes.
9. Indiqué seulement en 1518. — Sans doute dans la com. de Pont St-Mard, cant. de Coucy, arr. de Laon, Aisne.
10. Indiqué seulement en 1518. — Arr. et cant. de Compiègne, Oise.
11. Dans le canton de Stenay, arr. de Montmédy, Meuse.
12. Cant. de l'arr. de Laon, Aisne.
13. Dans le cant. de Ramerupt, arr. Arcis-sur-Aube, Aube.
14. Cant. de l'arr. de Vassy, Haute-Marne.
15. Dans le cant. et arr. de Chaumont, Haute-Marne.

Mussy-l'Evêque[1].
Marle[2].
Nemours.
Sainte-Menehould.
Tonnerre
Vézelay.
Velye[3].

GÉNÉRALITÉ DE NORMANDIE

Rouen.
Dieppe.
Le Tréport.
Gisors.
Caudebec.
Neufchâtel.
Vernon[4].
Fécamp.
Pontoise.
Honfleur.
Harfleur.
Evreux.
Louviers.
Conches[5].
Lisieux.
Pontaudemer.
Bernay.
Bayeux.
Caen.
Alençon.
Falaise.
Bellême[6].
Exmes[7].
Coutances.
Avranches[8].

RECETTE GÉNÉRALE DE PICARDIE

Montdidier.
Abbeville.
Saint-Quentin.
Péronne.
Roye.

1. Cant. de l'arr. de Bar-sur-Seine, Aube.
2. Cant. de l'arr. de Laon, Aisne.
3. Dans le canton de Vertus, arr. de Châlons-sur-Marne, Marne. — Voy. ce que nous disons ci-dessous du grenier de Pontoise enlevé à l'Outre-Seine après 1500.
4. Cant. de l'arr. d'Evreux, Eure.
5. Cant. de l'arr. d'Evreux, Eure.
6. Cant. de l'arr. de Mortagne, Orne.
7. Cant. de l'arr. d'Argentan, Orne.
8. Cette liste est celle du KK 289 et donne par conséquent l'état des greniers de Normandie en 1518; des listes de 1475 et de 1493 (Cab. des tit., Vol. rel. 685, fol. 356 v°, 357 r° et 419 r°) indiquent des greniers à Pont-de-l'Arche et à Verneuil : en revanche, elles ne font pas mention des greniers d'Avranches, de Coutances, de Bayeux, de Conches et de Pontoise ; d'ailleurs, ce dernier appartenait alors à la généralité d'Outre-Seine, de laquelle il dépendait encore en 1500 (Cf. ms. fr. 11092).

GÉNÉRALITÉ DE LANGUEDOC[1]

Sigean et la Palme[2].
Périac[3].
Narbonne.
Capestang[4].
Béziers.
Marseillan[5].
Méze[6].
Mirevaulx[7].
Villeneuve[8].
Sommières[9].
Lunel[10].
Pézenas.
Marsillargues[11].
Nîmes.
Beaucaire.
Pont-Saint-Esprit.
Frontignan[12].
Lappardier[13].

RECETTE GÉNÉRALE DE BOURGOGNE[14]

Dijon.
Saint-Jean de Losne.
Saulx-le-Duc[15].
Beaune.
Nuits.
Pontarlier (*au lieu de* Miribel).
Châlon.
Semur.
Montbard.
Poilly[16].

1. Nous rappelons que les greniers de Languedoc ne ressemblaient en rien aux greniers des autres généralités. La liste ci-dessus a été dressée à l'aide du contrôle de 1473-4 (Bibl. Nat., ms. fr. 24090) et de l'Ord. du 19 décembre 1499 (*Ord.*, XXI, 240); Frontignan, omis dans le contrôle, est indiqué dans l'Ordonnance ; au contraire, Lappardier ne figure que dans le contrôle seul.— Faisons observer en outre que les pays de Languedoil rattachés au Languedoc (Lyonnais, Forez, Beaujolais) n'avaient pas de greniers comme les autres pays de Languedoil, car nous savons qu'ils s'approvisionnaient de sel de Languedoc ; ils firent partie plus tard des provinces de petite gabelle.
2. Dans l'arr. de Narbonne, Aude.
3. Peyriac-de-Mer, cant. de Sigean, arr. de Narbonne, Aude.
4. Arr. de Béziers, Hérault.
5. Dans le cant. d'Agde, arr. de Béziers, Hérault.
6. Cant. de l'arr. de Montpellier, Hérault.
7. Dans le cant. de Frontignan, arr. Montpellier, Hérault.
8. Aussi dans le cant. de Frontignan.
9. Cant. de l'arr. de Nîmes, Gard.
10. Cant. de l'arr. de Montpellier, Hérault.
11. Dans le cant. de Lunel, arr. de Montpellier, Hérault.
12. Cant. de l'arr. de Montpellier, Hérault.
13. Nous n'avons pu identifier cette localité.
14. Cette liste nous a été communiquée par M. Spont qui l'a relevée aux Archives de la Côte-d'Or, B 1800. Elle donne l'état des greniers antérieurement aux rétrocessions de Charles VIII en 1493 ; à cette date, la recette générale de Bourgogne perdit Salins, le Charolais, Noyers, etc...
15. Cant. d'Is-sur-Tille, arr. de Dijon, Côte-d'Or.
16. Cant. de Noyers, arr. de Tonnerre, Yonne.

Arnay-le-Duc[1].
Saulieu[2].
Noyers.
Châtillon-sur-Seine.
Avallon.
Autun.
Charolais.
Paray-le-Monial.
Mont-Saint-Vincent[3].
Bar-sur-Seine.
Auxerre.
Salins[4].

RECETTE GÉNÉRALE DE PROVENCE[5]

1° *Gabelles du Rhône :*
Pont-Saint-Esprit.
Lappardier.
Tarascon.

2° *Gabelles de terre :*
Berre[6].
Toulon.
Fréjus.
Hyères.
Grasse.
Grimault.[7]

Auxquelles on doit rattacher les sous-greniers de Saint-Paul, Antibes et la Napoule.

1. Cant. de l'arr. de Beaune, Côte-d'Or.
2. Cant. de l'arr. de Semur, Côte-d'Or.
3. Cant. de l'arr. de Châlon, Saône-et-Loire.
4. Cf. sur le régime fiscal de la Bourgogne en matière de sel les instructions du 15 septembre 1477 (*Ord.*, XVIII, 291).
5. Liste communiquée par M. Spont d'après les Archives des Bouches-du-Rhône B 1228, 1529, 2224. Les renseignements de M. Spont se rapportent à deux dates différentes, 1475-8 et 1509 ; le grenier de Grimault et les trois sous-greniers ne figurent que dans la liste de 1509. — On remarquera que des greniers du Rhône, deux étaient communs au Languedoc et à la Provence. — Sur les rapports des gabelles de Languedoc et de Provence, on peut consulter les lettres d'août 1441 (*Ord.*, XV, 577) et celles de septembre 1449 (*Ibid.*, XIV, 66.
6. Cant. de l'arr. d'Aix, Bouches-du-Rhône.
7. Cant. de l'arr. de Draguignan, Var.

APPENDICE III

LISTE DES OFFICIERS SUPÉRIEURS DES FINANCES

Cette liste[1] nous a été fournie par notre ami M. A. Spont. La date qui suit chaque nom est celle de l'entrée en fonctions. Toutes les dates sont ramenées au nouveau style.

1° OFFICIERS DU DOMAINE

a) Trésoriers de France.

LANGUEDOIL

Jean Bureau. — 6 août 1438.
Etienne Chevalier. — 6 juillet 1463.
Jean Bourré. — 4 septembre 1474.
Charles Bourré. — 8 mars 1496.
Pierre Morin. — mars 1499.
Louis de Poncher. — 1 août 1504.
Philibert Babou. — 1520.

LANGUEDOC

Jean Hardoin. — 12 août 1445.
Pierre Bérard. — 16 janvier 1451.
Charles d'Orgemont. — 12 novembre 1465.
Jean Bourré — 1 juillet 1473.
Philibert de Boutillac. — 4 septembre 1474.
Léonard de Potos. — 28 septembre 1480.
Jean d'Esnorp. — 9 octobre 1483.

1. Le président Denis, dans le traité inédit dont nous avons parlé, avait tenté de dresser une liste des trésoriers et des généraux ; mais il n'y était parvenu que très insuffisamment. Cf. Bibl. Nat., ms. fr. 14065, pp. 178-179. M. Spont a déjà publié dans son article sur *la Taille en Languedoc* la partie de la présente liste qui se rapporte à cette généralité.

Raymond de Dezest. — 19 janvier 1495.

Jean Robineau. — Juin 1498.

Jean Cottereau. — 20 septembre 1506.

OUTRE-SEINE

Jean le Picart. — 7 janvier 1445.

Etienne Chevalier. — 20 mars 1452.

Pierre Bureau. — 6 juillet 1463.

Pierre Parent. — 2 octobre 1492.

Jean Hervoet. — 20 décembre 1501.

Pierre Legendre. — 1 août 1504.

NORMANDIE

Jean Hardoin. — 1449.

Jean de la Driesche. — 5 octobre 1465.

Pierre Tuvache. — 22 janvier 1479.

François le Boursier. — 8 septembre 1479.

Charles d'Orgemont. — 2 octobre 1483.

Pierre d'Orgemont. — 26 janvier 1497.

Jacques Hurault. — 27 juin 1948.

Florimond Robertet. — Décembre 1501.

b) Changeurs du Trésor.

Guillaume Ripault. — 21 septembre 1438.

Jacques Charrier. — 7 juin 1448.

Guillaume Ripault (de nouveau). — 29 janvier 1452.

Gilles Cornu[1]. — 7 septembre 1458.

Jean Ligier. — 23 février 1463.

Jean de Mineray. — 21 septembre 1466.

Gilles Cornu (de nouveau). — 23 novembre 1470.

Pierre Parent. — 17 juin 1482.

Nicolas Herbelot. — 4 octobre 1492.

Jacques Charmolue. — 27 février 1502.

c) Clercs et contrôleurs du Trésor.

Pierre de Saint-Amand. — 6 septembre 1443.

Yves Derrien. — 17 mai 1436.

Simon Teste. — 19 novembre 1443.

Guillaume le Binquetier[2]. —

1. Gendre du précédent.

2. Ces quatre clercs furent concurremment en office, mais le dernier à titre d'extraordinaire.

27 février 1461.

Louis le Maye[1]. — 31 août 1468.

Jean Nyelle[2]. — 19 décembre 1469.

Gilles Courtin[3]. — 23 janvier 1470.

Jean Guyon[4]. — 22 mars 1474.

Nicolle Gille[5]. — 25 août 1484[6].

2° OFFICIERS DES FINANCES EXTRAORDINAIRES

a) *Généraux des Finances.*

LANGUEDOIL

Jean de Bar. — 26 février 1444.

Pierre Doriole. — 4 octobre 1452.

Jean de Bar (de nouveau). — 29 juillet 1461.

Jean de Reilhac. — 16 mai 1466.

Pierre Doriole (de nouveau). — Décembre 1468.

Jean Gaudette. — 26 juin 1472.

Michel Gaillard. — 15 décembre 1473.

Nicole Tilhard. — 1 janvier 1477[7].

Jean Gilbert. — Avril 1483.

Denis de Bidant. — Septembre 1483.

Pierre Briçonnet. — 16 mars 1495.

Jacques de Beaune. — 25 février 1510[8].

Guillaume de Beaune. — 4 septembre 1516.

1. A la place de P. de Saint-Amand décédé.
2. A la place de S. Teste.
3. A la place de Y. Derrien.
4. A la place de G. Courtin.
5. A la place de L. le Maye. — A partir de cette date, nous n'avons plus de renseignements sur les clercs du trésor.
6. Pendant les dernières années du règne de Charles VII, la sénéchaussée de Guyenne et Bazadais eut une administration domaniale autonome avec un trésorier dit *trésorier de Guyenne* (Jean Auger, du 22 mars 1452 à 1461) et un receveur général indépendant du changeur du Trésor, qui était le *comptable de Bordeaux*. La charge de trésorier de Guyenne ayant été supprimée par Louis XI, le comptable de Bordeaux perdit son titre de receveur général de Guyenne et dépendit désormais du trésorier de Languedoil et du changeur ; ce ne fut plus qu'un simple receveur ordinaire.
7. De 1476 à 1479, on trouve N. Tilhard qualifié de *général*, et D. de Bidant de *receveur général de Guyenne*. La Guyenne aurait donc été constituée alors en généralité distincte. Mais elle ne cessa d'avoir le même *contrôleur* que le Languedoil, L. Girard, sans compter que, de 1477 à 1479, N. Thilhard semble avoir cumulé la charge de général de Languedoil avec celle de général de Guyenne.
8. Date de ses provisions définitives. Etait commis à l'exercice de la charge depuis février 1509, où P. Briçonnet était mort.

LANGUEDOC

Guillaume de Champeaux. — 17 août 1423.

Jean d'Etampes. — 14 juin 1444.

Jean Herbert. — 22 novembre 1456.

Guillaume de Varie. — 30 juillet 1461.

Pierre de Refuge. — 7 août 1469.

Ymbert de Varey. — Décembre 1473.

Michel Gaillard. — 3 janvier 1477.

François de Gênas. — Novembre 1478.

Guillaume Briçonnet. — Septembre 1483.

Pierre Briçonnet. — 15 décembre 1493.

Jacques de Beaune. — Décembre 1495.

Henri Bohier. — 25 février 1510.

Jean de Poncher. — 31 octobre 1522.

OUTRE-SEINE

Le doyen de Paris et Jean de la Haye. — Mars 1436.

Régnier de Bouligny. — 25 mars 1438.

Simon Charles. — Pas de date certaine.

Jean le Picard. — 5 octobre 1443.

Pierre de Refuge. — 22 novembre 1456.

Jean Arnoulfin. — août 1461.

Jean le Flamand. — 28 juillet 1465.

Jean Herbert. — 12 février 1467.

Mathieu Beauvarlet. — 2 novembre 1473.

Mesmin Boyleaue. — 2 octobre 1481.

Eustache de Sansac. — 30 octobre 1482.

Michel Gaillard. — Octobre 1483.

Jacques Hurault. — 11 décembre 1501.

Raoul Hurault. — Janvier 1515.

Morelet du Museau. — Janvier 1523.

NORMANDIE

Jean de Bar. — Novembre 1449.

Jean le Boursier. — Octobre 1450.

Jean Arnoulfin[1]. — août 1461.

Pierre Doriole. — Juillet à décembre 1465.

1. Le même qu'en Outre-Seine.

Jean Herbert (pour le duc de Bourbon) et Jean le Boursier (pour le duc de Normandie). — Octobre-novembre 1465.

Guillaume Picard. — Janvier 1466.

Pierre Tuvache. — 29 septembre 1479.

Philippe Lourin. — 7 mai 1482.

Denis le Breton. — 10 octobre 1483.

Thomas Bohier. — Novembre 1494.

Guillaume Prudhomme. — 1 juillet 1524.

b) *Receveurs généraux.*

LANGUEDOIL

Guillaume Charrier. — 1418.

Jean Barillet, *dit* de Saincoins. — 1439.

Mathieu Beauvarlet. — Janvier 1450.

Pierre Joubert. — 13 novembre 1461.

Jean Briçonnet[1]. — 14 décembre 1466.

Pierre Parent. — 1 janvier 1476.

Denis de Bidant. — 1 janvier 1479.

Jean Briçonnet[2]. — 1484.

François Briçonnet[3]. — Décembre 1492.

Henri Bohier. — 1 juillet 1504.

Jean Brachet. — 25 février 1510.

Jean Prunier. — 3 avril 1515.

Jean Lalemant l'aîné[4]. — Novembre 1516.

Jean Sapin. — Décembre 1516.

LANGUEDOC

Etienne Petit. — 1440.

Nicolas Erlant. — 22 juillet 1465.

Jean de la Loère. — 2 septembre 1468.

Louis Nyvart. — Mars 1472.

Antoine Bayard. — Décembre 1473.

Guillaume de Nève. — Août 1476.

Michel Teinturier. — Février 1480.

Antoine Bayard (de nouveau). — Septembre 1483.

Henri Bohier. — Avril 1502.

Jean Rousselet. — 1 juillet 1504.

Jean Lalemant le jeune[5]. — 17 septembre 1505.

Jean Testu. — 1521[6].

1. L'aîné.
2. Le jeune, frère cadet de Jean Briçonnet l'aîné.
3. Fils du précédent.
4. Etait en réalité receveur général de Normandie (voy. ci-dessous), mais fit l'intérim de la recette général de Languedoil pendant un mois.
5. Frère cadet de Jean Lalemant l'aîné.
6. Lalemant est encore receveur en mars 1521 et Testu l'est déjà en septembre.

OUTRE-SEINE

Guillaume Ripault[1]. — 13 mars 1436.
Jean Barillet, *dit* de Saincoins[2]. — 1439.
Antoine Raguier. — 28 octobre 1441.
Etienne de Bonney[3]. — 3 février 1442.
Robert de Moulins. — 7 mai 1456.
Mathieu Beauvarlet. — 13 novembre 1461.
Pierre de Lailly. — 2 novembre 1473.
Jean le Picard. — 12 décembre 1479.
Martin le Roy. — 3 juin 1481.
Jacques le Roy[4]. — 1488.
Jean du Bois. — Novembre 1504.
Jacques le Roy (de nouveau). — 26 avril 1505.
Jean Ruzé. — 6 octobre 1505.

NORMANDIE

Macé de Lannoy. — Novembre 1449.
Simon le Bourrelier. — 1454.
Pierre Joubert. — 11 septembre 1461.
Martin Anjorrant (pour le duc de Normandie). — Octobre-décembre 1465.
Noël le Barge. — 15 mai 1466.
Jean Raguier. — Mars 1469.
Guillaume Lapite. — 8 mars 1481.
Jean Lalemant. — 22 juin 1481.
Jean Lalemant l'aîné[5]. — Novembre 1494.
Guillaume Prudhomme. — 1517.

c) *Contrôleurs généraux.*

LANGUEDOIL

Dreux Budé. — Date incertaine.
Etienne Chevalier[6]. — 1443.
Laurent Girard. — 3 juin 1452.
Jacques Berziau. — 1486.
Jean du Bois. — 1497.
Jacques le Roy[7]. — 1504.
André le Roy. — 1518.

1. « Commis à la recepte générale de toutes finances deçà Seine. »
2. Joint l'exercice de cette recette à sa recette générale de Languedoil.
3. Depuis le 2 janvier 1454, c'est un certain Pierre Deslandes, commis d'E. de Bonney, qui exerce la recette.
4. Fils du précédent ; ne pas le confondre avec son cousin le contrôleur de Languedoil, de mêmes nom et prénon.
5. Fils du précédent, ainsi que J. Lalemant le jeune.
6. Gendre du précédent.
7. Cousin du receveur général d'Outre-Seine.

LANGUEDOC

Etienne de Cambrai. — 1446.
Guillaume de Varie. — 11 mai 1448.
Pierre Quotin. — 1452.
Jean le Forestier. — 1456.
Simon de Varie[1]. — 1461.
Jacques de Caulers. — 1463.
Guillaume Lauvergnat. — 1465.
Etienne Petit. — 26 janvier 1476.
Jean Cueillette. — 12 janvier 1499.
Gilbert Fillol. — 1521.

OUTRE-SEINE

Jean de Dijon[2]. — Décembre 1436.
Guillaume Colombel. — 3 novembre 1441.
Pierre Burdelot. — 17 décembre 1441.
Jean de Dijon (de nouveau). — 1443.
Jean de Marle. — 1454.
Jean le Prévost. — 1461.
Laurent Herbelot. — 12 janvier 1476.
François le Boursier. — 16 juin 1476.
Basire. — 1483.
Michel de Villechartre. — 1490.
Jean Robineau. — 28 octobre 1493.
Jean Hervoet. — Juin 1498.
Jacques le Roy. — Août 1504.

NORMANDIE

Ligier Arnoul. — Novembre 1449.
Hugues Aubert. — Mars 1460.
Jean Bourré[3]. — 10 septembre 1461.
Laurent Herbelot. — 2 février 1476.
Le Tourneur. — 1478.
Jean Pommier. — 5 mars 1479.
Jean Guion. — 10 septembre 1481.
André Erlant. — 2 février 1483.
Jean Bourdin. — 1498.
Jacques Acarie. — 1515.

1. Fils de Guillaume.
2. Assisté de son commis Charles de Caulers.
3. A partir de 1466, fait gérer le contrôle par son commis P. Chometon.

3° OFFICIERS DES PAYS EN DEHORS DES QUATRE GÉNÉRALITÉS.

a) *Généraux.*

PICARDIE

Baudouin Bucquel, *dit* Buffart. — 1477.

Jean de Monceaux. — 28 janvier 1492.

Denis le Mercier[1]. — 12 juillet 1498.

BOURGOGNE

Pierre Symart. — 25 juin 1477.

André Brinon. — 20 avril 1478.

J. Erlant. — 1483.

Pierre Breton. — 1484.

Michel Gaillard[2]. — 1486.

ROUSSILLON

Pas de généraux particuliers ; la recette dépend de ceux de Languedoc.

PROVENCE

Pas de généraux particuliers ; la recette dépend aussi de ceux de Languedoc.

DAUPHINÉ

Antoine Boulomier. — 1450 à 1462[3].

Jean Bourré. — 1473 à 1474[4].

Nicole Tilhard[5]. — 1476.

François de Gênas[6]. — 1483.

1. Plus de généraux particuliers après le Mercier, qu'on trouve encore en fonctions au 22 avril 1502 ; ce sont les généraux d'Outre-Seine qui administrent désormais les finances de Picardie.

2. Déjà général d'Outre-Seine. A partir de ce moment, les finances de Bourgogne sont, comme celles de Picardie, administrées par les généraux d'Outre-Seine.

3. Vacance de 1462 à 1473.

4. Autre vacance de 1473 à 1476.

5. En même temps général de Guyenne, puis de Languedoil.

6. Déjà général de Languedoc ; les finances de Dauphiné sont dès lors, comme celles de Provence, sous l'administration des généraux de Languedoc.

BRETAGNE

Jean-François de Cardonne. — 1492.

Philibert Tissard. — 1518.

b) Receveurs généraux.

PICARDIE

Guillebert de Canteleu. — 26 septembre 1477.

Antoine de Canteleu. — 10 mars 1478.

Jean de Monceaux. — 1483 à 1493.

Jean de la Forge. — 1494.

Jean Robineau. — 1520.

BOURGOGNE

Jean Vurry. — 18 avril 1477.

Jean Riboteau. — 17 décembre 1477.

Louis Siclier. — 4 avril 1496.

Guy Boutevent. — 12 octobre 1500.

Jean Sapin. — 30 juin 1502.

Bénigne Serre. — 29 janvier 1517.

ROUSSILLON

P. Gravier. — 1463.

Michel de Vivier. — 1465.

Georges Vilar. — 1472.

François Castillon. — 1474.

Etienne Petit[1]. — 1475.

J. Adam. — Janvier 1476.

J. de Cambrai. — Mai 1478.

Antoine Bayard[2]. — Janvier 1480.

Pierre Bayard. — 2 juin 1486 à août 1493.

PROVENCE

Guion de Rollot. — 1483.

Pierre de Rollot. — 1492.

Ottoboni Spinola[3]. — 1513.

Jacques Puget. — 1518.

1. Fils du receveur général de Languedoc.

2. Devenu receveur général de Languedoc en 1483, ce personnage cumula les deux recettes pendant trois ans.

3. Spinole fut pendant quelque temps suspendu et P. de Marçay commis à exercer son office ; mais bientôt il fut réintégré dans sa charge.

DAUPHINÉ

Jean de la Barre. — 1418.
Nicolas Erlant. — 1434.
Claude Cot. — 1461.
Jean de la Place. — 1473.
André de Mauregard. — 13 octobre 1475.
Jean de Vaux. — 1481.
Jean Guion. — 2 février 1483.
Jean Briçonnet[1]. — 8 juin 1498.
Aimard de la Colombière. — 15 juillet 1506.
François de la Colombière. — 1520.

BRETAGNE

Thomas Bohier. — Octobre 1491.
Olivier Barraud. — 1494.
Jacques de Lespinay. — 1498.
Jean Parajau. — 1525.

c) Contrôleurs généraux.

PICARDIE

Il ne semble pas y avoir eu de contrôleurs de Picardie ; le contrôle de cette recette était sans doute fait par les contrôleurs d'Outre-Seine[2].

BOURGOGNE

Guillaume de Laval. — 22 juillet 1477.
Jean le Picart. — 1500.

ROUSSILLON

Comme pour la Picardie ; le contrôle était peut-être fait par les contrôleurs de Languedoc.

PROVENCE

Comme pour la Picardie et le Roussillon ; il est possible que ce contrôle appartint également aux contrôleurs de Languedoc.

DAUPHINÉ

L'office de contrôleur de Dauphiné ne fut créé qu'en 1483 ; nous ne savons qui en fut alors titulaire.
Jean Gaucher. — 1510.

1. Fils aîné de Guillaume, général de Languedoc.
2. On trouve à la date du 24 janvier 1517 un certain Rouville (de) qualifié de *contrôleur général de Picardie*.

BRETAGNE

Jean de la Primaudaye. — 1492.

Jean du Bois. — Avril 1495.

Nicole Briçonnet[1]. — 8 mars 1496.

1. Troisième fils de Guillaume, général de Languedoc.

INDEX ALPHABÉTIQUE

N. B. — Les chiffres renvoient aux pages.

ERRATA ET ADDENDA

P. VIII, note 1, ligne 3, au lieu de *s 31,* lire *131.*
P. X, ligne 21, au lieu d'*échéants,* lire *échéant.*
P. XII, ligne 6, au lieu de *n'ont,* lire *n'avaient.*
P. XXVIII, ligne 2, au lieu de *des paroisses,* lire *dans les paroisses.*
P. XXXI, dernière ligne; cet article sur la gabelle a paru dans le n° d'octobre 1891 des *Annales du Midi.*
P. 7, dernière ligne, supprimer la virgule après *finances.*
P. 24, ligne 3, remplacer le point et virgule par une virgule.
P. 36, ligne 8, au lieu de *Bardoin,* lire *Hardoin.*
P. 66, note 6, suppléer XI, 2.
P. 67, note 1, au lieu de *XI, 14 et suiv.,* lire *XI, 15 et suiv.*
P. 74, note 1, au lieu de *Bois-Sire-Aimé,* lire *Bois-Sir-Amé.*
P. 93, note 2, au lieu de *XI, 10,* lire *XI, 11.*
P. 104, à l'art. 5, après *parroisses,* suppléer la note *Cf. XIII, 50.*
P. 106, à l'art. 10, suppléer la note *Cf. XVI,* 7.
P. 107, à l'art. 12, supprimer la note 2.
P. 108, note 2, après *XIII,* suppléer *48 et.*
P. 136, note 2, au lieu de *XI, 3 et 6,* lire *XI, 3 et* 7.
P. 136, note 3, au lieu de *XI, 10 et 12,* lire *XI, 11 et 13.*
P. 138, note 2, au lieu de *XI, 15 et suiv.,* lire *XI, 16 et suiv.*
P. 139, note 2, au lieu de *XI, 14 et suiv.,* lire *XI, 15 et suiv.*
P. 140, note 1, même correction qu'à 139 note 2.
P. 140, note 2, au lieu de *XI, 4,* lire *XI,* 5.
P. 254, note 1, ligne 5, au lieu de 29 30, lire 2930.
P. 283, dernière ligne, au lieu de *Comminge,* lire *Comminges.*
P. 287, ligne 2, au lieu de *Périac,* lire *Peyriac.*
P. 287, ligne 9 et note 13, au lieu de *Lappardier,* lire *Le Lampourdier,* localité située dans le dép. de Vaucluse, cant. et com. d'Orange.
P. 288, ligne 9, même correction pour *Lappardier.*

TABLE DES MATIÈRES

DEUXIÈME PARTIE

TRAITÉS ET FORMULAIRES

CHARTRES. — IMPRIMERIE DURAND, RUE FULBERT.

COLLECTION DE TEXTES

POUR SERVIR A

L'ÉTUDE ET A L'ENSEIGNEMENT DE L'HISTOIRE

PUBLIÉE SOUS LES AUSPICES DE LA SOCIÉTÉ HISTORIQUE

VOLUMES PUBLIÉS

1. RAOUL GLABER, *Les cinq livres de ses Histoires* (900-1044), publiés par Maurice PROU ... 3 fr. 50
   Pour les souscripteurs à la collection ... 2 fr. 50
2. GRÉGOIRE DE TOURS, *Histoire des Francs*, livres I-VI ; texte du manuscrit de Corbie, publié par Henri OMONT ... 7 fr.
   Pour les souscripteurs à la collection ... 5 fr.
3. *Textes relatifs aux institutions privées et publiques aux époques mérovingienne et carolingienne*, publiés par M. THÉVENIN. 1re *partie*. Institutions privées ... 6 fr. 50
   Pour les souscripteurs à la collection ... 4 fr. 50
4. *Vie de Louis le Gros*, par Suger, *suivie de l'Histoire du roi Louis VII*, publiées par Auguste MOLINIER ... 5 fr. 50
   Pour les souscripteurs à la collection ... 4 fr.
5. *Textes relatifs à l'histoire du Parlement depuis les origines jusqu'en* 1314, publiés par Ch. V. LANGLOIS, chargé de cours à la Faculté des lettres de Paris ... 6 fr. 50
   Pour les souscripteurs à la collection ... 4 fr. 50
6. *Lettres de* GERBERT (983-997), publiées avec une introduction et des notes, par Julien HAVET ... 8 fr.
   Pour les souscripteurs à la collection ... 5 fr. 50
7. *Les Traités de la guerre de Cent-Ans*, publiés par M. E. COSNEAU, professeur au lycée Henri IV ... 4 fr. 50
   Pour les souscripteurs à la collection ... 3 fr. 25
8. L'*Ordonnance cabochienne*, publiée par A. COVILLE, chargé de cours à la Faculté des lettres de Lyon ... 5 fr.
   Pour les souscripteurs à la collection ... 3 fr. 50
9. *De recuperatione Terre Sancte*, Traité de politique générale, par Pierre DUBOIS, avocat des causes ecclésiastiques au bailliage de Coutances sous Philippe le Bel, publié d'après le manuscrit du Vatican, par Ch. V. LANGLOIS, chargé de cours à la Faculté des Lettres de Paris ... 4 fr.
   Pour les souscripteurs à la collection ... 2 fr. 75
10. GALBERT DE BRUGES, *Histoire du meurtre du comte de Flandre, Charles le Bon*, 1127-1128, suivie de poésies contemporaines sur cet événement publiées avec introduction et notes par H. PIRENNE, professeur à l'Université de Gand ... 6 fr.
    Pour les souscripteurs à la collection ... 4 fr. 25
11. *Documents relatifs à l'administration financière en France, de Charles VII à François Ier*, publiés par M. JACQUETON, bibliothécaire de la bibliothèque d'Alger. 1 vol. 8° XXXII, 324 ... 8 fr. 50
    Pour les souscripteurs à la collection ... 5 fr. 75

POUR PARAITRE PROCHAINEMENT

GRÉGOIRE DE TOURS, *Histoire des Francs*, livres VII-X ; texte du manuscrit de Bruxelles, publié par Henri OMONT.

Textes relatifs aux institutions privées et publiques aux époques mérovingienne et carolingienne, publiés par M. THÉVENIN. 2e *partie*. Institutions publiques.

www.ingramcontent.com/pod-product-compliance
Ingram Content Group UK Ltd.
Pitfield, Milton Keynes, MK11 3LW, UK
UKHW021846190726
13855UKWH00001B/179